인공신경망 시리즈 2 _ 순환신경망

순환신경망과 PyTorch

추상목 지음

UUP

■

- 2021년 12월 1일 **초판 인쇄**
- 2021년 12월 7일 **초판 발행**
- **지은이** 추상목
- **펴낸이** 오연천
- **펴낸곳** UUP.(울산대학교출판부) 680-749 울산광역시 남구 대학로 93(무거동) 울산대학교 출판부
- **전화** (052)259-2488 **팩스** (052)277-3011 ▪ **홈페이지** http://uup.ulsan.ac.kr
- **출판등록** 제370-1996-000001호(1996.3.13)
- ₩16,000

■

ISBN 979.11.6726.005.5 (93000)

머리말

2016년 이세돌 9단과 알파고의 대국을 본 후에 시작한 인공 신경망 공부가 이제 5년을 넘어가고 있습니다. 신경망 독학을 시작했던 그때의 생각이 아직도 저를 붙잡고 있기에 본 저서를 출간할 수 있게 되었습니다. '공부할 내용이 너무 많네.', '진입 장벽이 높구나.', '신경망 분야로 진입해서 코딩까지 해낼 수 있는 자료가 부족하구나.' 이러한 생각 끝에 내린 결정이 저서 작업입니다.

기존의 다양한 신경망을 포함하여 새롭게 소개되는 모든 신경망을 이해하고 코딩으로 구현해 낼 수 있는 역량을 확보하기 위해서는, 신경망 분야에서 가장 기본이 되고 널리 사용되는 신경망을 자신의 것으로 만들어야 합니다. 순방향 신경망(Feedforward Neural Network, FNN)이 이러한 신경망이고 FNN에 관한 내용을 이전 저서 '신경망 학습이론과 PyTorch'에 담아 출판했습니다. FNN에 대하여 알아야 할 내용을 그래프 모형(Graph Model, GM)으로 기술한 후, GM에서 정의한 내용을 PyTorch 코드와 일대일 방식으로 대응시켜 코드로 구현했습니다.

인공신경망 시리즈 2에 해당하는 본 저서는 순환 신경망(Recurrent Nueral Network, RNN)을 다루고 있습니다. 이는 FNN에 이어 기본이 되는 신경망으로, 시간을 기준으로 순차적으로 측정한 데이터(시계열 데이터 time series)를 시간의 흐름에 따라 처리할 때 사용되고 있습니다. 그래서 RNN에서는 데이터가 두 종류의 방향으로 흐릅니다. 하나는 FNN의 순방향으로 이웃한 두 층 사이의 데이터 흐름이고 다른 하나는 동일한 층의 내부에서 시간 흐름을 처리하기 위한 방향으로 FNN에는 없는 방향입니다. 그러므로 RNN는 시계열 데이터를 처리하기 위하여 FNN을 일반화시킨 신경망이라 할 수 있습니다.

RNN을 설명하는 과정도 FNN 설명과 같이 RNN 그림에서 출발하여 RNN 코드에 도착하는 순서로 기술했습니다. 코딩은 알고리즘을 코드로 구현하는 것이므로, 알고리즘을 그림으로 최대한 이해하는 것이 중요하기 때문에 다양한 그림으로 RNN을 설명했습니다. 그리고 RNN에 입력한 데이터가 시간이 많이 흐르면 잘 전달되지 않는 문제점을 수와 식으로 분명하게 기술하고 이를 코드로 보였습니다.

이런 문제를 극복하기 위하여 개발된 LSTM과 양방향 LSTM (BiLSTM)도 다루고 있습니다. 특히, 자연어 처리(Natural Language Processing, NLP) 과정을 이해하고 코드로 구현할 수 있도록, RNN과 네이버에서 제공하는 영화 리뷰 데이터를 사용하여 리뷰의 긍정과 부정을 판정하는 과정을 상세히 기술했습니다. FNN에 이어 RNN을 이해하고 구현하는데 도움이 되길 바라는 마음이 본 저서에 드러나길 기대합니다.

2021년 한 해를 보내면서
추 상 목

목차

제1장 그림으로 이해하는 순환신경망

그림0-1의 신경망은 3개 층(1층, 2층, 3층)을 가진다. 1층을 "입력층", 마지막 층인 3층을 "출력층", 그리고 입력층과 출력층 사이에 있는 2층을 "은닉층(hidden layer)"이라고 한다. 화살표 방향은 1층(입력층)에서 출발하여 2층(은닉층)을 거쳐 3층(출력층)에 도달하는 방향(위에서 아래로 방향)만 있으므로 "순방향(feedforward)"이라고 한다. 따라서 그림0-1과 같은 구조를 "순방향 신경망(feedforward neural network, FNN)"라 하고, FNN에 대한 설명은 신경망 시리즈1인 순방향 신경망 저서[1]로 대신한다.

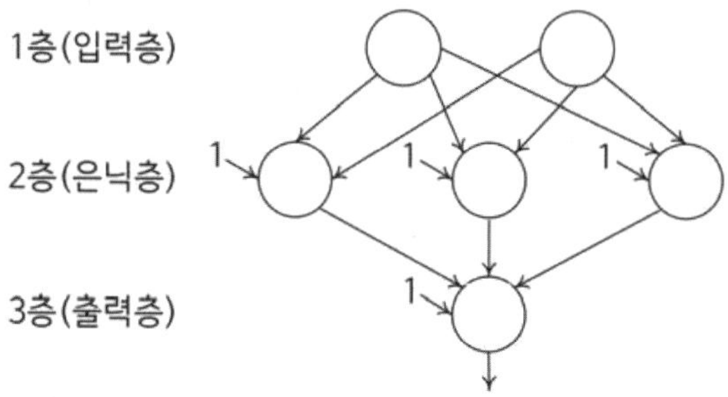

그림0-1

순방향 신경망(그림0-1)에 있는 화살표 방향은 한 종류(위에서 아래로 방향)이지만 본 교재에서 다룰 신경망은 그림0-2와 같이 두 종류의 화살표 방향이 있다. 첫 번째 종류의 방향은 FFN과 같이 1층(입력층)에서 출발하여 2층(은닉층)을 거쳐 3층(출력층)에 도착하는 순방향(feedforward)이다. 그리고 두 번째 종류의 방향은 FFN(그림0-1)에는 존재하지 않는 방향으로, 은닉층에만 존재하는 방향이다. 은닉층의 왼쪽 동그라미(노드)에서 출발하여 은닉층의 오른쪽 노드로 향하는 방향이다. 이를 "순환방향"이라 하고, 순방향과 순환방향을 모두 가진 신경망을 "순환신경망(recurrent neural network, RNN)"이라 하고 한다. PART I, II에서 RNN 구조에 대한 설명을 한 후, PART III에서 순환의 의미를 설명한다. FFN(그림0-1)과 RNN(그림0-2)의 차이점은 은닉층에 있는 (은닉)노드 기호에서도 나타난다. 그림0-1의

1) 추상목, 『신경망 학습이론과 PyTorch』, 울산대학교 출판부, 2020

모든 노드 기호는 같지만, 그림0-2의 은닉층(2층)에는 다른 모양의 노드가 존재한다. 노드에 대한 자세한 설명은 아래에서 다룬다. 그리고 2층 은닉층이 순환방향을 가지고 있음을 분명히 나타내기 위하여 “은닉층” 대신에 “RNN층”이라는 용어도 사용한다. 그리고 RNN층의 노드를 “RNN노드”라 한다.

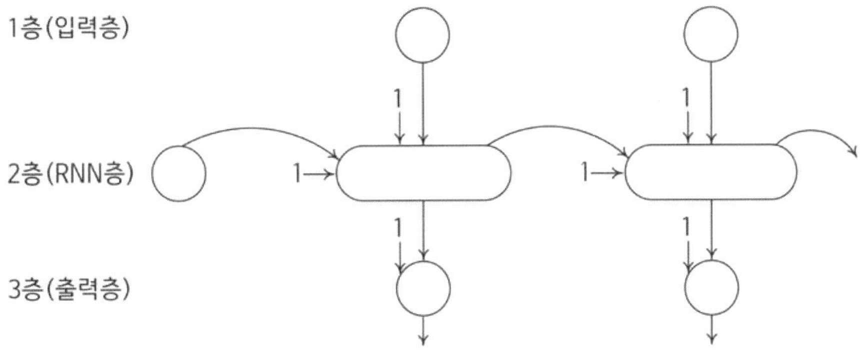

그림0-2

FNN과 RNN의 본질적인 차이점은 RNN에는 시계열(time series) 데이터를 시간 순서대로 처리하는 구조가 있다는 점이다. 예를 들면, RNN인 그림0-3에서는 time 0에서 데이터를 처리한 후, RNN층의 처리 결과를 time 1에서 RNN노드의 입력 데이터로 사용하는 구조가 존재한다. 따라서 time 1에서 RNN 노드에는 time 0의 정보가 담겨 있게 된다. 그리고 각 time에서의 구조가 동일하다.

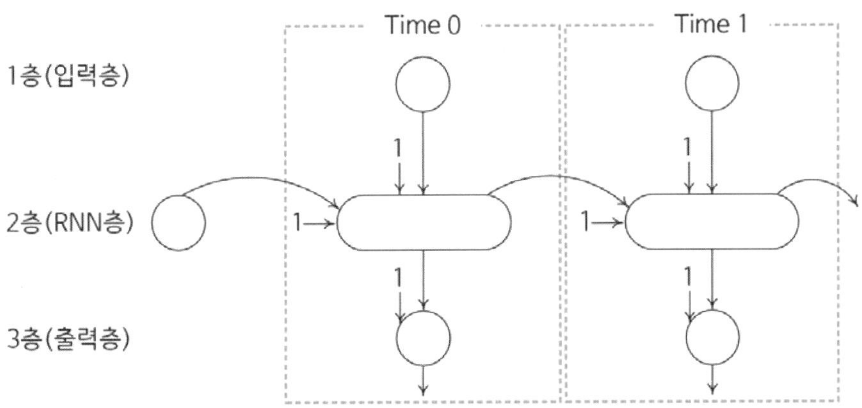

그림0-3

그림0-3에 입력하는 데이터는 time 0에서의 데이터와 time 1에서의 데이터로 분할되므로 "시간 길이(sequence length)"는 2라고 한다. 그림0-1과 같은 FNN으로도 시계열 데이터를 다룰 수 있지만, 시간의 흐름에 따라서 데이터를 다루는 구조가 FNN에는 없음을 알 수 있다. 즉, FNN의 입력 형태에는 sequence length가 없다. 그림0-4와 같이 복잡한 RNN 구조를 이해할 수 있도록 구조관련 개념과 용어를 알아보자.

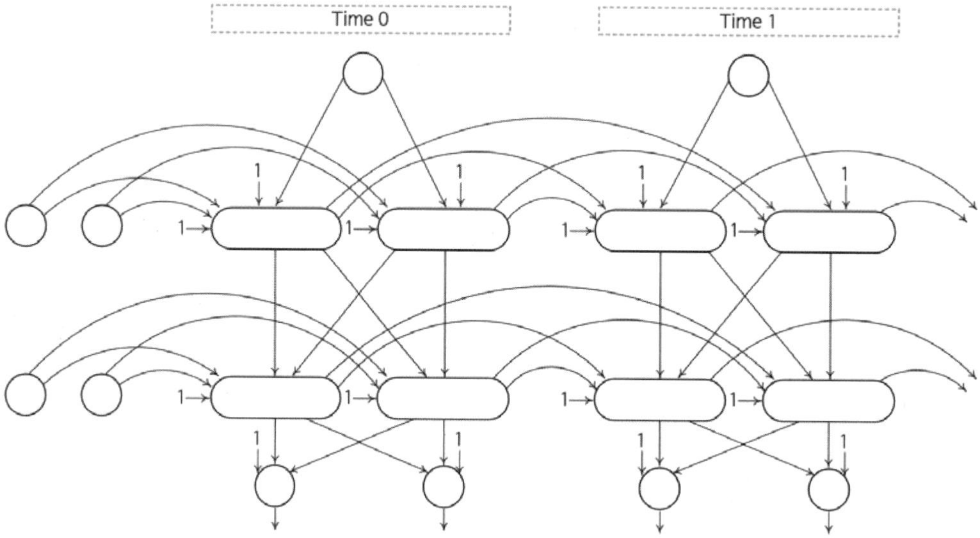

그림0-4

아래 세 가지를 이해하면 만들어진 RNN 구조를 설명할 수 있고 더 나아가 RNN 구조를 직접 만들 수 있다.

(1) RNN의 연결구조(위상적 구조, PART I)
(2) RNN 출력구조(대수적 구조, PART II)
(3) RNN의 순환구조(출력이 다시 입력되는 구조, PART III)

PART I. RNN의 연결구조(위상적 구조)

RNN은 RNN층, 상수 1과 화살표로 구성된 신경망이다. RNN의 구성 요소와 연결구조(위상적 구조)를 자세히 알아보자.

1. 입력층, RNN층, 출력층 구성요소

1-(1) 입력층: 입력노드 개수(input_size), 시간 길이(sequence length)

입력층은 1개이고 구조는 입력노드 개수와 시간 길이로 결정되고 각각을 input_size와 sequence length라고 한다. 각 time에서 입력노드 개수는 동일하므로 input_size는 각 time에서 입력노드 개수로 정의한다. 예를 들면, 그림0-4에서 각 time에서 입력노드가 1개이므로 input_size=1이다. 그림0-4의 입력층에 노드가 2개 그려져 있으므로 input_size=2로 생각하면 안 된다. 그림1-1에서는 time 0에서 입력노드가 2개이므로 input_size=2이다. 그림0-4와 1-1에서 sequence length는 각각 2와 1이다.

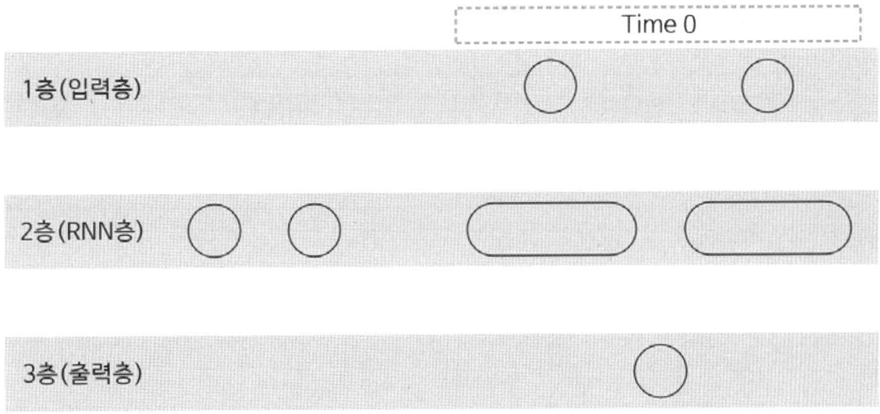

그림1-1

1-(2) RNN층: RNN노드 개수(hidden_size), RNN층 개수(num_layers)

RNN층 구성요소는 RNN노드 개수와 RNN층 개수이고 각각을 hidden_size와

num_layers라고 한다. 그림0-3과 1-1에는 RNN층이 1개이므로 num_layers=1이고 그림0-4에는 2개의 RNN층이 있으므로 num_layers=2가 된다. RNN노드 개수(hidden_size)는 각 time에서 각 RNN층에 있는 RNN노드 개수로 정의한다. 예를 들면, 그림0-3에서 각 time에서 RNN노드가 1개이므로 hidden_size=1이고 그림0-4와 1-1에서는 각 time에서 RNN노드가 2개이므로 hidden_size=2이다.

1-(3) 출력층: 출력노드 개수(output_size)

출력층은 1개이고 구조는 출력노드 개수(output_size)로 결정된다. 출력노드 개수는 각 time에서 동일하므로 output_size는 각 time에서 출력노드 개수로 정의한다. 예를 들면, 그림0-4에서 각 time에서 출력노드가 2개이므로 output_size=2이다. 그림0-4의 출력층에 노드가 4개 그려져 있으므로 output_size=4로 생각하면 안 된다. 그림1-1에서는 time 0에서의 출력노드가 1개이므로 output_size=1이다.

입력층, RNN층, 출력층을 결정하는 용어는 아래 표와 각각 input_size와 sequence length, hidden_size와 num_layers, output_size이다. 지금까지 다룬 그림에 대한 각 용어가 가지는 값은 아래 표와 같다.

	입력층		RNN층		출력층
	input_size	sequence length	hidden_size	num_layers	output_size
그림0-3	1	2	1	1	1
그림0-4	1	2	2	2	2
그림1-1	2	1	2	1	1

표1-1

2. RNN 연결구조

그림1-2에서 time 0에 있는 노드와 노드를 화살표로 연결해보자. 이때, 세 단계로 나누어 연결한다. 제일 먼저 입력층과 RNN층, 이어 RNN층 내부, 마지막으로 RNN층과 출력층을 연결한다.

2-(1) 입력노드과 RNN노드의 연결규칙

그림1-2과 같이 time 0에서 각 입력노드를 모든 RNN노드와 화살표로 연결한다. 이때, 화살표는 입릭노드에서 출발하여 RNN노드에 도착한다. 그리고 상수 1에서 출발하여 RNN노드에 도착하는 화살표로 상수 1을 RNN노드와 연결한다. 이러한 연결을 "이웃한 두 층인 입력층과 RNN층 **완전연결(fully connected, FC)** 되었다"고 하자. 간단히 "입력노드와 RNN노드는 완전연결(fully connected) 되었다"고 하자.

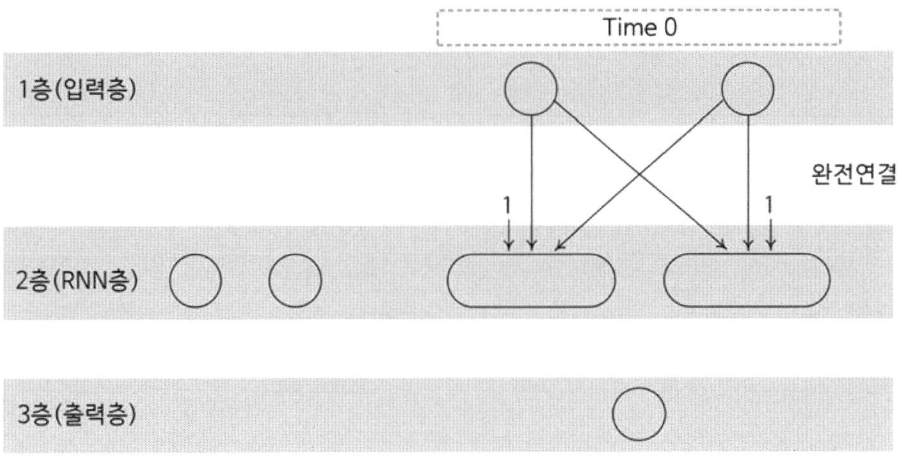

그림1-2

2-(2) 2층(RNN층) 내부에서 RNN노드 사이의 연결규칙

그림1-3과 같이 time 0 이전(time 0의 왼쪽이고 time -1라고 생각하자)에 있는 2개 RNN노드와 time 0에 있는 2개 RNN노드를 완전연결한다. 그리고 상수 1을 time 0에 있는 RNN노드와 화살표로 연결한다.

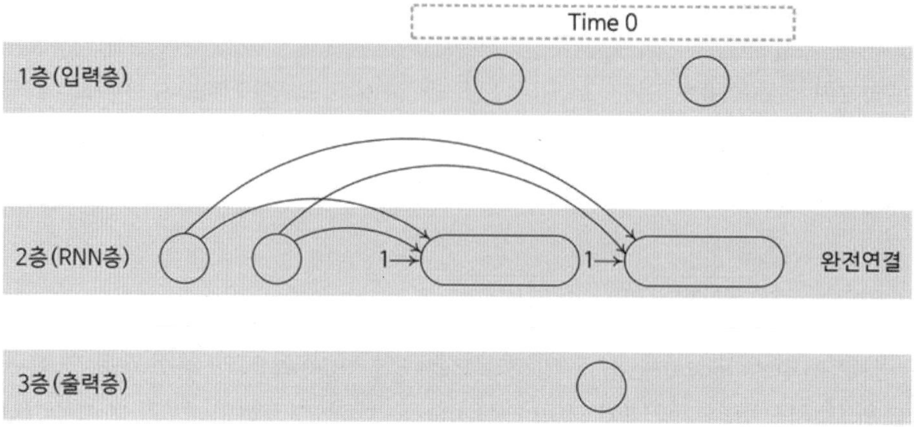

그림1-3

2-(3) RNN노드와 출력노드의 연결규칙

그림1-4과 같이 time 0에서 각 RNN노드와 출력노드를 완전연결한다. 그리고 상수 1을 출력노드와 화살표로 연결한다.

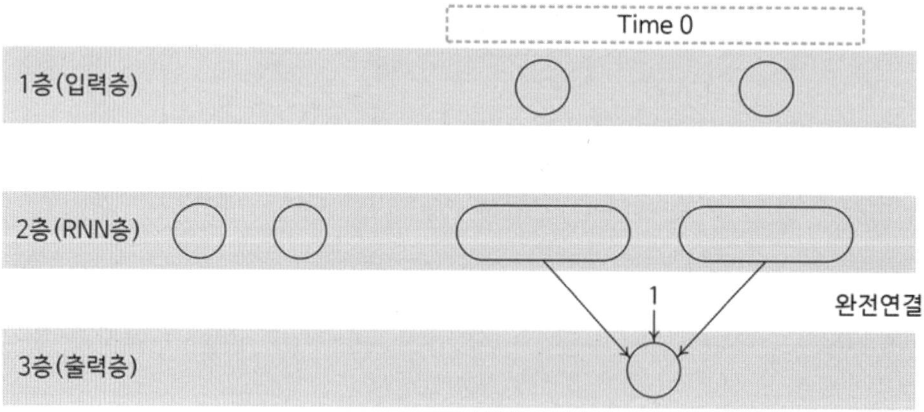

그림1-4

2-(4) 출력노드의 연결규칙

모든 노드에서 출발하는 화살표가 존재하므로 출력노드는 자신에서 출발하는 화살표를 가진다. 그러나 이 화살표가 도착하는 노드는 없다.

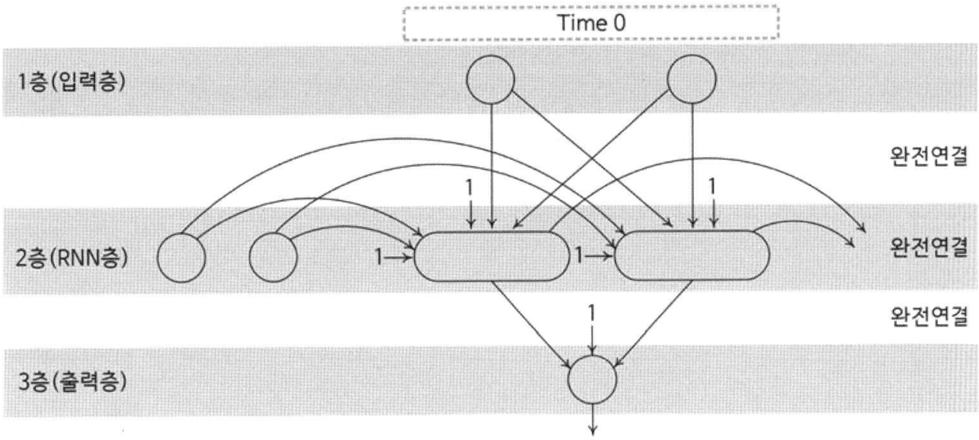

그림1-5

[참고1] 그림1-6와 같이 RNN층이 2개일 때, 각 time에서 1번째, 2번째 RNN층에 있는 RNN노드 사이의 연결도 완전연결한다.

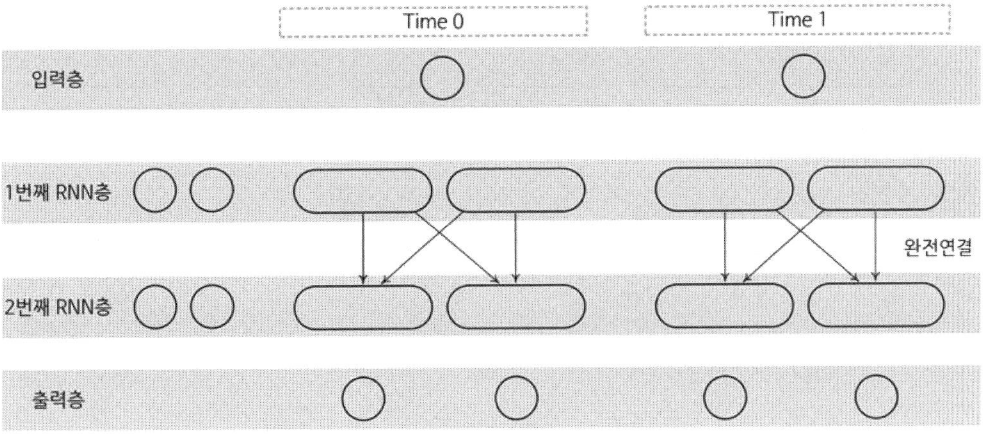

그림1-6

지금까지의 연결규칙으로 위 그림0-4에 적용된 노드(또는 상수 1)와 노드의 연결을 설명할 수 있다.

4. RNN 연결구조를 간단히 표현

입력노드, RNN노드, 출력노드 개수가 많아지면 그림1-5와 같이 연결구조가 복잡해지므로 그림1-5를 아래 그림1-7과 같이 간단히 나타내자. 상수 1을 표시하지 않고 완전연결을 나타내는 여러 개의 화살표를 하나로 표시한다.

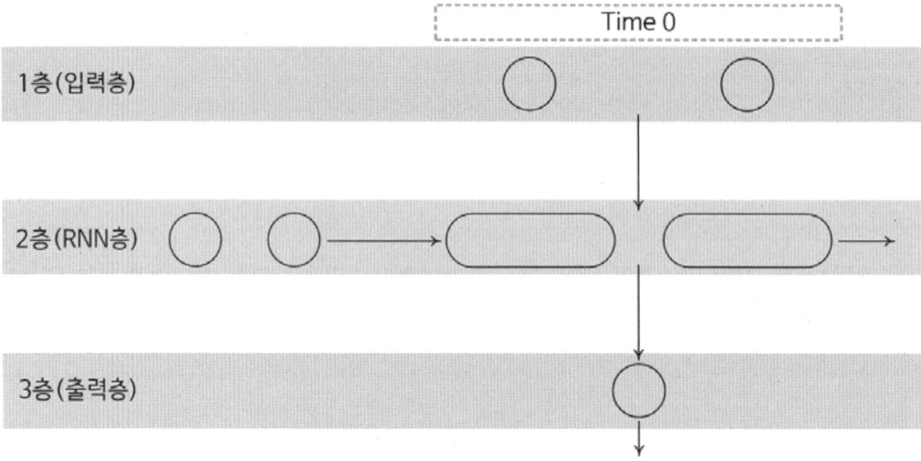

그림1-7

예제1. 그림1-8-(a)를 간단히 나타낸 그림이 그림1-8-(b)이다.

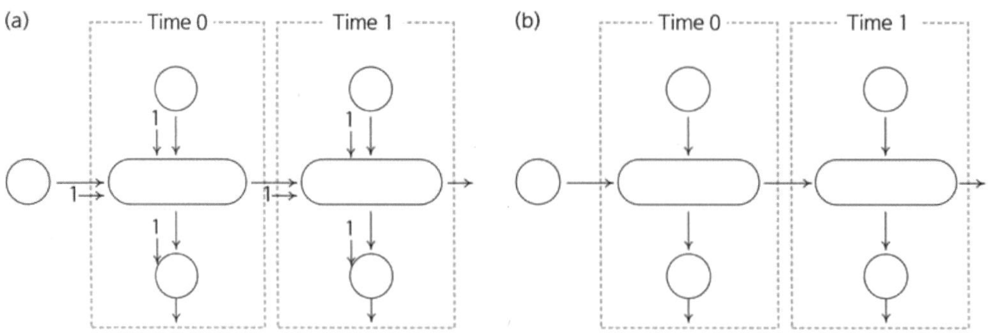

그림1-8

예제2. 위 그림0-4의 연결구조에서 time을 생략하고 간단히 나타내면 그림1-9와 같다. 그림0-4에 있는 time 0과 time 1을 그림1-9에서 나타내지 않았지만, 같은 모양

(input_size=1, hidden_size=2, output_size=2)이 반복됨을 통해서 sequence length=2임을 알 수 있다.

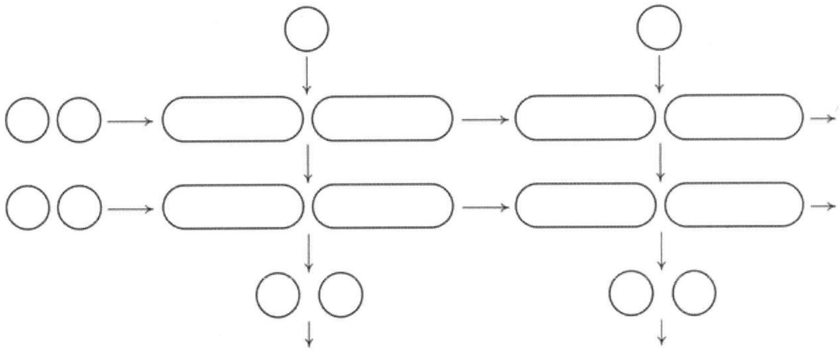

그림1-9

예제3. 그림1-10-(a)에서의 점선 화살표는 time 0의 입력노드에서 출발하여 time 1의 RNN노드에 도착한다. 그런데 이웃한 time의 두 노드를 연결하는 구조는 RNN층 노드 사이에서만 가능하므로, 그림1-10-(a)의 점선 화살표는 RNN 연결규칙을 따르지 않으므로 그림1-10-(a)는 RNN이 아니다. 또한 RNN에서는 이웃한 두 층만 연결하기로 했는데 그림1-10-(b)에서의 점선 화살표는 이웃하지 않는 두 층을 연결했으므로, 그림1-10-(b)도 RNN이 아니다.

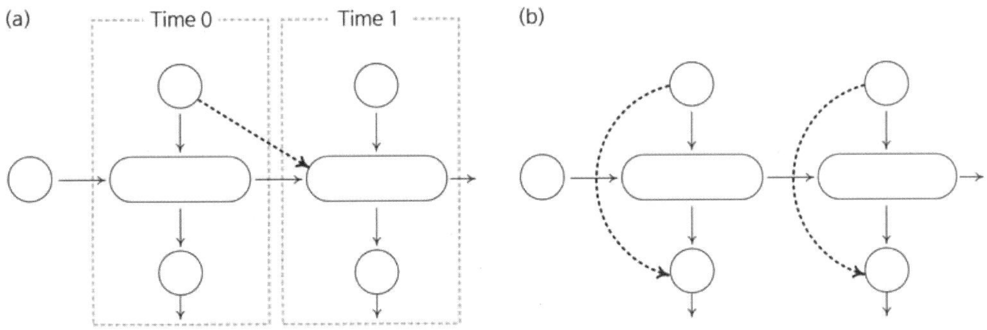

그림1-10

PART II. RNN 출력구조(대수적 구조)

노드와 화살표는 각각 값을 가진다. 화살표의 초깃값은 PyTorch에 의하여 무작위로 결정되고 신경망 학습법(제6장에서 다룸)으로 업데이트된다. 신경망 학습 대상은 화살표가 가지는 값임을 기억하자. 노드가 가지는 값을 결정하는 것은 입력노드에 대입하는 값과 화살표가 가지는 값이다. 이를 설명하기 하기 위하여 그림0-3에서 화살표가 가지는 값을 문자로 나타내어 그림2-1을 만들었다.

1. 화살표가 가지는 값

화살표를 세 종류로 분류할 수 있다. 첫 번째는 노드와 노드를 연결하는 화살표, 두 번째는 상수 1과 노드를 연결하는 화살표 그리고 세 번째는 도착 노드가 없는 화살표이다. 화살표가 가지는 값을 나타내기 위하여 그림2-1에서 입력노드, RNN노드, 출력노드에 각각 문자 i(input), h(hidden), o(output)을 표시하였다.

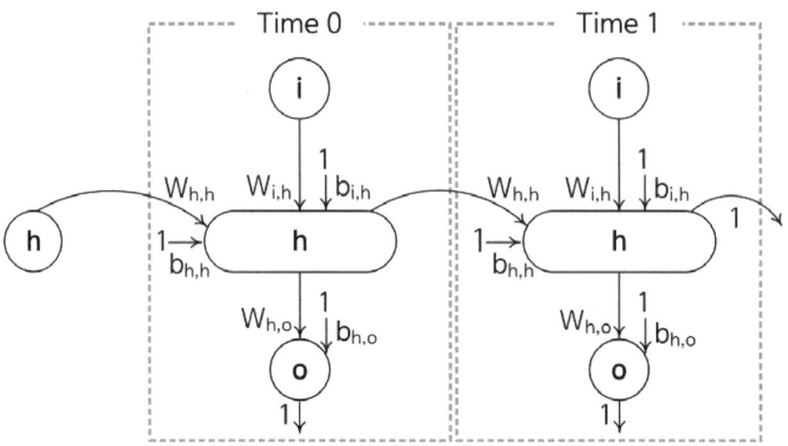

그림2-1

1-(1) 노드와 노드를 연결하는 화살표가 가지는 값을 "**가중치(weight)**"라고 하고 문자 W를 사용한다. 입력노드와 RNN노드, RNN노드와 RNN노드, RNN노드와 출력노드를 연결하는 화살표의 가중치는 각각 $W_{i,h}$, $W_{h,h}$, $W_{h,o}$로 표시하자.

1-(2) 상수 1과 노드를 연결하는 화살표가 가지는 값을 "**편향치(bias)**"라고 하고 문자 b를 사용한다. 입력층과 RNN층 사이에 있는 편향치는 $b_{i,h}$, RNN노드 사이에서 있는 편향치는 $b_{h,h}$, RNN층과 출력층 사이에서 있는 편향치는 $b_{h,o}$로 표시하자.

1-(3) 출발노드는 있지만 도착노드가 없는 3개 화살표가 가지는 값은 1이다. 가중치와 편향치를 "**파라미터(parameter)**"라고 하며 time 0, 1에서 동일한 화살표에 대응하는 파라미터는 동일함을 기억하자. 즉, 그림2-2에서 가중치는 6개가 아니고 3개($W_{i,h}$, $W_{h,h}$, $W_{h,o}$)이다. 편향치도 3개($b_{i,h}$, $b_{h,h}$, $b_{h,o}$)이므로 파라미터는 6개가 된다. 그리고 신경망 학습은 파라미터 초깃값을 업데이드하는 과정을 의미한다.

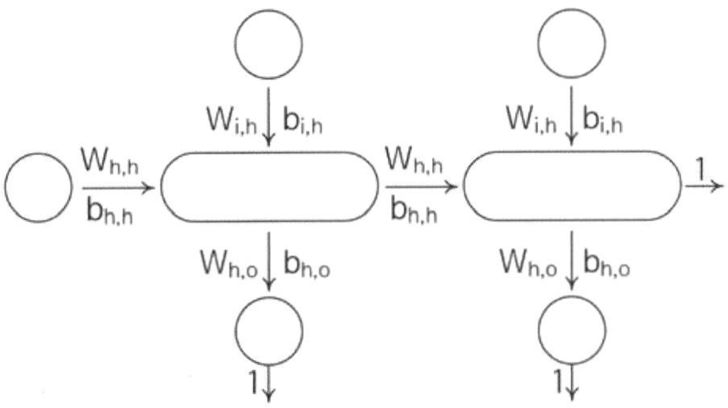

그림2-2

2. 노드가 가지는 값

화살표의 값을 문자로 나타냈듯이 그림2-3에서 노드가 가지는 값을 나타냈다.

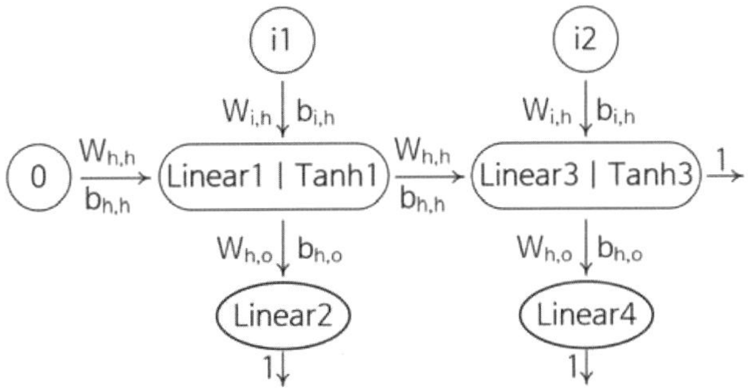

그림2-3

입력노드가 가지는 값은 i1과 i2이고 RNN층의 1번째(가장 왼쪽에 있는) RNN노드의 값은 0이다. 물론 0이 아닌 다른 값을 사용할 수 있지만 본 교재에서는 디폴트(default) 값인 0을 사용한다. RNN노드 "Linear1 | Tanh1"이 가지는 값은 Tanh1이다. 여기서 Linear1은 그림2-4와 같이 입력층으로부터의 2개의 값($i1*W_{i,h}$, $1*b_{i,h}$)과 RNN층 왼쪽으로부터의 2개의 값($0*W_{h,h}$, $1*b_{h,h}$)의 합이다.

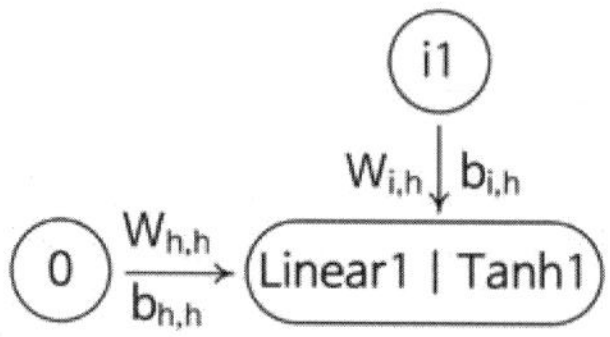

그림2-4. $Linear1 = i1 \cdot W_{i,h} + 1 \cdot b_{i,h} + 0 \cdot W_{h,h} + 1 \cdot b_{h,h}$

그리고 Tanh1은 Linear1을 쌍곡선 탄젠트 함수 tanh( )에 대입한 값이다.

$$\text{Tanh1} = \tanh(\text{Linear1}) = \frac{1 - \exp(\text{Linear1})}{1 + \exp(\text{Linear1})}$$

출력노드 "Linear2"가 가지는 값은 Linear2이다. 마찬가지로 RNN노드 "Linear3 | Tanh3"의 값은 Tanh3이고 출력노드 "Linear4"이 가지는 값은 Linear4이다.

3. RNN층에서 출력

두 종류의 RNN층 출력(그림2-5, 2-6)이 있다.

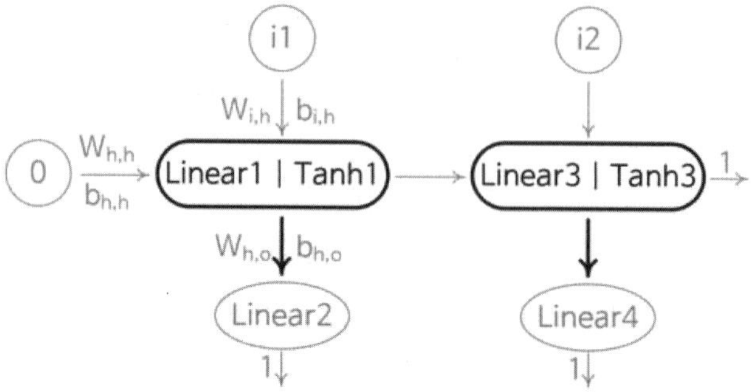

그림2-5

RNN층의 첫 번째 출력(rnn_down)은 마지막 RNN층의 노드 값으로, 아래로(down) 향하는 출력이다. 그림2-5에서 마지막 RNN층의 노드 값은 Tanh1, Tanh3이므로 rnn_down=(Tanh1, Tanh3)이다. 두 번째 RNN층 출력(rnn_right)은 모든 RNN층에서 가장 오른쪽에 있는 노드의 값이고, 오른쪽으로 향하는 출력이다. 그림2-6에서 RNN층이 1개이므로 RNN층에서 가장 오른쪽 노드는 1개이고 rnn_right은 Tanh3가 된다.

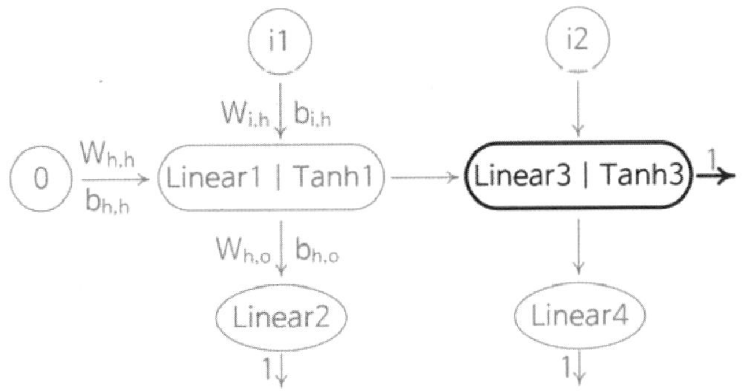

그림2-6

예제4. rnn_down은 그림2-5와 같이 마지막 RNN층의 노드 값이고 아래 방향으로 흐르는 출력이므로, 그림2-7에서 rnn_down은 두 번째 RNN층에 있는 4개 노드가 가지는 값이다.

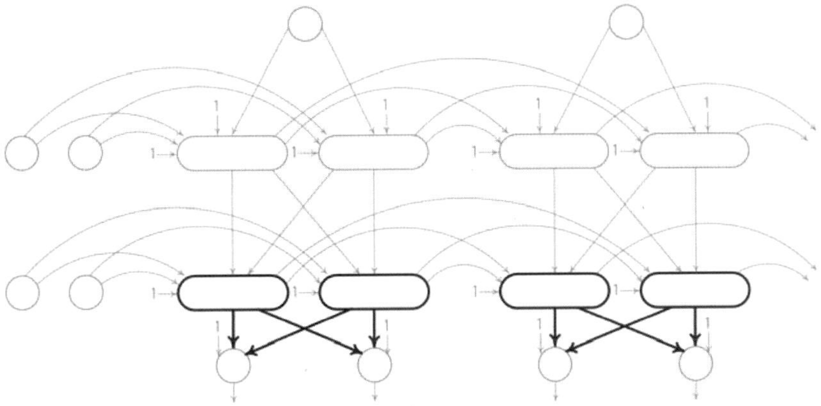

그림2-7

rnn_right은 그림2-6과 같이 모든 RNN층에서 가장 오른쪽에 있는 노드의 값이고 오른쪽(right)으로 향하므로, 그림0-4에서 rnn_right은 그림2-8과 같이 time 1에 있는 4개 RNN노드가 가지는 값이다.

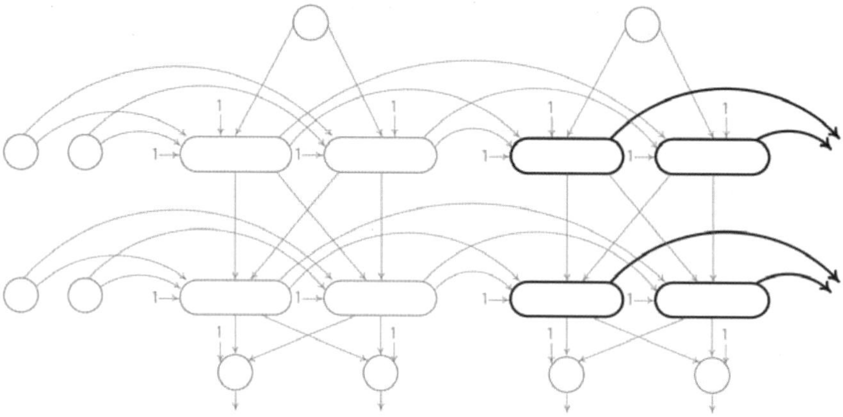

그림2-8

4. RNN 출력

RNN 출력을 RNN층 출력 rnn_right와 출력층 출력으로 정의하자. RNN층 출력은 RNN출력의 일부분임을 기억하자. 그림2-9의 경우 RNN층 출력 rnn_right는 Tanh3이고 출력층 출력은 (Linear2, Linear4)이므로 RNN 출력은 Tanh3, (Linear2, Linear4)가 된다.

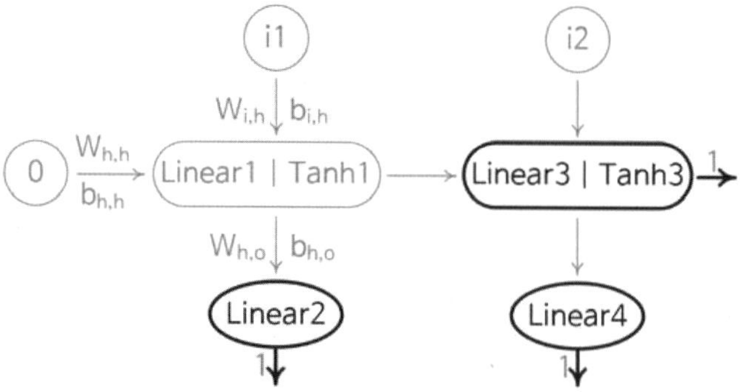

그림2-9

예제5. 그림0-4에서 출력층 출력은 다음과 같다.

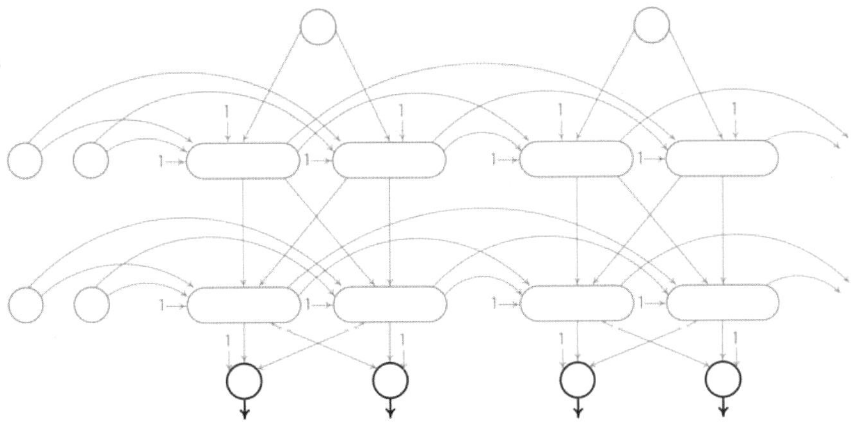

그림2-10

따라서 그림0-4에서 RNN 출력은 그림2-8에 있는 RNN층 출력 rnn_right와 그림2-10에 있는 출력층 출력이므로 그림2-11과 같이 RNN 출력을 나타낼 수 있다.

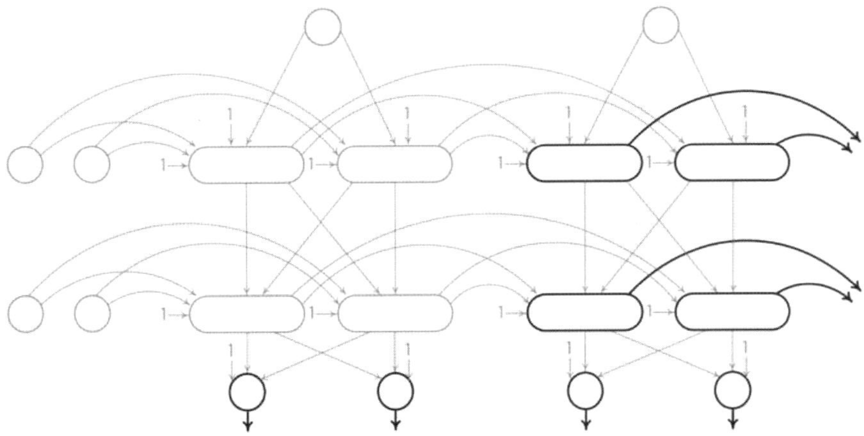

그림2-11

다음 예제에서 RNN 출력을 숫자로 계산해보자.

예제6. 그림2-12에서 입력노드 값과 파라미터 값이 모두 1이라고 하자

$$i1 = i2 = W_{i,h} = b_{i,h} = W_{h,h} = b_{h,h} = W_{h,o} = b_{h,o} = 1$$

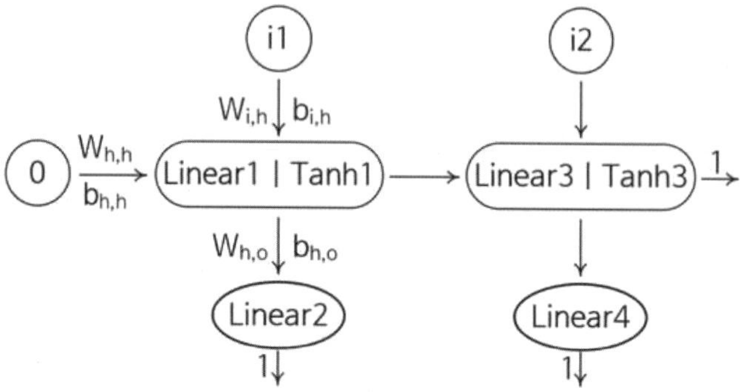

그림2-12

아래와 같이 RNN 출력을 숫자로 구할 수 있다.

(1) 출력층 출력 Linear2

$\text{Linear1} = i1*W_{i,h} + 1*b_{i,h} + 0*W_{h,h} + 1*b_{h,h} = 1*1+1*1+0*1+1*1 = 3$

$\text{Tanh1} = \tanh(\text{Linear1}) = \tanh(3) = 0.995$

$\therefore \text{Linear2} = \text{Tanh1}*W_{h,o} + 1*b_{h,o} = 0.995*1+1*1 = 1.995$

(2) RNN층 출력 Tanh3와 출력층 출력 Linear4

$\text{Linear3} = 1*W_{i,h} + 1*b_{i,h} + \text{Tanh1}*W_{h,h} + 1*b_{h,h} = 1*1+1*1+0.995*1+1*1 = 3.995$

$\text{Tanh3} = \tanh(\text{Linear3}) = \tanh(3.995) = 0.999$

$\therefore \text{Linear4} = \text{Tanh3}*W_{h,o} + 1*b_{h,o} = 0.999*1+1*1 = 1.999$

따라서 RNN 출력은 다음과 같다.

rnn_rigth = Tanh3 = 1.999
출력층 출력 = (Linear2, Linear4) = (1.995, 1.999)

PART III. RNN의 순환구조

그림3-1-(a)는 time 0에 있는 파라미터 값이 time 1에 있는 파라미터 값과 동일함을 나타낸다. 따라서 time 1에 있는 파라미터를 생략해도 되기 때문에 그림3-1-(a)를 그림3-1-(b)과 같이 나타낸다. 그림3-1-(a)에서 반복되는 구조가 그림3-1-(c)이고, RNN층의 화살표가 동일한 파라미터를 갖음을 표시했다. 그림3-1-(c)를 그림3-1-(d)와 같이 반복(loop)하는, 순환하는(recurrent) 구조로 그린 후, 파라미터를 생략하면 RNN의 순환 구조가 표시된 그림3-1-(e)가 된다. 이전 time의 RNN노드 값이 다시 현재 time의 RNN노드에 입력되는 구조가 순환의 의미이다.

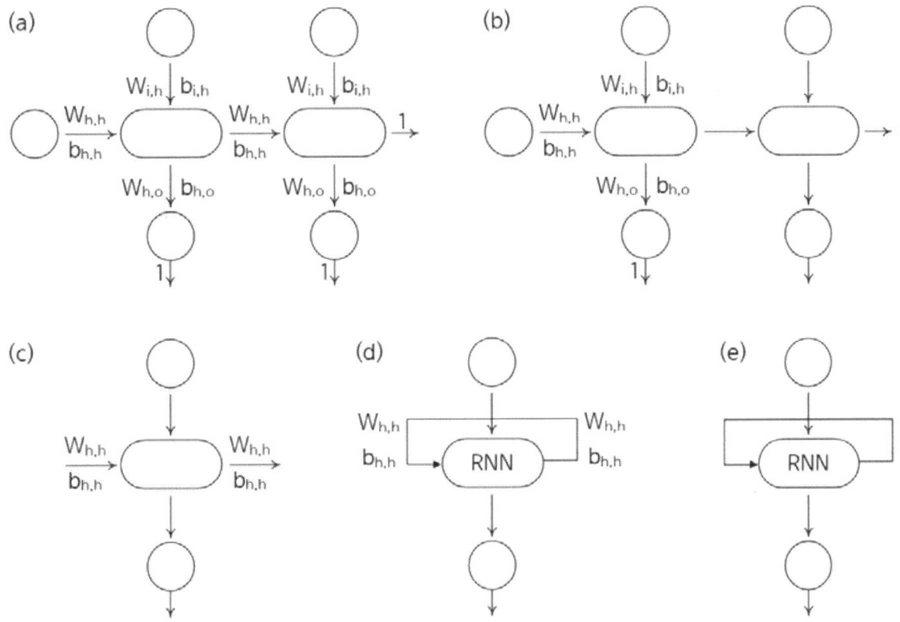

그림3-1

각 time 마다 동일한 구조가 반복되므로 그림3-1-(a)를 그림3-1-(e)와 같이 나타낸다. num_layers가 2이상인 경우를 포함하여 일반적인 RNN을 그림3-1-(e)와 같이 나타낸다. 과거의 출력이 현재의 출력에 영향을 주는 과정이 되풀이(recurrent) 되도록 만든 neural network이 RNN이다.

연습문제

1. 아래 RNN은 sequence length가 2이다. 다음 물음에 답하시오.

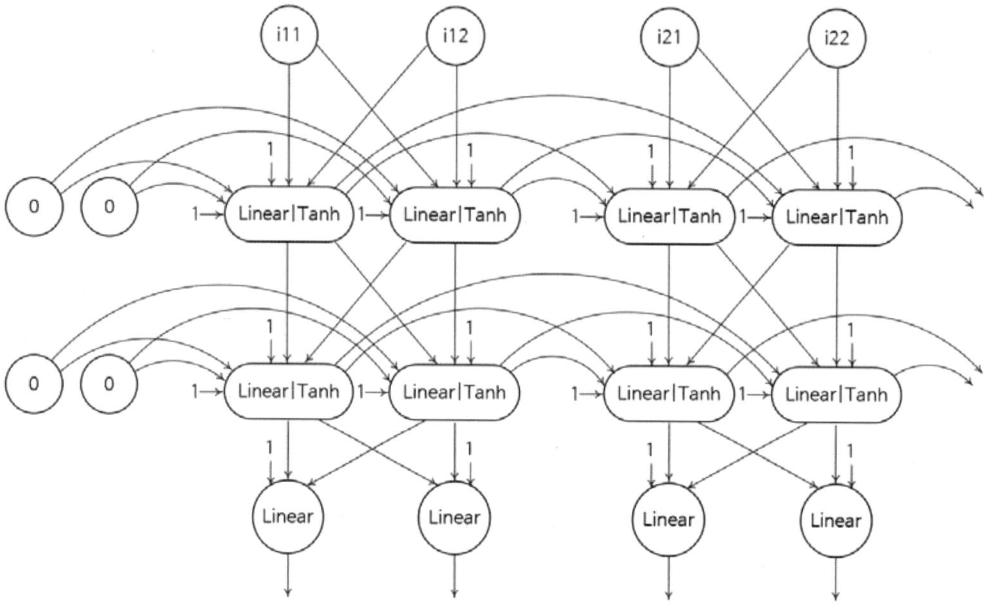

1-(1) 그림1-7과 같이 위 RNN을 간단한 신경망으로 그리시오.

1-(2) 가중치, 편향치, 파라미터의 개수를 구하시오 (그림3-1-(a), (b)를 참고).

1-(3) input_size, hidden_size, num_layers, output_size를 구하시오.

1-(4) 입력노드 값과 가중치가 모두 0 이고 편향치가 1일 때, RNN 출력을 구하시오 (예제6을 참고).

연습문제 풀이

1-(1) 그림1-7과 같이 주어진 신경망에서 완전연결 화살표를 하나로 나타내고 상수1에서 출발하는 화살표를 생략하면 아래와 같다. 노드에 적힌 문자를 생략해도 된다.

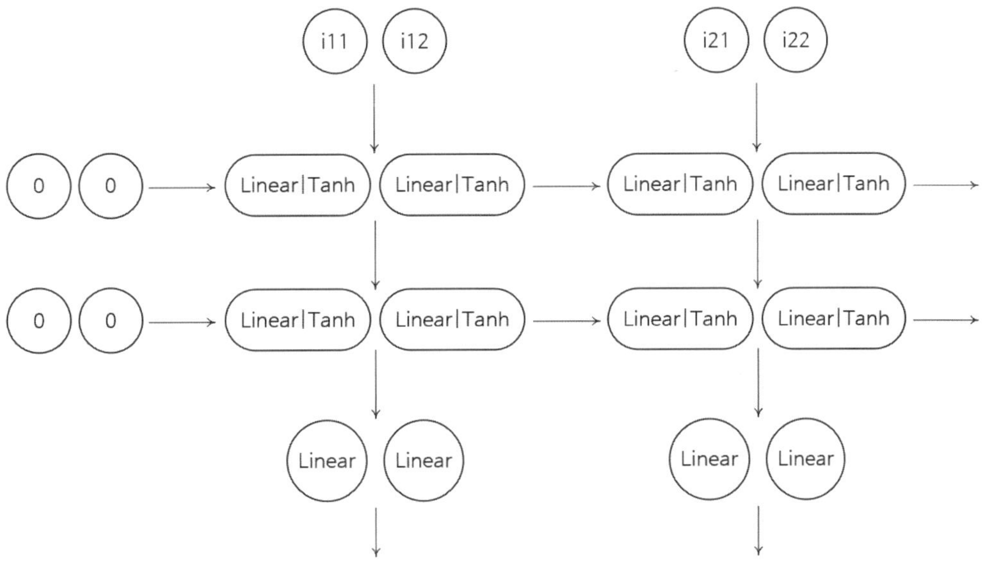

1-(2) 가중치와 편향치를 위 그림에 나타내면 아래와 같다.

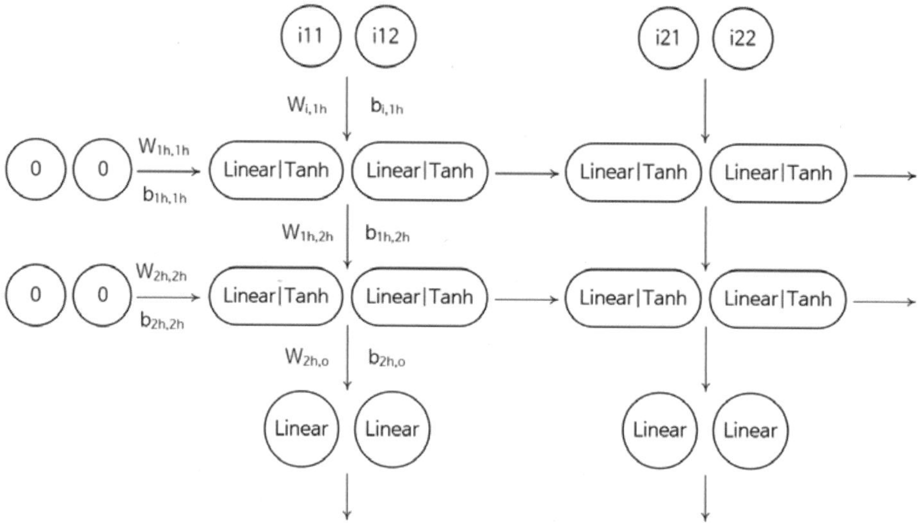

· 가중치 $W_{i,1h}$는 입력층(input)에서 1번째 RNN층(1번째 hidden layer)으로 향하는 완전연결 화살표의 값이므로 아래와 같이 4개 화살표의 값을 나타낸다. 이 때, PyTorch에 의하여 무작위로 배정된 값은 [[0.3643, -0.3121] , [-0.1371, 0.3319]] 이다.

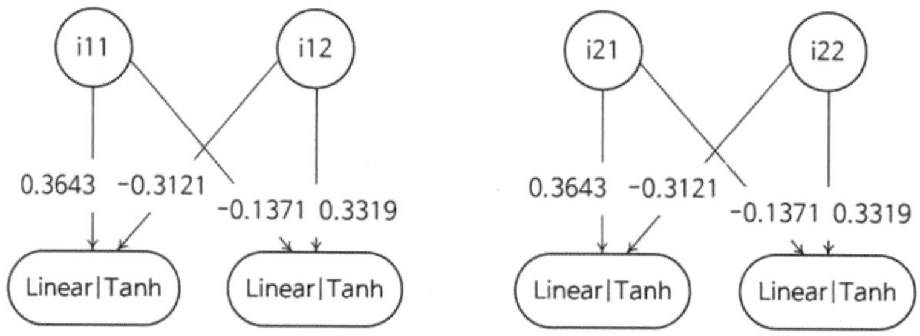

· 가중치 $W_{1h,1h}$는 1번째 RNN층의 노드에서 1번째 RNN층 노드로 향하는 완전연결 화살표의 값이므로 다음 그림과 같이 4개 화살표의 값을 나타낸다. 이 때, PyTorch에 의하여 무작위로 배정된 값은 [[-0.6657, 0.4241] , [-0.1455, 0.3597]] 이다.

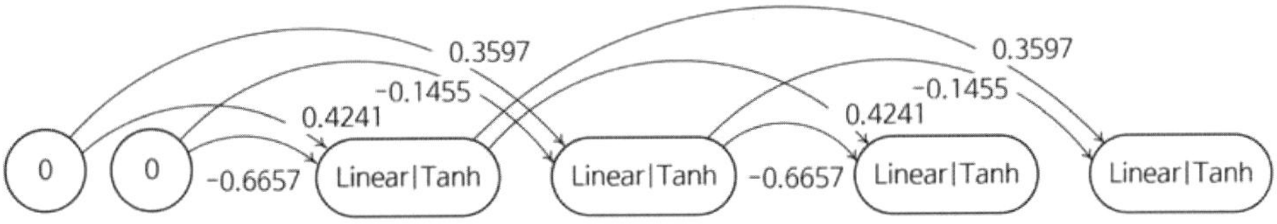

· 편향치 $b_{i,1h}$는 입력층에서 1번째 RNN층으로 향하는 편향치(bias)이므로 상수 1에서 두 개의 RNN노드로 화살표의 값을 나타낸다. 이때, PyTorch에 의하여 무작위로 배정된 값은 [0.0983, -0.0866] 이다.

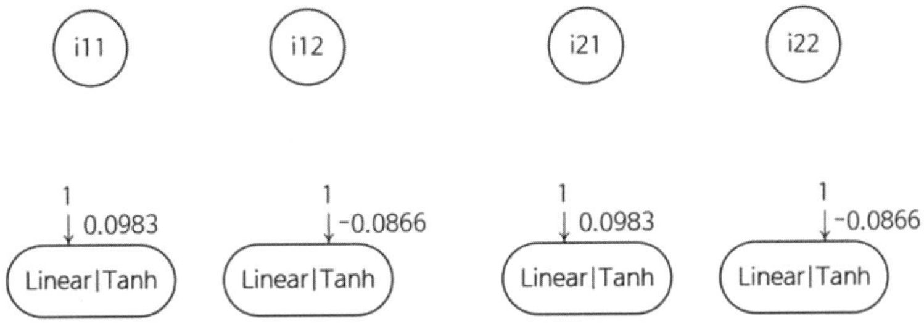

· 편향치 $b_{1h,1h}$는 1번째 RNN층 내부에서 있는 편향치이므로 상수 1에서 두 개의 RNN노드로 화살표의 값을 나타낸다. 이때, PyTorch에 의하여 무작위로 배정된 값은 [0.1961, 0.0349] 이다.

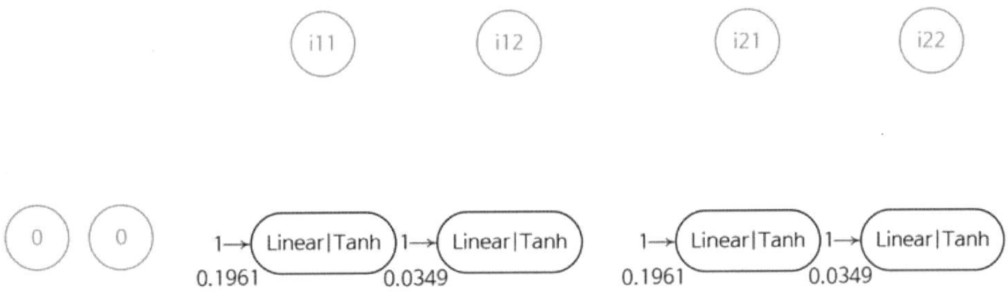

· 가중치 $W_{1h,2h}$는 1번째 RNN층에서 2번째 RNN층으로 향하는 완전연결 화살표의 값이므로 다음 그림과 같이 4개 화살표의 값을 나타낸다. 이때, PyTorch에 의하여 무작위로 배정된 값은 [[0.2583, -0.2756] , [-0.0516, -0.0637]] 이다.

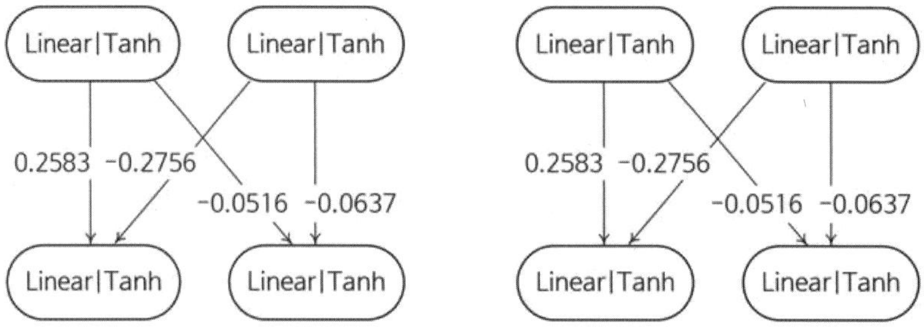

· 가중치 $W_{2h,2h}$는 2번째 RNN층의 노드에서 2번째 RNN층 노드로 향하는 완전연결 화살표의 값이므로 4개 화살표의 값을 나타낸다. 이때, PyTorch에 의하여 무작위로 배정된 값은 [[0.1025, -0.0028] , [0.6181, 0.2200]] 이다.

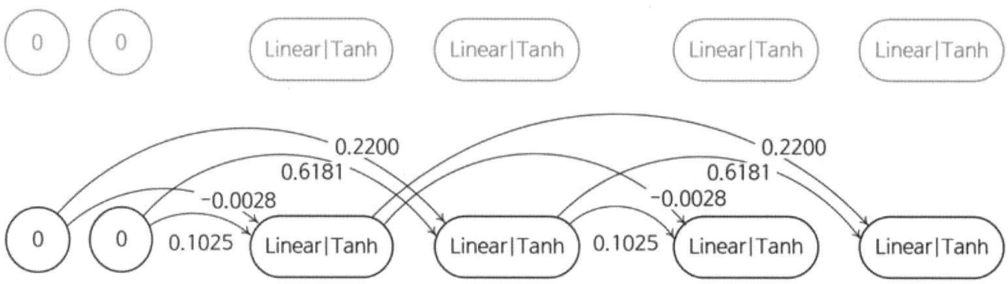

· 편향치 $b_{1h,2h}$는 1번째 RNN층에서 2번째 RNN층으로 향하는 편향치이므로 상수 1에서 두 개의 RNN노드로 화살표의 값을 나타낸다. 이때, PyTorch에 의하여 무작위로 배정된 값은 [-0.2633, -0.4271] 이다.

· 편향치 $b_{2h,2h}$는 2번째 RNN층 내부에서 있는 편향치이므로 상수 1에서 두 개의 RNN노드로 화살표의 값을 나타낸다. 이때, PyTorch에 의하여 무작위로 배정된 값은 [-0.1185, -0.3050] 이다.

· 가중치 $W_{2h,o}$는 2번째 RNN층에서 출력층으로 향하는 완전연결 화살표의 값이므로 4개 화살표의 값을 나타낸다. 이때, PyTorch에 의하여 무작위로 배정된 값은 [[-0.2266, 0.0339] , [0.4215, 0.3843]] 이다.

• 편향치 $b_{2h,o}$는 2번째 RNN층에서 출력층으로 향하는 편향치이므로 상수 1에서 두 개의 출력노드로 화살표의 값을 나타낸다. 이때, PyTorch에 의하여 무작위로 배정된 값은 [-0.6912, 0.4383] 이다. 지금까지 구한 파라미터 값을 신경망에 나타내면 다음과 같다.

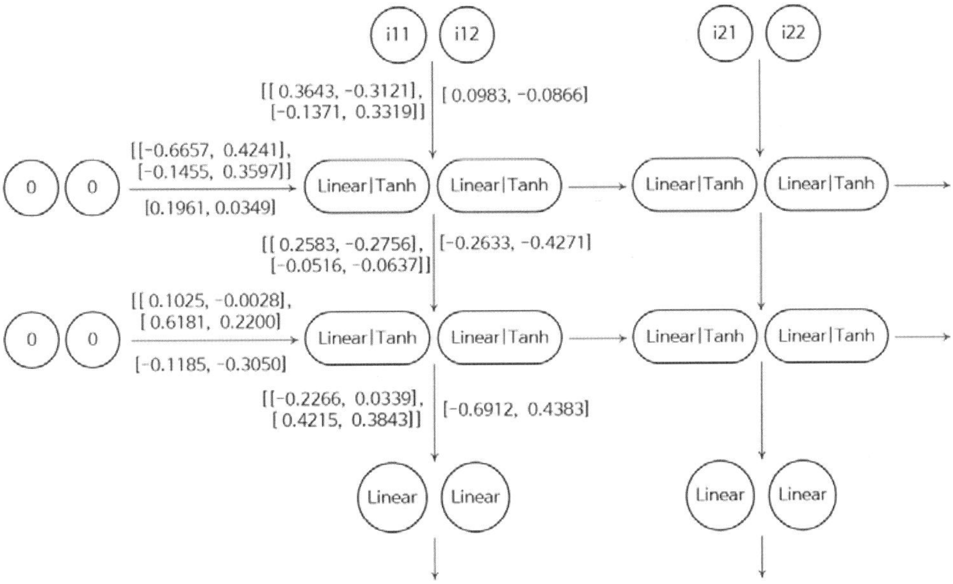

따라서 가중치는 4 + 4 + 4 + 4 + 4 = 20개, 편향치는 2 + 2 + 2 + 2 + 2 = 10개이므로 파라미터는 20 + 10 = 30개이다.

1-(3) 각 time에서 입력노드가 2개이므로 input_size = 2이다.
각 time에서 각 RNN층에 있는 RNN노드가 2개이므로 hidden_size = 2이다.
RNN층이 2개이므로 num_layers = 2이다.
각 time에서 출력노드가 2개이므로 output_size = 2이다.

1-(4) 입력노드 값과 가중치가 모두 0이고 편향치는 1이므로, 편향치가 출력을 결정한다. 먼저, rnn_right의 값을 구하자. RNN층에서 가장 오른쪽에 있는 RNN노드 값은 time 0에서 RNN 노드 값에 영향을 받지 않으므로 time 0에서 RNN 노드 값을 계산할 필요가 없다. time 1에 있는 각 RNN노드의 Linear 값은 2개의 편향치 값 1+1=2이므로 각각의 RNN노드에서 Tanh 값은 tanh(Linear)=tanh(2) =0.964가 된다.따라서 RNN층에서 가장 오른쪽에 4개 RNN노드 각각이 가지는 값은 0.964이다. 그러므로 rnn_right은 다음과 같다.

rnn_right = (0.964, 0.964, 0.964, 0.964)

그리고 출력노드 Linear 값도 편향치가 결정하므로 Linear로 들어오는 편향치만 반영하면 된다. 그리고 time 0에서 출력노드 2개, time 1에서 출력노드 2개이므로 출력층 출력은 다음과 같다.

출력층 출력 = (1.0, 1.0, 1.0, 1.0)

앞으로 다룰 PyTorch 코드로 확인하면 다음과 같다.

```
import torch;import torch.nn as nn;torch.manual_seed(1)

input=torch.tensor([[[0.0, 0.0]],[[0.0, 0.0]]])
class Model(nn.Module):
  def __init__(self, input_size, hidden_size, num_layers, output_size):
    super().__init__()
    self.rnn=nn.RNN(input_size, hidden_size, num_layers)
    self.fc=nn.Linear(hidden_size, output_size)

  def forward(self, x):
    rnn_down, rnn_right=self.rnn(x)
    fc_out=self.fc(rnn_down)
    return rnn_right, fc_out

net=Model(input_size=2, hidden_size=2, num_layers=2, output_size=2)

net.rnn.weight_ih_l0.data.fill_(0.)
net.rnn.weight_ih_l1.data.fill_(0.)
net.rnn.weight_hh_l0.data.fill_(0.)
net.rnn.weight_hh_l1.data.fill_(0.)
net.rnn.bias_ih_l0.data.fill_(1.)
net.rnn.bias_ih_l1.data.fill_(1.)
net.rnn.bias_hh_l0.data.fill_(1.)
net.rnn.bias_hh_l1.data.fill_(1.)

net.fc.weight.data.fill_(0.)
net.fc.bias.data.fill_(1.)

rnn_right, fc_out=net(input)
print('rnn_right',rnn_right,'\n')
print('fc_out',fc_out)
```

```
rnn_right tensor([[[0.9640, 0.9640]],

        [[0.9640, 0.9640]]], grad_fn=<StackBackward>)

fc_out tensor([[[1., 1.]],

        [[1., 1.]]], grad_fn=<AddBackward0>)
```

제2장 RNN 그림을 나타내기 위한 PyTorch 용어

신경망의 연결구조와 출력구조를 파이토치(PyTorch)로 표현해보자.

PART I. 연결구조(위상적 구조)를 나타내는 PyTorch 용어

1. 이웃한 두 층의 연결구조를 PyTorch로 표현

신경망 연결구조를 PyTorch로 변환하기 위해서는 신경망의 이웃한 두 층을 PyTorch 용어로 표현할 수 있어야 한다. 그림1-1에 있는 이웃한 두 층은 두 종류로 다음과 같다.

입력층과 RNN층, RNN층과 출력층

각각을 PyTorch 용어로 나타내면 "nn.RNN"과 "nn.Linear"이다.

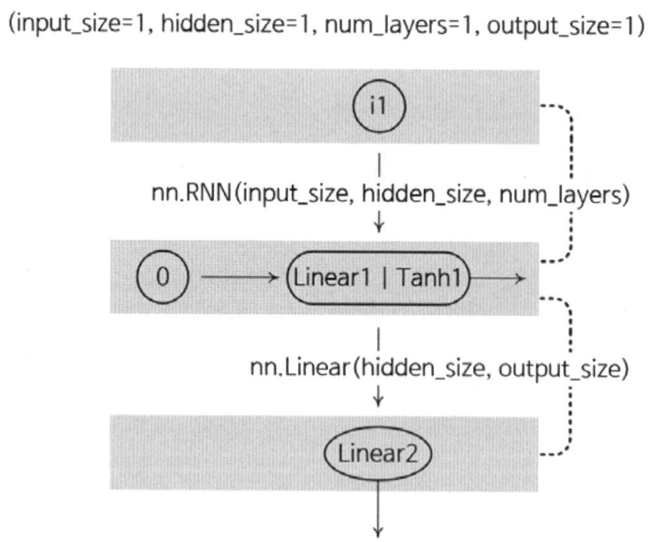

그림1-1

여기서 "nn.RNN"과 "nn.Linear"에 대한 설명은 제4장에서 다룬다.

그림1-2와 같이 RNN층이 두 개인 경우는 RNN층 개수를 나타내는 num_layers만 2로 변경하면 된다.

(input_size=1, hidden_size=1, num_layers=2, output_size=1)

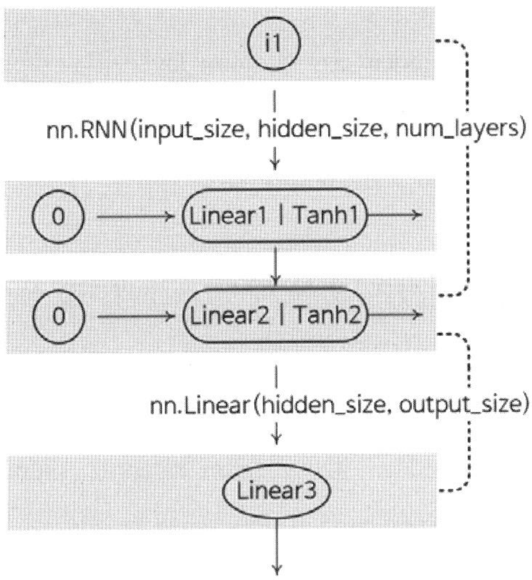

그림1-2

그림1-3과 같이 time이 두 개(time 0, time 1)인 경우는 time 개수를 나타내는 sequence length가 2가 되도록 신경망 입력의 형태(shape)만 변경하면 된다(제5장에서 설명).

(input_size=1, hidden_size=1, num_layers=1, output_size=1)

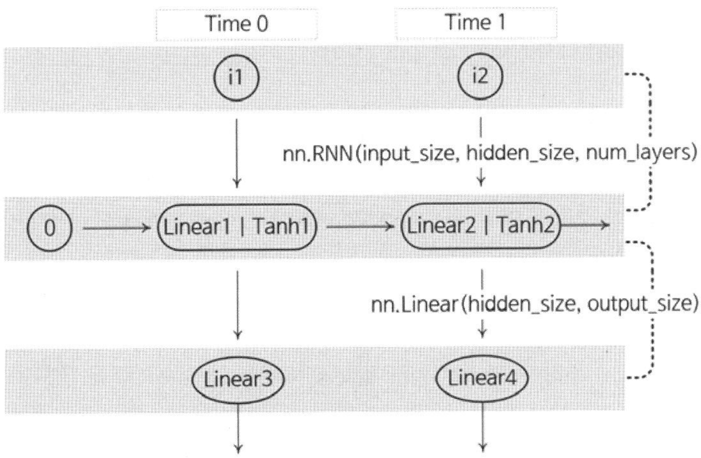

그림1-3

예제1. 제1장에 있는 그림0-4의 신경망에서 입력층과 RNN층, RNN층과 출력층을 PyTorch 용어로 나타내면 다음과 같다. 그리고 time 개수를 나타내는 sequence length가 2가 되도록 신경망 입력의 형태(shape)만 변경한다.

(1) input_size=1, hidden_size=2, num_layers=2, output_size=2
(2) nn.RNN(input_size, hidden_size, num_layers)
(3) nn.Linear(hidden_size, output_size)

제1장 그림1-6의 신경망에서 이웃한 두 층을 PyTorch 용어로 나타내면 다음과 같다. 그리고 sequence length=1이다.

(1) input_size=1, hidden_size=2, num_layers=2, output_size=2
(2) nn.RNN(input_size, hidden_size, num_layers)
(3) nn.Linear(hidden_size, output_size)

제1장 연습문제의 신경망에서 이웃한 두 층을 PyTorch 용어로 나타내면 다음과 같다. 그리고 sequence length=2이다.

(1) input_size=2, hidden_size=2, num_layers=2, output_size=2
(2) nn.RNN(input_size, hidden_size, num_layers)
(3) nn.Linear(hidden_size, output_size)

2. 연결구조를 만들 때 공통적으로 사용한 PyTorch 코드

그림1-1, 1-2, 1-3과 같이 입력층, RNN층, 출력층으로 구성된 신경망의 경우, 그림은 서로 다르지만 PyTorch 용어를 보면 다음과 같은 공통점이 있다.

(1) input_size, hidden_size, num_layers, output_size의 값을 결정
(2) nn.RNN(input_size, hidden_size, num_layers)
(3) nn.Linear(hidden_size, output_size)

그리고 세 가지 공통점을 PyTorch 코드로 나타내면, 아래 코드1-1의 5, 7, 8번째 줄이 된다. 자세한 내용은 제4장에서 다룬다.

```
1 import torch
2 import torch.nn as nn
3
4 class Model(nn.Module):
5   def __init__( self, input_size, hidden_size, num_layers, output_size ):
6     super().__init__()
7     self.rnn = nn.RNN(input_size, hidden_size, num_layers)
8     self.fc = nn.Linear(hidden_size, output_size)
```

코드1-1

PART II. 출력구조(대수적 구조)를 나타내는 PyTorch 용어

1. RNN층 출력을 나타내는 PyTorch 용어

그림2-1과 같이 RNN에 데이터 input을 입력하면 데이터가 연결구조(위상적 구조)를 따라 흘러서 RNN층에서 rnn_down과 rnn_right가 출력되고 화살표 방향으로 전달된다.

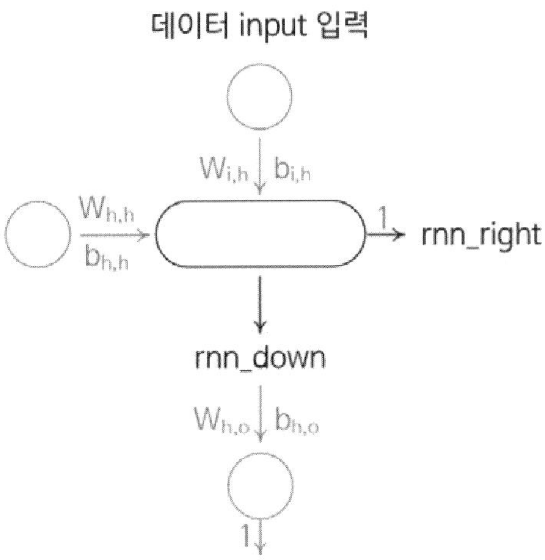

그림2-1

RNN층 출력의 발생 과정을 두 단계로 나누어 설명할 수 있다.

(1) 입력층과 RNN층의 연결구조를 만들어 self.rnn이라고 하자.

```
(input_size=1, hidden_size=1, num_layers=1)
self.rnn = nn.RNN(input_size, hidden_size, num_layers)
```

(2) 입력층과 RNN층의 연결구조인 self.rnn을 통하여 input을 흘려보내면(self.rnn에 input을 대입) RNN층 출력을 얻는다.

```
rnn_down, rnn_right = self.rnn(input)
```

2. 출력층 출력을 나타내는 PyTorch 용어

앞에 있는 그림2-1의 RNN에 input을 입력하면 RNN층에서 두 종류 출력(rnn_down, rnn_right)이 발생한다. 여기서 rnn_down은 그림2-2와 같이 출력층에 입력되어 출력층 출력(fc_out)이 발생한다. 여기서 fc는 제1장에서 정의한 fully connected(완전연결)의 약자이다.

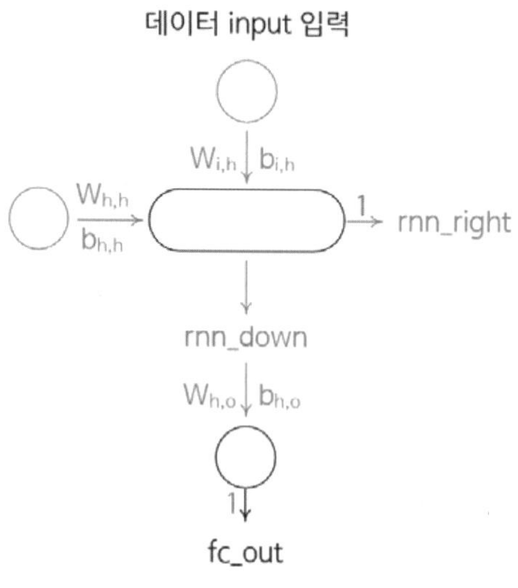

그림2-2

출력층 출력의 발생 과정을 두 단계로 나누어 설명할 수 있다.

(1) RNN층과 출력층의 연결구조를 만들어 self.fc이라고 하자.

```
(hidden_size=1, output_size=1)
self.fc = nn.Linear(hidden_size, output_size)
```

(2) RNN층과 출력층의 연결구조인 self.fc를 통하여 rnn_down을 흘려보내면 (self.fc에 rnn_down을 대입) 출력층 출력(fc out)을 얻는다.

```
fc_out = self.fc(rnn_down)
```

3. RNN 출력 정의

그림2-3의 RNN에 데이터 input을 입력하여 얻은 RNN층 출력 rnn_right과 출력층 출력(fc_out)을 RNN 출력으로 정의하자.

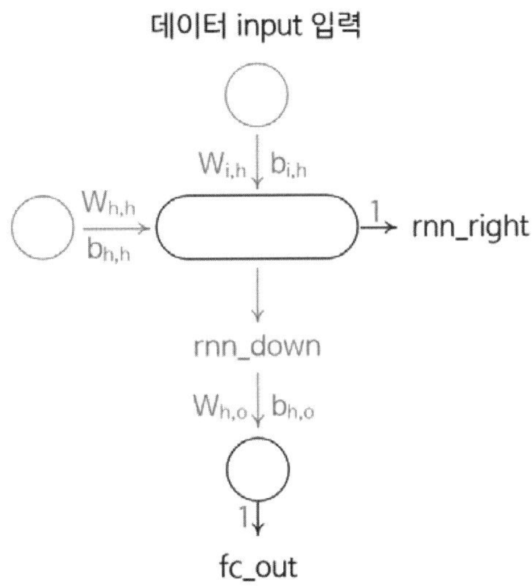

그림2-3

참고로 신경망의 파라미터를 업데이트할 때는 출력층 출력 fc_out만 사용하여 신경망이 목표로 하는 target과 비교한다.

예제2. 앞에 있는 그림1-3의 신경망에서 RNN층 출력은 그림2-4와 같이 rnn_down = (rnn_down1, rnn_down2)과 rnn_right이다.

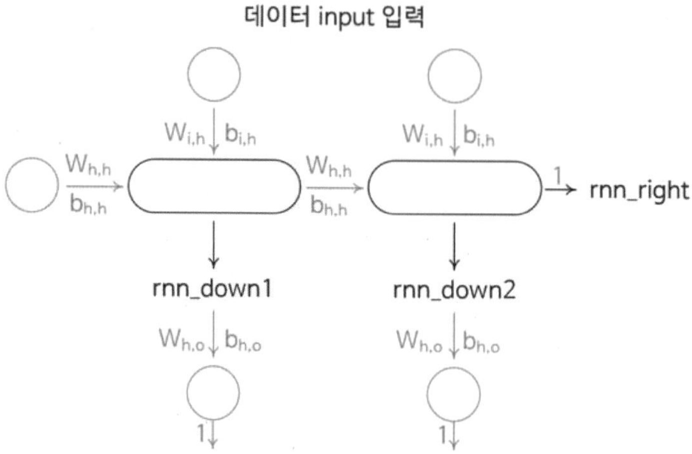

그림2-4

그리고 출력층 출력은 그림2-5와 같이 fc_out = (fc_out1, fc_out2)이다.

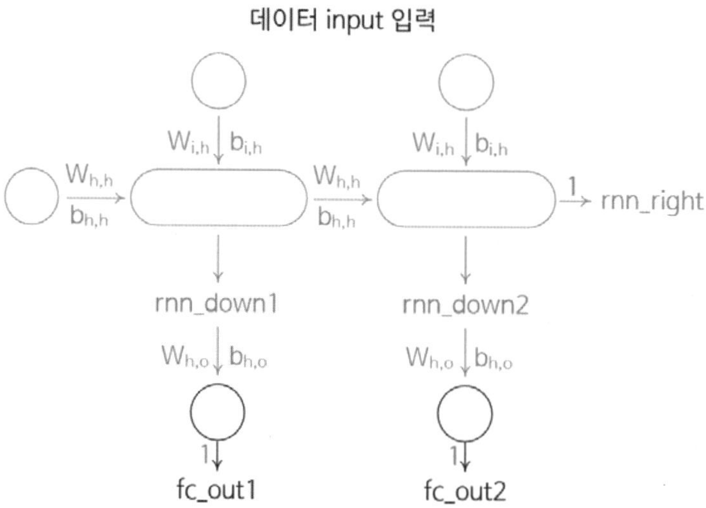

그림2-5

RNN 출력은 그림2-6과 같이 rnn_right, fc_out = (fc_out1, fc_out2)이다.

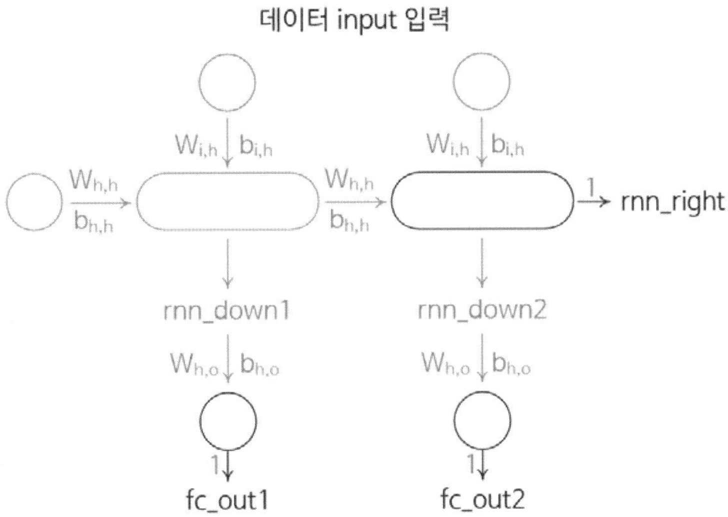

그림2-6

4. RNN 출력을 나타내는 PyTorch 코드

RNN 출력을 발생시키는 과정을 두 단계로 나누어 설명할 수 있다.

제1단계. 입력층과 RNN층, RNN층과 출력층의 연결구조(위상적 구조)를 만들어 self.rnn, self.fc라고 하자.

(1) input_size, hidden_size, num_layers, output_size의 값을 결정
(2) self.rnn = nn.RNN(input_size, hidden_size, num_layers)
(3) self.fc = nn.Linear(hidden_size, output_size)

제2단계. 데이터 input을 연결구조를 통하여 흘려보내면 다음과 같은 RNN 출력(대수적 구조)를 얻는다.

(4) input 입력
(5) rnn_down, rnn_right = self.rnn(input)
(6) fc_out = self.fc(rnn_down)
(7) RNN 출력은 rnn_right, fc_out

이러한 단계는 PyTorch로 신경망을 정의할 때 아래 코드2-1과 같이 표현한다. 여기서 RNN 출력을 발생시키는 과정 (1), (2), (3), (4), (5), (6), (7)은 각각 코드2-1의 5, 7, 8, 10, 11, 12, 13번째 줄로 코딩된다. 자세한 내용은 제4장에서 다룬다.

```
1 import torch
2 import torch.nn as nn
3
4 class Model(nn.Module):
5   def __init__(self, input_size, hidden_size, num_layers, output_size ):
6     super().__init__()
7     self.rnn=nn.RNN(input_size, hidden_size, num_layers)
8     self.fc=nn.Linear(hidden_size, output_size)
9
10  def forward(self, input ):
11    rnn_down, rnn_right=self.rnn(input)
12    fc_out=self.fc(rnn_down)
13    return rnn_right, fc_out
```

코드2-1

입력층, RNN층, 출력층으로 구성된 신경망 그림은 위 (1) ~ (7)으로 구성되어 있기 때문에, 코드2-1을 사용하여 지금까지 다루었던 모든 신경망 그림을 PyTorch로 표현할 수 있다. 자세한 내용은 제3장에서 다룬다.

연습문제

1. RNN층 출력 rnn_down은 마지막 RNN층에 있는 모든 RNN노드의 값이고, rnn_right는 모든 RNN층의 가장 오른쪽(마지막 time)에 있는 RNN노드 값이다. 1개 입력데이터를 아래 신경망에 대입할 때, 다음 물음에 답하시오.

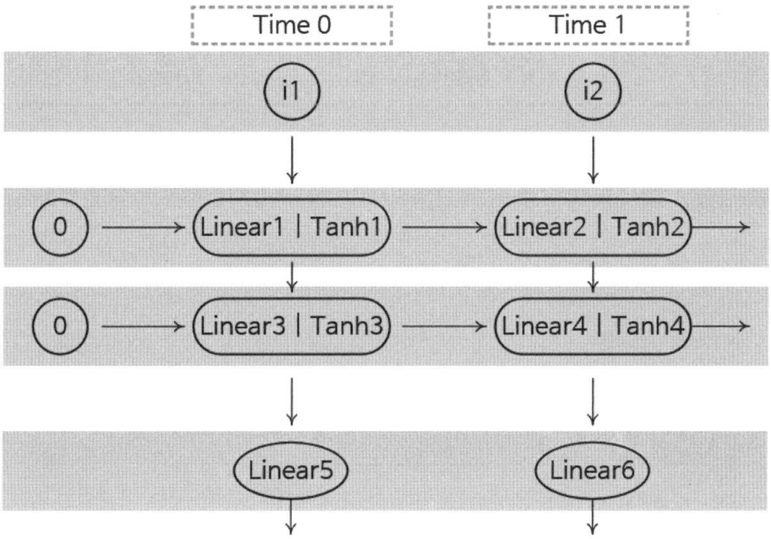

1-(1) RNN층 출력 rnn_down이 가지는 값의 개수는?

1-(2) RNN층 출력 rnn_right이 가지는 값의 개수는?

1-(3) 출력층 출력이 가지는 값의 개수는?

1-(4) RNN 출력이 가지는 값의 개수는?

2. 아래 신경망에 대하여 위 1번 문제의 물음에 답하시오.

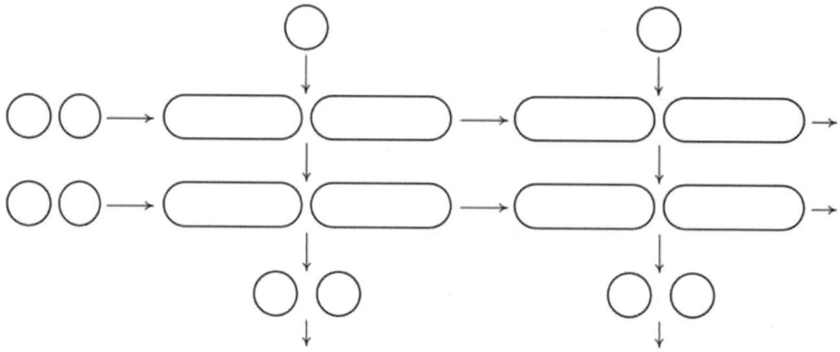

연습문제 풀이

1.

1-(1) RNN층 출력 rnn_down은 마지막 RNN층에 있는 모든 RNN노드의 값이므로 Tanh3,Tanh4가 된다. rnn_down = (Tanh3, Tanh4)이므로 rnn_down은 2개 값을 가진다.

1-(2) rnn_right는 모든 RNN층의 가장 오른쪽(마지막 time)에 있는 RNN노드 값이므로 Tanh2, Tanh4가 된다. 따라서 rnn_right = (Tanh2, Tanh4)도 2개 값을 가진다.

1-(3) 출력층 출력(fc_out)은 출력노드가 가지는 값이므로 Linear5, Linear6가 된다. 따라서 fc_out은 2개 값을 가진다.

1-(4) RNN 출력은 rnn_right와 fc_out으로 정의했으므로 rnn_right = (Tanh2, Tanh4), fc_out = (Linear5, Linear6)가 된다. 따라서 RNN 출력은 4개 값을 가진다.

2.

2-(1) RNN층 출력 rnn_down은 마지막 RNN층에 있는 모든 RNN노드의 값이고 rnn_down은 4개 값을 가진다.

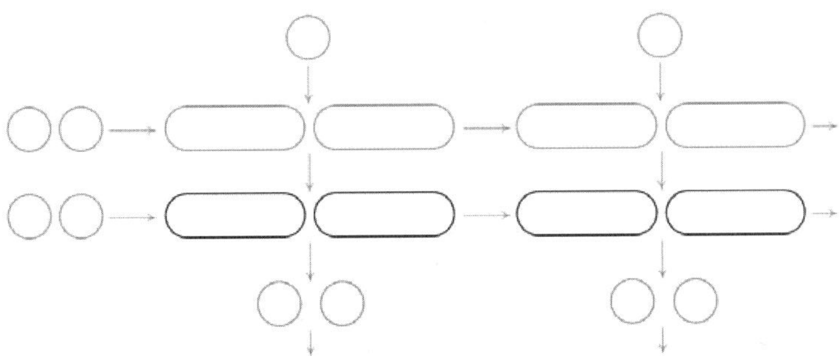

2-(2) rnn_right는 모든 RNN층의 가장 오른쪽(마지막 time)에 있는 RNN노드 값이므로 4개 값을 가진다.

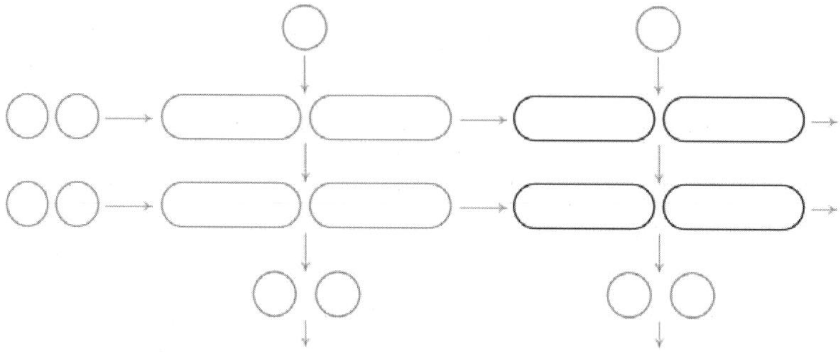

2-(3) 출력층 출력(fc_out)은 출력노드가 가지는 값이므로 4개 값을 가진다.

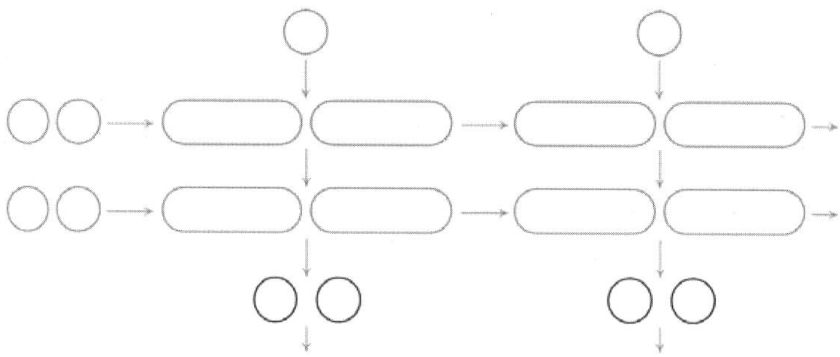

2-(4) RNN 출력은 rnn_right와 fc_out으로 정의했으므로 8개 값을 가진다.

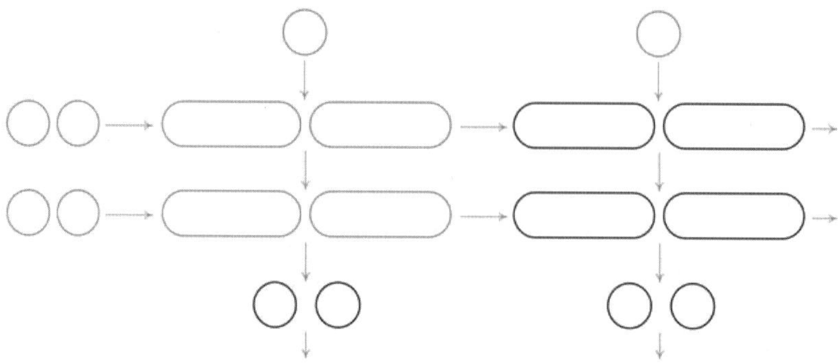

제3장 RNN을 구현할 구글 Colab

구글 웹 서비스인 구글 Colaboratory(Colab)에 접속하여 PyTorch 코드를 실행하는 과정을 알아보자.

1. Colab에 접속한다.

크롬(Chrome) 웹 브라우저에서 검색어 "Colab"으로 아래 사이트를 찾아 접속한다.

2. Colab 사이트 우측상단에 있는 "로그인"을 클릭한다.

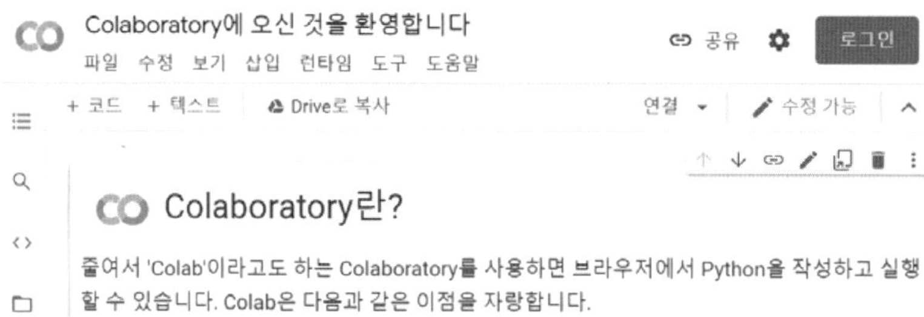

3. "로그인"을 클릭하면 다음 화면에서 Google 계정으로 로그인한다.

4. Google 계정으로 로그인하면 로그인된 Colab이 된다.

Colab 사이트의 우측상단에 있던 한글 "로그인"이 기호 S로 변경되었다.

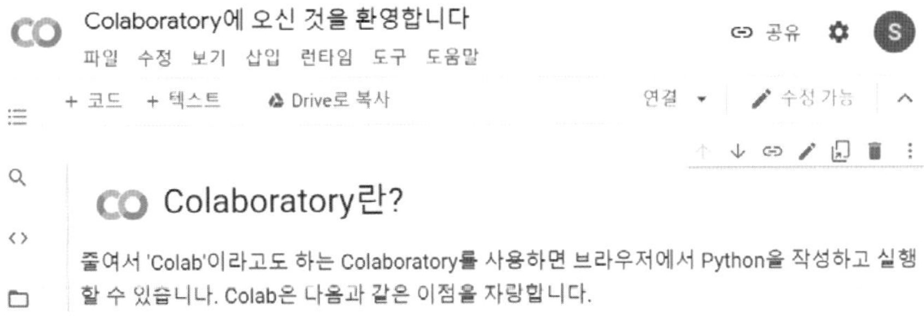

5. 아래 "파일"에 있는 "새 노트"를 클릭한다.

6. 아래와 같은 새로운 노트가 생성되었다.

파일명은 "Untitled0"이고 확장자는 ipynb(interactive Python Notebook)이다.

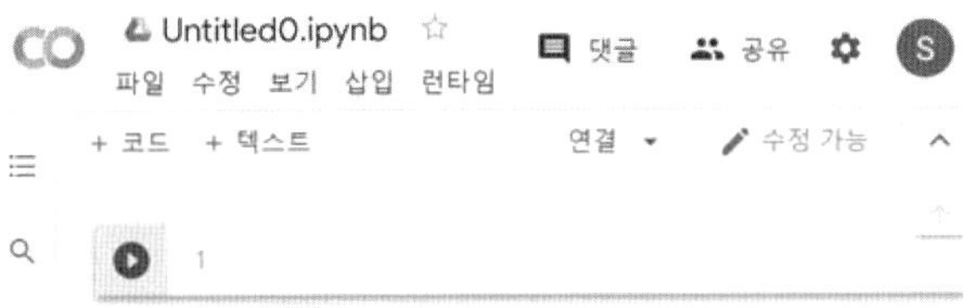

파일명을 마우스 포인터로 클릭하여 "test.ipynb"로 변경한다.

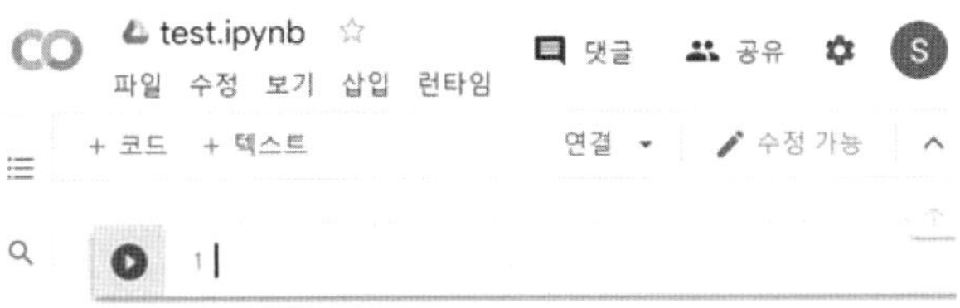

7. “파일”에 있는 “저장”을 클릭하여 test.ipynb를 구글 드라이브에 저장한다.

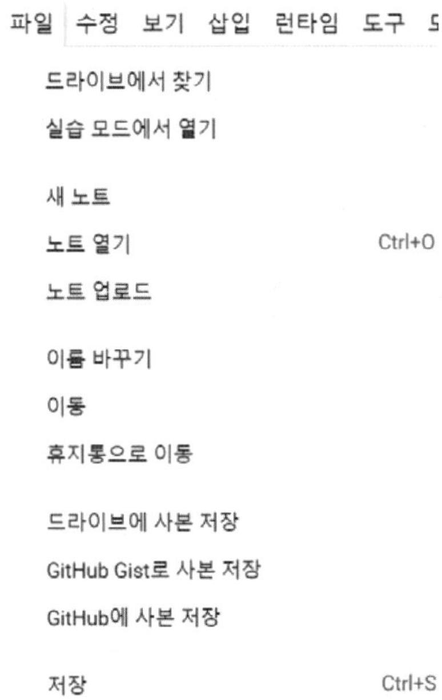

test.ipynb이 저장된 위치는 구글 드라이브(https://drive.google.com/drive/my-drive)에 있는 폴더 Colab Notebooks이다.

8. Colab에서 PyTorch 코드를 입력하고 실행한다.

|코드 입력|

아래 코드 편집기에 있는 숫자 1은 첫 번째 줄을 의미하고, 사용자가 입력한 숫자가 아니다. 숫자 1의 우측에 코드 print(“Hello”)를 입력한다. 숫자 1이 없다고 print(“Hello”)앞에 1을 추가하면 오류가 발생한다(아래 주의사항1 참고).

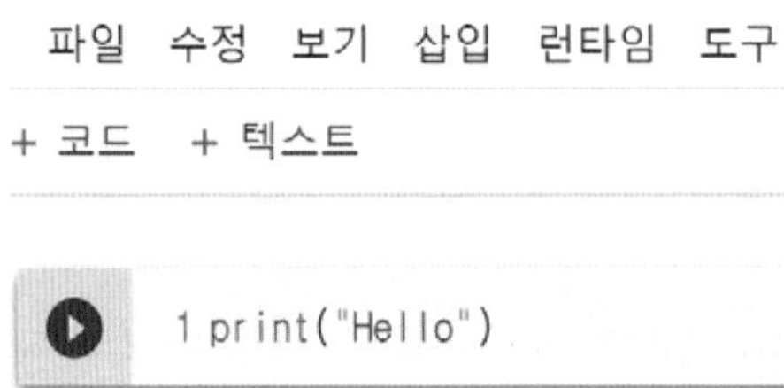

|코드 실행|

검정색 원 을 클릭하면 코드가 실행되어 Hello를 얻는다.

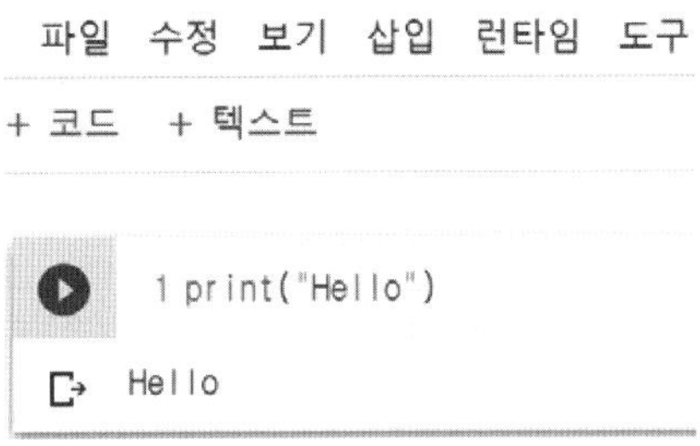

|코드 설명| 숫자와 문자열

두 개 큰 따옴표로 표현된 “Hello”는 문자열(String)이라고 한다. 예를 들면, “123”은 두 개 큰 따옴표로 표현되었기 때문에 숫자 123이 아니고 문자열 123이 된다. print(“Hello”)는 두 개 큰 따옴표 안에 있는 문자 Hello를 출력하라는 명령어이다.

큰 따옴표 대신 작은 따옴표를 사용해도 된다.

[주의사항1] 첫 번째 줄을 의미하는 숫자 1을 입력한 코드를 실행하면 다음과 같이 오류가 발생한다.

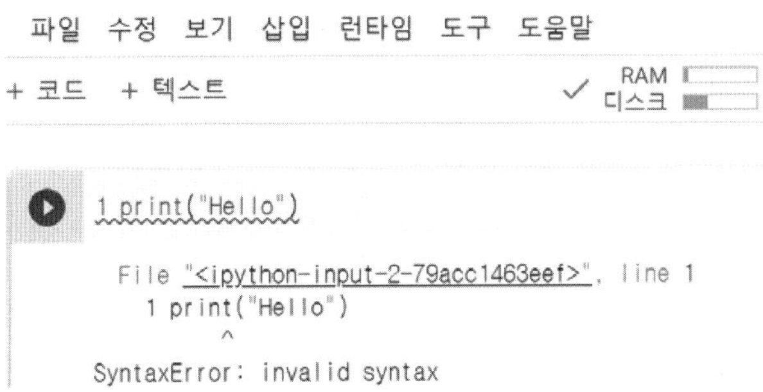

[참고1] 첫 번째 줄을 나타내는 숫자 1을 나타내는 방법

코드 편집기에 줄번호가 없으면 도구->설정->편집기에 있는 행 번호 표시를 체크하면 된다.

자세한 내용은 [부록3-1]에 있다.

[부록3-1] 코드 편집기에 줄번호가 없으면 다음과 같이 도구->설정->편집기에 있는 행 번호 표시를 체크하면 된다.

(1) 코드 편집기에 줄 번호가 없다.

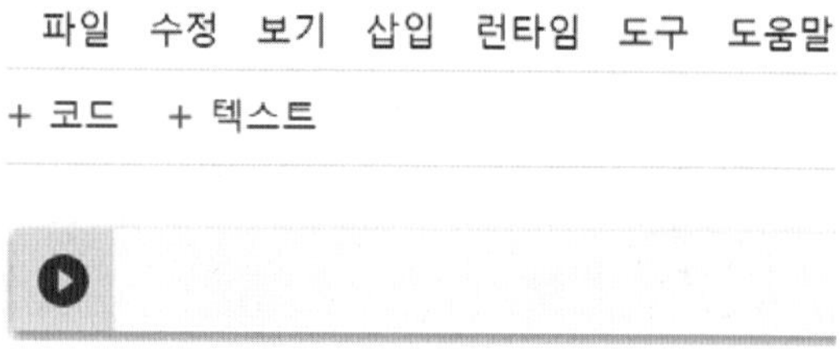

(2) 도구에 있는 설정을 클릭한다.

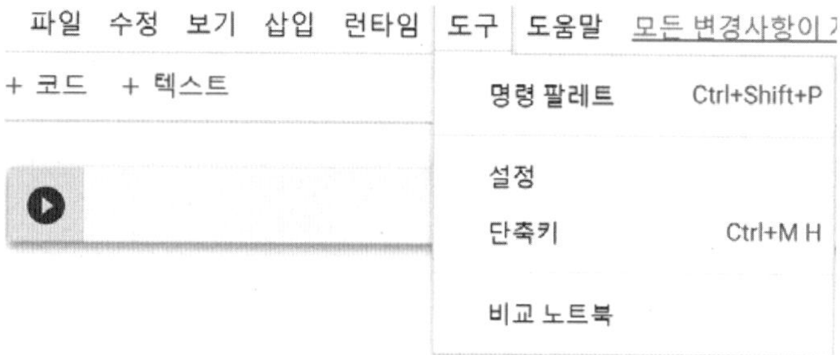

(3) 편집기를 클릭한다.

(4) 행 번호 표시의 좌측 박스에 체크표시를 한 후, 우측 하단에 있는 저장을 클릭한다.

(5) 다음과 같이 코드 편집기에 첫 번째 줄을 의미하는 숫자 1이 나타난다.

제4장 RNN 그림을 PyTorch로 변환

입력층, RNN층, 출력층으로 구성된 RNN의 연결구조와 출력구조를 PyTorch로 나타낼 때, 공통으로 사용하는 PyTorch 코드를 제2장(코드2-1)에서 다루었다. 이를 이용하여 RNN 연결구조를 PyTorch 코드로 변환하는 과정을 알아보자(PART I). 그리고 파라미터 초깃값이 결정되는 과정과 초깃값을 출력하는 코드도 알아보자(PART II). 마지막으로 RNN 출력구조를 PyTorch코드로 변화해보자(PART II).

PART I. 연결구조를 PyTorch 코드로 변환

그림1-1-(a)를 사용하여 RNN 연결구조를 PyTorch 코드로 변환하는 과정을 Step1, Step2, Step3로 나누어 설명하겠다.

Step 1. 그림에 가중치(weight)와 편향치(bias) 도입

제1장에서 사용한 방법으로 RNN 그림에 가중치와 편향치를 도입하면 그림 1-1-(b)가 된다. 여기서 $W_{i,h}$, $W_{h,h}$,$W_{h,o}$는 가중치이고 $b_{i,h}$, $b_{h,h}$, $b_{h,o}$는 편향치이다. 그림1-1-(b)를 간단한 나타내면 그림1-(c)가 된다. RNN 연결구조를 이해하면 각 파라미터(가중치와 편향치)가 가지는 값의 개수를 알 수 있다. 그림1-1에서 각 파라미터가 가지는 값은 1개이다.

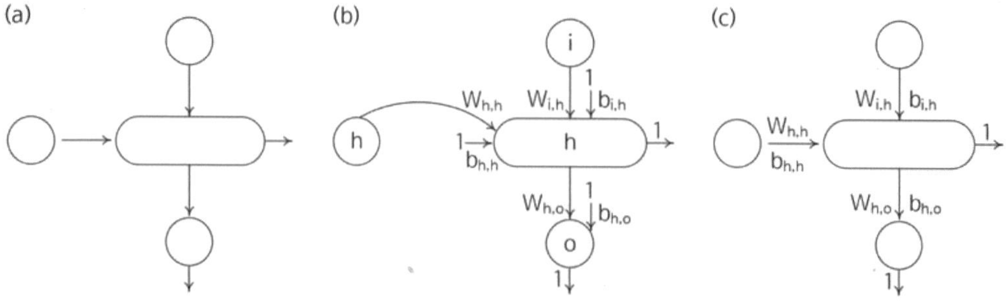

그림1-1

Step 2. 연결구조 용어

이웃한 두 층의 연결구조를 나타내는 PyTorch 용어를 RNN 그림에 도입해 보자. 그림1-2-(a)에 있는 이웃한 두 층은 2개(입력층과 RNN층, RNN층과 출력층)이고 각각의 연결구조를 나타내는 PyTorch 용어를 도입하면(제2장) 그림1-2-(b)가 된다. 여기서 time은 1개(time 0)이고 input_size는 time 0에서 입력노드 개수이므로 input_size=1이 된다. hidden_size는 time 0에서 은닉(hidden)층인 RNN층에 있는 노드 개수이므로 hidden_size=1이다. num_layers는 RNN층 개수이므로 num_layers=1이다. output_size는 time 0에서 출력노드 개수이므로 output_size=1이다.

이웃한 두 층(화살표가 출발하는 층과 도착하는 층)의 연결구조를 나타내는 PyTorch 용어는 화살표의 도착층이 결정한다. 입력층과 RNN층에서 화살표의 도착층이 RNN층이므로, 입력층과 RNN층의 연결구조는 nn.RNN이 된다. 마찬가지로, RNN층과 출력층에서 화살표의 도착층이 출력층이고 출력노드가 Linear(출력층은 Linear층)이므로, RNN층과 출력층의 연결구조는 nn.Linear이 된다.

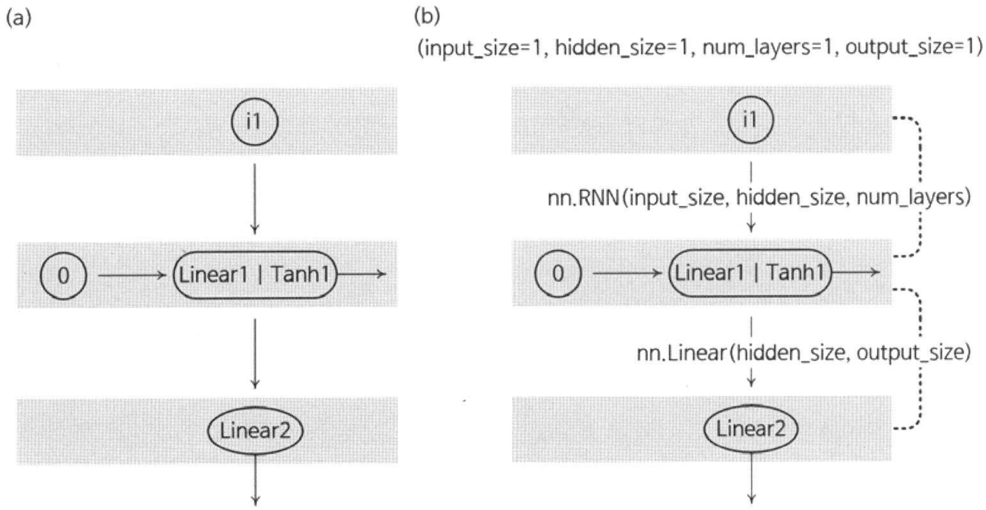

그림1-2

Step 3. 연결구조 코드

그림1-2-(b)를 PyTorch 코드로 나타내면 아래 코드1-1이 된다.

```
1 import torch
2 import torch.nn as nn
3
4 class Model(nn.Module):
5   def __init__(self, input_size, hidden_size, num_layers, output_size):
6     super().__init__()
7     self.rnn=nn.RNN(input_size, hidden_size, num_layers)
8     self.fc=nn.Linear(hidden_size, output_size)
9
10 net=Model(input_size=1, hidden_size=1, num_layers=1, output_size=1)
```

코드1-1

1번째 ~ 8번째 줄까지는 제2장에서 다룬 코드2-1(입력층, RNN층, 출력층으로 구성된 RNN의 연결구조를 나타내는 코드)와 일치한다. 10번째 줄까지 실행해야, 그림1-2-(b)에 있는 각각의 연결구조(nn.RNN, nn.Linear)를 PyTorch 코드로 표현하게 된다. RNN층이 두 개인 제2장의 그림1-2(input_size =1, hidden_size=1, num_layers=2, output_size=1)의 경우는 아래와 같이 10번째 줄만 변경하면 된다.

```
net = Model(input_size=1, hidden_size=1, num_layers=2, output_size=1)
```

PyTorch 코드는 1번째 줄부터 차례대로 실행되므로, 아래에서 코드1-1을 실행 순서대로 자세히 알아보자.

|코드 설명|

1번째 줄: 패키지 torch를 불러온다(import). torch가 가지고 있는 것(예를 들면, 함수)를 사용한다는 의미이다. 패키지는 파일들의 집합으로, 윈도우 10에 Anaconda로 PyTorch를 설치하면 아래 경로에서 torch가 가지고 있는 파일들을 확인할 수 있다.

C:₩ProgramData₩Anaconda3₩Lib₩site-packages₩torch

2: torch.nn

"**점(.)**" 표기법 A.B는 A가 "**가지고 있는**" B라는 의미이다. 따라서 점(.) 표기법 torch.nn은 torch가 가지고 있는 nn이라는 의미이다. "torch 아래에 .(점)을 붙여서 nn을 호출한다"고 표현할 수 있다. 여기서 nn(neural network)도 패키지이고 신경망 연결구조를 만들 때 사용할 기본 연결구조를 가지고 있다.

2: import torch.nn as nn

두 가지 의미를 가진다.

"import torch.nn"과 "점 표기법 torch.nn 대신에 nn으로 사용한다"

참고로, 1과 2번째 줄 코드를 세미콜론(;)으로 구분하여 한 줄로 작성할 수 있다.

```
import torch; import torch.nn as nn
```

3: 코드가 없는 빈 줄이다. 코드를 읽기 쉽도록 빈 줄을 만든 것이다.

4~8: RNN 연결구조에 사용할 부품을 정의한다. 정의만 하고 부품을 만들지는 않는다. 부품을 만들려면 10번째 줄까지 실행해야 한다.

4: Model은 RNN을 만들 때 사용할 설계도의 이름이고 "**클래스**(Class) Model"이라고 하자. 즉, 클래스 Model은 물건을 만드는 설계도이고 설계도로 만든 물건을 "**객체**(Object)" 또는 "클래스 Model의 **인스턴스**"라고 한다. 4번째 줄을 네 부분("**class**", "**Model**", "**(nn.Module)**", "**:**")으로 나누어 알아보자.

4: class

클래스(설계도) 정의가 시작됨을 알려주는 예약어이다.

4: class Model

설계도 이름을 "**Model**"이라 하자. 다른 이름을 사용해도 된다.

4: class Model(nn.Module)

소괄호 "( )" 내부에는 Model이 원하는 기능이 만들어져 있는 설계도 이름을 적고, "**부모 클래스**" 또는 "**슈퍼(super) 클래스**"라고 한다. Model은 "부모 클래스를 **상속**받은 **자식 클래스**"라고 한다. 즉, Model은 PyTorch가 만들어 놓은 설계도 **nn.Module**을 상속한다. 상속이라는 표현에서 알 수 있듯이 자식 클래스 Model은 부모 클래스 nn.Module에 만들어 놓은 기능을 사용할 수 있다.

4: class Model(nn.Module):

콜론 ":"은 두 가지를 나타낸다. 하나는 Model 정의의 첫 줄이 끝났음을 나타내고, 다른 하나는 class Model(nn.Module):의 다음 줄은 설계도 Model의 내용(실행문)임을 나타낸다.

5~8: 클래스 Model 정의가 저장된다.

9: 코드가 없는 빈 줄이다. 코드를 읽기 쉽도록 빈 줄을 만든 것이다.

10: 설계도 Model을 이용하여 RNN 연결구조에 사용할 부품을 만든다.

A = B를 실행하면 객체 B가 메모리에 생성되고 B의 메모리 주소가 A에 저장된다. 즉, A로 메모리에 저장된 B를 접근할 수 있도록 B의 메모리 주소를 저장한다. 따라서 10번째 줄을 실행하면, 다음과 같은 과정이 진행된다.

- Model 인스턴스(등호의 오른쪽)가 생성되어 메모리에 저장되고
- Model 인스턴스의 메모리 주소가 net(등호의 왼쪽)에 저장된다.
- 코드1-1의 5번째 줄로 이동한다.

5: 들여쓰기

클래스 Model의 실행문이므로 아래 코드1-2와 같이 두 칸 들여쓰기를 한다. 즉, Model 정의가 시작되는 4번째 줄을 기준으로 두 칸(4번째 줄에 있는 두 개 영어 철자 c, l)까지 들여쓰기를 한 후, 세 칸부터 코드를 시작한다.

```
4 class Model(nn.Module):
5     def __init__(self, input_size, hidden_size, num_layers, output_size):
```

코드1-2

들여쓰기 너비를 다르게 할 수 있지만 Model의 모든 실행문의 들여쓰기 너비는 동일해야 한다.

5: def

함수의 정의가 시작됨을 알려주는 예약어이다.

5: def __init__

함수 이름은 __init__이다. init의 앞과 아래에 있는 밑줄(__)은 한 개 밑줄이 두 개(_과 _)가 연결된 밑줄이고 RNN의 연결구조를 만들 때 필요한 부품을 정의한다. 여기서 init는 initializer의 줄임 표현으로 "초기화 함수 __init__"라고 하며 클래스 Model의 인스턴스가 생성(10번째 줄)되면 자동으로 호출되는 함수이다.

5: def __init__(self, input_size, hidden_size, num_layers, output_size)

소괄호 "( )"에는 함수 __init__의 인자를 적는다. 여기서 인자는 self, input_size, hidden_size, num_layers, output_size이다. 10번째 줄에 의하여 self는 현재 호출한 Model 인스턴스 net이 되고 input_size=1, hidden_size=1, num_layers=1, output_size=1이 된다.

5: def __init__(self, input_size, hidden_size, num_layers, output_size):

콜론 ":"은 두 가지를 나타낸다. 하나는 함수 __init__( ) 정의의 첫 줄이 끝났음을 나타내고 다른 하나는 다음 줄은 함수 __init__의 내용(실행문)임을 나타낸다.

6~8: 함수 __init__( ) 정의가 시작되는 5번째 줄을 기준으로 아래 코드1-3과 같이 동일한 들여쓰기가 세 줄 (6, 7, 8번째 줄)이므로 함수 __init__의 실행문은 세 개(6, 7, 8번째 줄 코드)가 된다.

```
5  def __init__(self, input_size, hidden_size, num_layers, output_size):
6      super().__init__()
7      self.rnn=nn.RNN(input_size, hidden_size, num_layers)
8      self.fc=nn.Linear(hidden_size, output_size)
```

코드1-3

6: super( ).__init__( )

클래스 nn.Module의 함수 __init__( ) 을 실행한다. 그 결과 Model는 nn.Module의 함수 __init__( )에 정의된 것을 사용할 수 있다. 이전 버전인 python 2.x에서는 super(Model, self).__init__( )와 같이 사용한다. 여기서 super( )는 부모 클래스의 인스턴스를 나타낸다.

7: self.rnn

점(.) 표기법에 의하여 self가 rnn을 가지게 된다(self의 네임스페이스에 rnn을 생성한다). 아래 코드1-4를 실행하여 얻은 결과로 확인할 수 있다.

```
import torch
import torch.nn as nn

class Model(nn.Module):
  def __init__(self, input_size, hidden_size, num_layers, output_size):
    super().__init__()
    print(dir(self))
    self.rnn=nn.RNN(input_size, hidden_size, num_layers)
    #self.fc=nn.Linear(hidden_size, output_size)
    print(dir(self))

net=Model(input_size=1, hidden_size=1, num_layers=1, output_size=1)
```

```
, 'requires_grad_', 'share_memory', 'state_dict', 'to', 'to_empty', 'train'
, 'requires_grad_', 'rnn', 'share_memory', 'state_dict', 'to', 'to_empty',
```

코드1-4

print(dir(self))는 self가 가지고 있는 속성 dir(self)를 출력한다. 따라서 self.rnn 전에 print(dir(self))를 실행하면 rnn이 없지만(실행결과 1번째 줄), self.rnn 이후에 print(dir(self))를 실행하면 rnn이 있음(실행결과 2번째 줄)을 확인할 수 있다.

7: self.rnn = nn.RNN(input_size, hidden_size, num_layers)

self.rnn에 저장되는 것은 객체 nn.RNN(1,1,1)의 메모리 주소이고 "self.rnn은 객체 nn.RNN(1,1,1)"라고 한다. nn.RNN이 가지는 파라미터 초깃값이 무작위로 결정된다.

8: self.fc

점(.) 표기법에 의하여 self가 변수 fc를 가지게 된다(self의 네임스페이스에 fc를 생성한다).

8: self.fc = nn.Linear(hidden_size, output_size)

self.fc에 저장되는 것은 객체 nn.Linear(1,1)의 메모리 주소이고, "self.fc은 객체 nn.Linear(1,1)"라고 한다. nn.Linear가 가지는 파라미터 초깃값이 무작위로 결정된다.

10번째 줄에서 Model 인스턴스를 호출하여 5번째 줄로 이동한 후, 6, 7, 8번째 줄까지의 작업이 끝났으므로 10번째 줄 실행이 종료된다.

PART II. 파라미터 값을 PyTorch 코드로 확인

Step1. 파라미터

아래 그림2-1은 그림1-1-(c)이다.

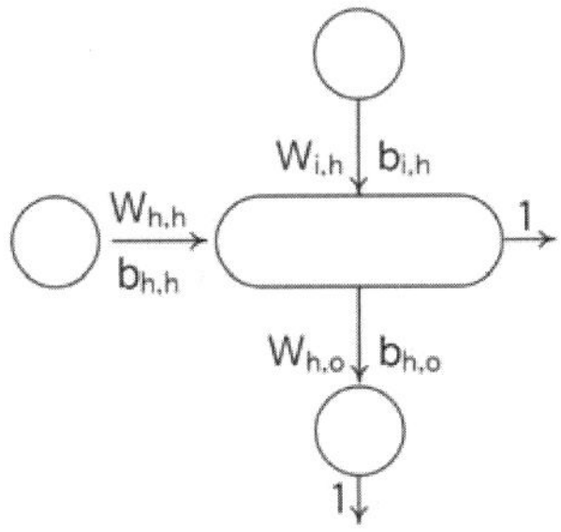

그림2-1

Step2. 파라미터 값

2-1. 파라미터 초깃값은 무작위 숫자

파라미터의 초깃값은 코드1-1에서 설명한 대로 클래스 Model의 인스턴스 net을 만들 때(코드1-1의 10번째 줄), PyTorch에 의하여 무작위로 결정되기 때문에 코드1-1을 실행할 때마다 초깃값은 변하게 된다. 설명의 편의성을 위하여 초깃값이 변하지 않도록 코드1-1에 torch.manual_seed(1)을 추가하여 코드2-1을 작성했다.

```
1 import torch; import torch.nn as nn
2 torch.manual_seed(1)
3
4 class Model(nn.Module):
5   def __init__(self, input_size, hidden_size, num_layers, output_size):
6     super().__init__()
7     self.rnn=nn.RNN(input_size, hidden_size, num_layers)
8     self.fc=nn.Linear(hidden_size, output_size)
9
10 net=Model(input_size=1, hidden_size=1, num_layers=1, output_size=1)
```
코드2-1

|코드 설명|

1~10번째 줄: 2번째 줄을 제외하고 코드1-1과 같다. 코드1-1을 실행할 때마다, 파라미터의 초깃값이 무작위로 생성되기 때문에 초깃값이 변하게 된다. 그러나 2번째 줄에 의하여 무작위로 생성되는 숫자들은 seed 번호 1에 의하여 결정되는 수열이므로 초깃값은 변하지 않는다. 즉, 코드 실행결과를 재현하기 위하여 2번째 줄 명령어를 사용한다. 윈도우 10에 Anaconda로 PyTorch를 설치하면 아래 경로에 있는 파일 random.py에서 함수 torch.manual_seed( )가 있음을 확인할 수 있다.

C:₩ProgramData₩Anaconda3₩Lib₩site-packages₩torch₩random.py

2-2. RNN 노드에 도착하는 화살표의 파라미터 값

그림2-1에서 파라미터 $W_{i,h}$, $b_{i,h}$, $W_{h,h}$, $b_{h,h}$의 값은 다음과 같이 net.rnn이 가진 변수에 저장되어 있다.

$W_{i,h}$ = net.rnn.weight_ih_l0,　　$b_{i,h}$ = net.rnn.bias_ih_l0,
$W_{h,h}$ = net.rnn.weight_hh_l0,　　$b_{h,h}$ = net.rnn.bias_hh_l0

여기서 "ih_l0"는 "input-hidden, 0번째 layer"이고 "hh"는 "hidden-hidden"을 의미한다. 아래 코드2-2의 11번째 줄에서 net.rnn.weight_ih_l0.data는 net.rnn.weight_ih_l0에 저장된 데이터를 의미한다. 출력을 보면 그림2-1과 같이 각 파라미터에 한 개의 숫자만 있음을 확인할 수 있다. 가중치와 편향치의 출력 형태는 제5장에서 다룬다.

```
1 import torch; import torch.nn as nn; torch.manual_seed(1)
2
3 class Model(nn.Module):
4   def __init__(self, input_size, hidden_size, num_layers, output_size):
5     super().__init__()
6     self.rnn=nn.RNN(input_size, hidden_size, num_layers)
7     self.fc=nn.Linear(hidden_size, output_size)
8
9 net=Model(input_size=1, hidden_size=1, num_layers=1, output_size=1)
10
11 print("Wih=",net.rnn.weight_ih_l0.data,", ", "Whh=",net.rnn.weight_hh_l0.data)
12 print("bih=",net.rnn.bias_ih_l0.data,  " , ", "bhh=", net.rnn.bias_hh_l0.data)
```

```
Wih= tensor([[0.5153]]) ,  Whh= tensor([[-0.4414]])
bih= tensor([-0.1939])  ,  bhh= tensor([0.4694])
```

코드2-2

코드2-2의 11, 12번째에서 4개 파라미터 $W_{i,h}$, $b_{i,h}$, $W_{h,h}$, $b_{h,h}$의 값을 각각 접근하여 독립적으로 출력했다. 4개 파라미터 값을 한 번에 출력하는 명령어가 다음 코드 2-2-1의 13번째 줄에 있다. 즉, net.rnn.parameters( )을 함수 list에 대입하여 출력하면 net.rnn에 저장된 모든 weight와 bias값을 접근할 수 있다.

```
print("Wih=",net.rnn.weight_ih_l0.data,", ", "Whh=",net.rnn.weight_hh_l0.data)
print("bih=",net.rnn.bias_ih_l0.data, " , ", "bhh=", net.rnn.bias_hh_l0.data)
print(list(net.rnn.parameters()))
```

```
Wih= tensor([[0.5153]]) ,  Whh= tensor([[-0.4414]])
bih= tensor([-0.1939])  ,  bhh= tensor([0.4694])
[Parameter containing:
tensor([[0.5153]], requires_grad=True), Parameter containing:
tensor([[-0.4414]], requires_grad=True), Parameter containing:
tensor([-0.1939], requires_grad=True), Parameter containing:
tensor([0.4694], requires_grad=True)]
```

코드2-2-1

2-3. 출력노드에 도착하는 화살표의 파리미터 값

그림2-1에서 파라미터 $W_{h,o}$, $b_{h,o}$의 값은 다음과 같이 net.fc가 가진 변수에 저장되어 있다.

$$W_{h,o} = \text{net.fc.weight}, \quad b_{h,o} = \text{net.fc.bias}$$

코드2-3의 출력을 보면 그림2-1과 같이 각 파라미터에 한 개의 숫자만 있음을 확인할 수 있다.

```
import torch; import torch.nn as nn; torch.manual_seed(1)

class Model(nn.Module):
  def __init__(self, input_size, hidden_size, num_layers, output_size):
    super().__init__()
    self.rnn=nn.RNN(input_size, hidden_size, num_layers)
    self.fc=nn.Linear(hidden_size, output_size)

net=Model(input_size=1, hidden_size=1, num_layers=1, output_size=1)

print("Who=",net.fc.weight.data,", ", "bho=",net.fc.bias.data)
```

```
Who= tensor([[-0.9414]]) ,  bho= tensor([0.5997])
```

코드2-3

코드2-3에 아래 코드2-3-1의 12번째 줄을 추가하면 net.fc에 저장된 모든 weight와 bias값에 접근할 수 있다.

```
print("Who=",net.fc.weight.data,", ", "bho=",net.fc.bias.data)
print(list(net.fc.parameters()))
```

```
Who= tensor([[-0.9414]]) ,  bho= tensor([0.5997])
[Parameter containing:
tensor([[-0.9414]], requires_grad=True), Parameter containing:
tensor([0.5997], requires_grad=True)]
```

코드2-3-1

2-4. 모든 파라미터의 값

그림2-1의 모든 파라미터의 값은 net.parameters( )으로 접근할 수 있다. 아래 코드2-4의 11, 12번째 줄과 같이 함수 list에 net.parameters( )를 대입하여 프린트하면 모든 파라미터 값을 출력할 수 있다.

```
1 import torch; import torch.nn as nn
2 torch.manual_seed(1)
3
4 class Model(nn.Module):
5   def __init__(self, input_size, hidden_size, num_layers, output_size):
6     super().__init__()
7     self.rnn=nn.RNN(input_size, hidden_size, num_layers)
8     self.fc=nn.Linear(hidden_size, output_size)
9
10 net=Model(input_size=1, hidden_size=1, num_layers=1, output_size=1)
11 params=list(net.parameters())
12 print(params)
```

```
[Parameter containing:
tensor([[0.5153]], requires_grad=True), Parameter containing:
tensor([[-0.4414]], requires_grad=True), Parameter containing:
tensor([-0.1939], requires_grad=True), Parameter containing:
tensor([0.4694], requires_grad=True), Parameter containing:
tensor([[-0.9414]], requires_grad=True), Parameter containing:
tensor([0.5997], requires_grad=True)]
```

코드2-4

예제1. 제1장에서 다룬 연결구조에 의하여 그림2-2에서 $W_{i,h}$는 두 개 숫자를 가지고 다른 파라미터는 한 개의 숫자를 가진다.

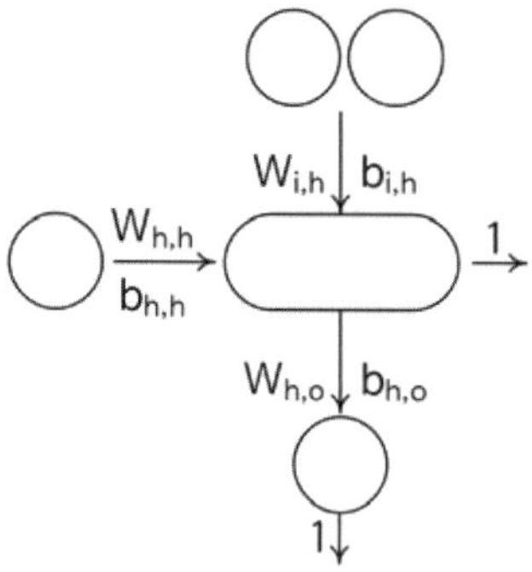

그림2-2

아래 코드2-5의 실행결과에서 $W_{i,h}$는 두 개의 숫자([[0.5153, -0.4414]])를 가지고 다른 파라미터는 한 개 숫자를 가진다.

$$W_{h,h}=-0.1939,\ b_{i,h}=0.4694,\ b_{h,h}=-0.9414,\ W_{h,o}=0.5997,\ b_{h,o}=-0.2057$$

```
import torch; import torch.nn as nn; torch.manual_seed(1)

class Model(nn.Module):
  def __init__(self, input_size, hidden_size, num_layers, output_size):
    super().__init__()
    self.rnn=nn.RNN(input_size, hidden_size, num_layers)
    self.fc=nn.Linear(hidden_size, output_size)

net=Model(input_size=2, hidden_size=1, num_layers=1, output_size=1)
print(list(net.parameters()))
```

```
[Parameter containing:
tensor([[ 0.5153, -0.4414]], requires_grad=True), Parameter containing:
tensor([[-0.1939]], requires_grad=True), Parameter containing:
tensor([0.4694], requires_grad=True), Parameter containing:
tensor([-0.9414], requires_grad=True), Parameter containing:
tensor([[0.5997]], requires_grad=True), Parameter containing:
tensor([-0.2057], requires_grad=True)]
```

예제2. 그림2-3에서 RNN노드가 2개이므로 hidden_size=2가 된다. 연결구조에 의하여 $W_{i,h}$, $W_{h,h}$, $b_{i,h}$, $b_{h,h}$, $W_{h,o}$, $b_{h,o}$는 각각 2, 4, 2, 2, 2, 1개 숫자를 가진다.

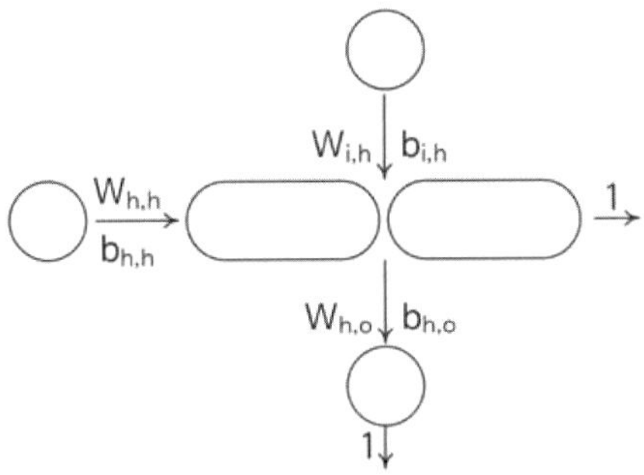

그림2-3

각 파라미터가 가지는 숫자는 아래 코드2-6의 실행결과에서 확인할 수 있다.

$W_{i,h}$=[[0.3643], [-0.3121]], $W_{h,h}$=-[[-0.1371, 0.3319], [-0.6657, 0.4241]], $b_{i,h}$=[-0.1455, 0.3597], $b_{h,h}$=[0.0983, -0.0866], $W_{h,o}$=[[0.1961, 0.0349]], $b_{h,o}$=[0.2583].

```
import torch; import torch.nn as nn; torch.manual_seed(1)

class Model(nn.Module):
  def __init__(self, input_size, hidden_size, num_layers, output_size):
    super().__init__()
    self.rnn=nn.RNN(input_size, hidden_size, num_layers)
    self.fc=nn.Linear(hidden_size, output_size)

net=Model(input_size=1, hidden_size=2, num_layers=1, output_size=1)
print(list(net.parameters()))
```

```
[Parameter containing:
tensor([[ 0.3643],
        [-0.3121]], requires_grad=True), Parameter containing:
tensor([[-0.1371,  0.3319],
        [-0.6657,  0.4241]], requires_grad=True), Parameter containing:
tensor([-0.1455,  0.3597], requires_grad=True), Parameter containing:
tensor([ 0.0983, -0.0866], requires_grad=True), Parameter containing:
tensor([[0.1961, 0.0349]], requires_grad=True), Parameter containing:
tensor([0.2583], requires_grad=True)]
```

코드2-6

PART III. 출력구조를 PyTorch 코드로 변환

Step 1. 그림에 출력 표시

그림3-1-(a)는 그림1-2-(b)에 input을 입력한 그림이고 그림3-1-(b)는 제2장에서 다룬 RNN층 출력과 출력층 출력을 표시한 그림이다. 여기서 rnn_right=Tanh1 이고 fc_out=Linear2가 된다.

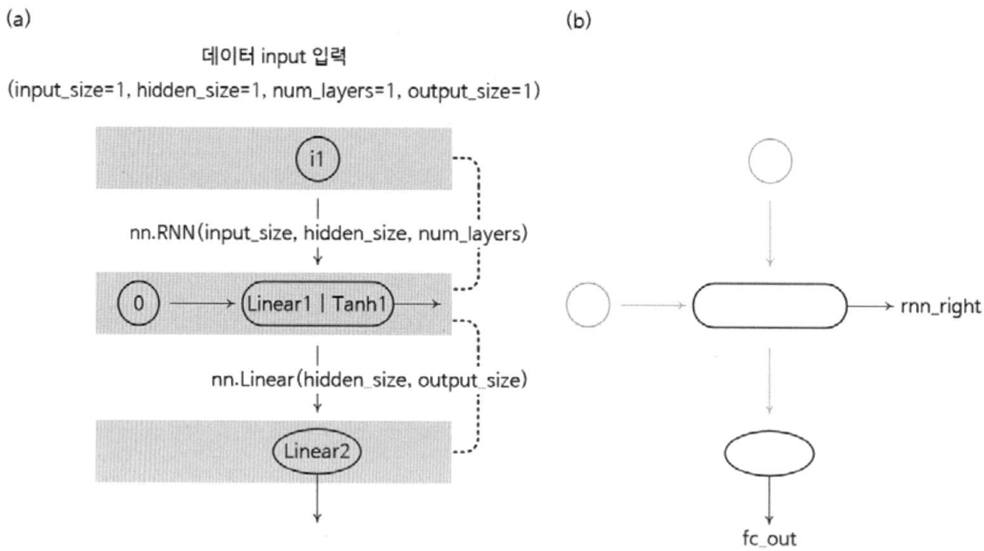

그림3-1

Step 2. 출력구조 코드

RNN 출력 코드는 코드3-1과 같다. 먼저 RNN 출력구조를 만든데 사용할 설계도 Model을 정의한다. 클래스 Model은 두 개의 메소드(함수)로 구성된다. 첫 번째 함수인 초기화 함수 __init__( )에서는 이웃한 두 층의 연결구조 부품(self.rnn, self.fc)를 정의한 후(6~9번째 줄), 두 번째 함수인 순방향 함수 forward( )를 사용하여 RNN 출력을 얻는다(11~14번째 줄). 먼저 연결구조 self.rnn에 input을 입력하여 RNN층 출력(rnn_down, rnn_out)을 얻는다. 그리고 나서 rnn_down을 연결구조 self.fc에 입력하여 출력층 출력 fc_out을 얻는다.

```
1 import torch; import torch.nn as nn; torch.manual_seed(1)
2
3 input=torch.tensor([[[1.0]]])
4
5 class Model(nn.Module):
6   def __init__(self, input_size, hidden_size, num_layers, output_size):
7     super().__init__()
8     self.rnn=nn.RNN(input_size, hidden_size, num_layers)
9     self.fc=nn.Linear(hidden_size, output_size)
10
11   def forward(self, input):
12     rnn_down, rnn_right=self.rnn(input)
13     fc_out=self.fc(rnn_down)
14     return rnn_right, fc_out
15
16 net=Model(input_size=1, hidden_size=1, num_layers=1, output_size=1)
17 rnn_right, fc_out=net(input)
18 print(rnn_right.data)
19 print(fc_out.data)
```

```
tensor([[[0.6588]]])
tensor([[[-0.0205]]])
```

코드3-1

코드는 1번째 줄부터 차례대로 실행되므로 실행 순서대로 코드를 설명하겠다.

|코드 설명|

1번째 줄: PyTorch로 신경망을 코딩할 때 필요한 것을 불러온다. 그리고 seed 번호 1로 무작위 생성되는 수열을 고정한다.

3: RNN에 입력하는 데이터이다. 입력 형태에 3개의 대괄호 쌍을 사용하는 이유는 제5장에서 설명한다.

5~14: 클래스 Model을 정의한다. 초기화 함수 __init__( )와 순방향 함수 forward( )로 구성된다.

16: 클래스 Model의 인스턴스를 생성하여 메모리에 저장한다. 그리고 Model 인

스턴스가 저장된 메모리 주소를 net에 저장한다. 따라서 net을 Model 인스턴스라고 한다. Model 인스턴스가 호출(16번째 줄 오른쪽)되었으므로 6~9번째 줄까지 자동으로 실행된 후에 16번째 줄의 실행이 종료된다(코드1-1에서 설명함).

17번째 줄 오른쪽: input을 net에 입력하면 11~14번째 줄에 있는 함수 forward( )가 PyTorch에 의하여 자동으로 실행된다. 즉, 11번째 줄에 있는 self는 현재 호출한 Model 인스턴스 net(self=net)이고 input은 torch.tensor([[[1.0]]])이 된다. 12번째 줄의 오른쪽과 같이 현재 호출한 Model 인스턴스 net이 가지고 있는 rnn(net.rnn)에 input을 대입하면 RNN층 출력(rnn_down, rnn_right)이 반환된다. 13번째 줄의 오른쪽과 같이 현재 호출한 Model 인스턴스 net이 가지고 있는 fc(net.fc)에 rnn_down을 대입하면 출력층 출력(fc_out)이 반환된다. 14번째 줄에 의하여 함수 forward( )의 반환값은 rnn_right과 fc_out이 된다. 11~14번째 줄의 실행이 끝났으므로 17번째 줄 오른쪽의 실행이 끝났다.

17번째 줄 왼쪽: input을 net에 입력하여 얻은 반환값(17번째 줄 오른쪽의 실행결과)은 두 개이고 각각이 저장된 메모리 주소를 rnn_right과 fc_out에 저장한다.

18: input을 net에 입력하여 얻은 반환값 중, RNN층 출력 rnn_right을 화면에 프린트한다.

19: input을 net에 입력하여 얻은 반환값 중, fc_out을 화면에 프린트한다.

예제3. 그림3-2에서 RNN층 출력 rnn_right는 4개 숫자를 가지고 출력층 출력fc_out은 2개 숫자를 가진다. 코드3-2의 실행결과에서 확인할 수 있다.

rnn_right=[[[0.3070, -0.0389]], [[0.3916, -0.1165]]], fc_out=[[[0.4106, 0.2917]]]

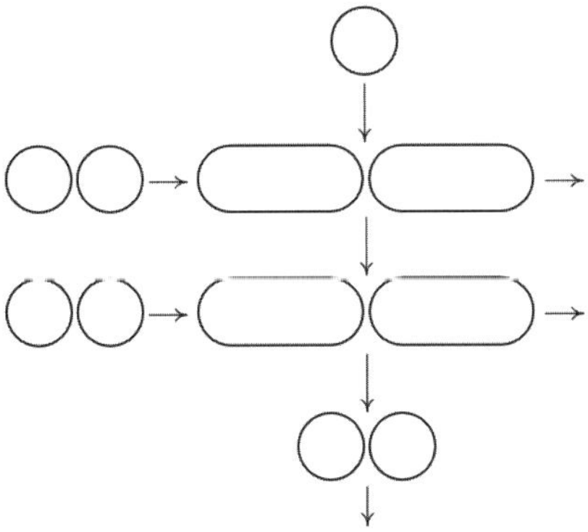

그림3-2

```
import torch; import torch.nn as nn; torch.manual_seed(1)

input=torch.tensor([[[1.0]]])

class Model(nn.Module):
  def __init__(self, input_size, hidden_size, num_layers, output_size):
    super().__init__()
    self.rnn=nn.RNN(input_size, hidden_size, num_layers)
    self.fc=nn.Linear(hidden_size, output_size)

  def forward(self, input):
    rnn_down, rnn_right=self.rnn(input)
    fc_out=self.fc(rnn_down)
    return rnn_right, fc_out

net=Model(input_size=1, hidden_size=2, num_layers=2, output_size=2)
rnn_right, fc_out=net(input)
print(rnn_right.data)
print(fc_out.data)
```

```
tensor([[[ 0.3070, -0.0389]],

        [[ 0.3916, -0.1165]]])
tensor([[[0.4106, 0.2917]]])
```

코드3-2

예제4. 그림3-3-(a), (b)에는 time이 각각 1개(time 0)와 2개(time 0, 1)이 있다.

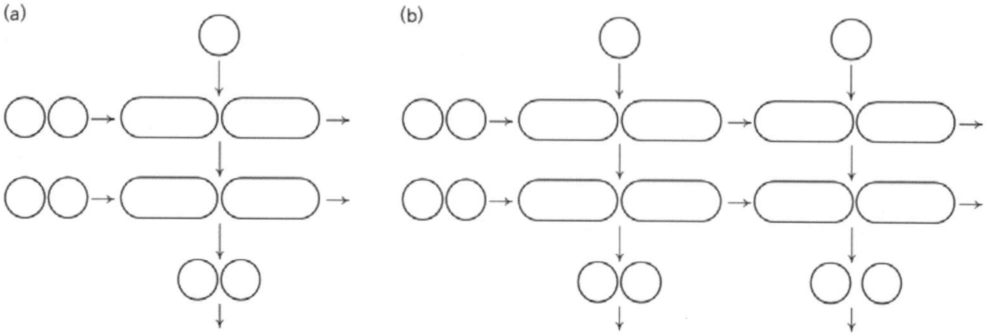

그림3-3

Time 개수는 input 형태(shape)에 반영되기 때문에, 그림3-3-(a)와 (b)를 각각 코딩하면 input 형태만 다르다. 즉, 그림3-3-(a)의 코드는 앞에 있는 코드3-2이고, 코드3-2의 input을 아래와 같은 형태로 바꾸면 그림3-3-(b)의 코드가 된다.

```
input=torch.tensor([[[1.0]],[[2.0]]]).
```

데이터 형태(shape)에 대해서는 제5장에서 다룬다.

연습문제

1. 아래 그림에 있는 파라미터 초깃값을 출력하는 코드를 작성하시오.

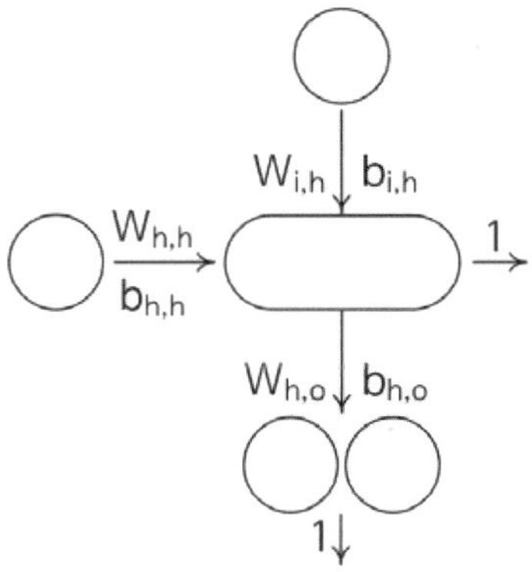

2. 아래 코드에 해당하는 RNN 그림을 그리고 실행 결과에 있는 파라미터 값을 RNN 그림에 나타내시오.

```
import torch; import torch.nn as nn; torch.manual_seed(1)

class Model(nn.Module):
  def __init__(self, input_size, hidden_size, num_layers, output_size):
    super().__init__()
    self.rnn=nn.RNN(input_size, hidden_size, num_layers)
    self.fc=nn.Linear(hidden_size, output_size)

net=Model(input_size=1, hidden_size=1, num_layers=2, output_size=1)
print(list(net.parameters()))
```

```
[Parameter containing:
tensor([[0.5153]], requires_grad=True), Parameter containing:
tensor([[-0.4414]], requires_grad=True), Parameter containing:
tensor([-0.1939], requires_grad=True), Parameter containing:
tensor([0.4694], requires_grad=True), Parameter containing:
tensor([[-0.9414]], requires_grad=True), Parameter containing:
tensor([[0.5997]], requires_grad=True), Parameter containing:
tensor([-0.2057], requires_grad=True), Parameter containing:
tensor([0.5087], requires_grad=True), Parameter containing:
tensor([[0.1390]], requires_grad=True), Parameter containing:
tensor([-0.1224], requires_grad=True)]
```

```
1 import torch; import torch.nn as nn
2
3 class Model(nn.Module):
4   def __init__(self, input_size, hidden_size, num_layers, output_size):
5     super().__init__()
6     self.rnn=nn.RNN(input_size, hidden_size, num_layers)
7     self.fc=nn.Linear(hidden_size, output_size)
8     print("__init__")
9
10  def forward(self, input):
11    rnn_down, rnn_right=self.rnn(input)
12    fc_out=self.fc(rnn_down)
13    print("forward")
14    return rnn_right, fc_out
15
16 net=Model(input_size=1, hidden_size=1, num_layers=2, output_size=1)
```

```
__init__
```

3-(1) 8번째 줄의 print문이 실행된 이유를 설명하시오.

3-(2) 13번째 줄의 print문이 실행되지 않은 이유를 설명하시오.

4. 아래 신경망에 input=torch.tensor([[[1.0]],[[2.0]]])을 입력할 때, RNN 출력을 프린트하는 코드를 작성하시오.

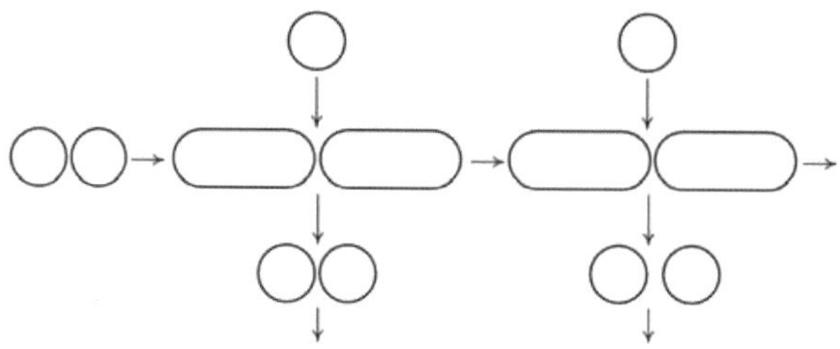

연습문제 풀이

1. 아래 그림에서 입력노드 1개(input_size=1), RNN노드 1개(hidden_size=1), RNN층 1개(num_layers=1), 출력노드가 2개(output_size=2)이다.

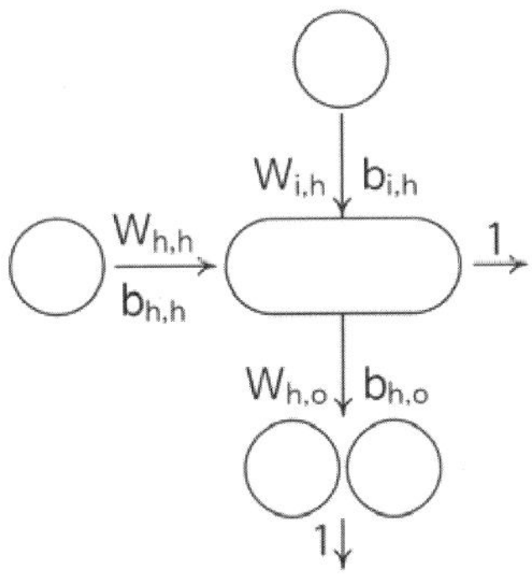

따라서 파라미터 초깃값을 출력하기 위한 코드는 다음과 같다.

```
import torch; import torch.nn as nn; torch.manual_seed(1)

class Model(nn.Module):
  def __init__(self, input_size, hidden_size, num_layers, output_size):
    super().__init__()
    self.rnn=nn.RNN(input_size, hidden_size, num_layers)
    self.fc=nn.Linear(hidden_size, output_size)

net=Model(input_size=1, hidden_size=1, num_layers=1, output_size=2)
print(list(net.parameters()))
```

```
[Parameter containing:
tensor([[0.5153]], requires_grad=True), Parameter containing:
tensor([[-0.4414]], requires_grad=True), Parameter containing:
tensor([-0.1939], requires_grad=True), Parameter containing:
tensor([0.4694], requires_grad=True), Parameter containing:
tensor([[-0.9414],
        [ 0.5997]], requires_grad=True), Parameter containing:
tensor([-0.2057,  0.5087], requires_grad=True)]
```

코드의 실행결과로부터 파라미터 초깃값은 다음과 같다.

$$W_{i,h}=0.5153,\ W_{h,h}=-0.4414,\ b_{i,h}=-0.1939,\ b_{h,h}=-0.4694,$$
$$W_{h,o}=[[-0.9414],\ [\ 0.5997]],\ b_{h,o}=[-0.2057,\ \ 0.5087]$$

2. 코드 9번째 줄로부터 입력노드 1개(input_size=1), RNN노드 1개(hidden_size=1), RNN층 2개(num_layers=2), 출력노드가 1개(output_size=1)이므로 각 time에서 RNN 그림은 다음과 같다.

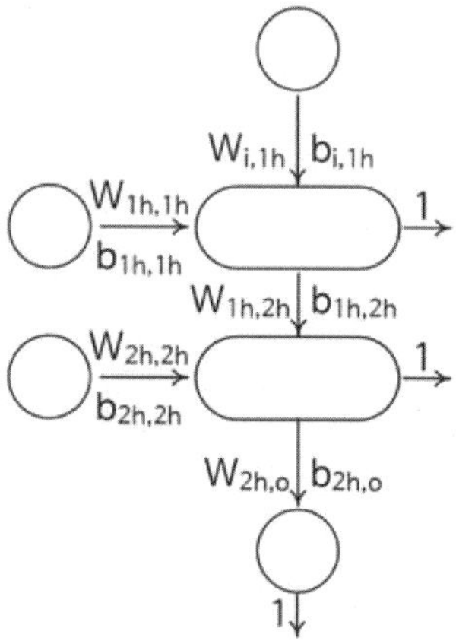

각 파라미터가 가지는 숫자는 문제에 주어진 코드의 실행 결과로부터 다음과 같다.

$$W_{i,1h}=\ 0.5153,\ W_{1h,1h}=\ -0.4414,\ b_{i,1h}=\ -0.1939,\ b_{1h,1h}=\ 0.4694,$$
$$W_{1h,2h}=\ -0.9414,\ W_{1h,2h}=\ 0.5997,\ b_{1h,2h}=\ -0.2057,\ b_{2h,1h}=\ 0.5087,$$
$$W_{2h,o}=\ 0.1390,\ b_{2h,o}=\ -0.1224$$

3.

3-(1) 16번째 줄에 있는 등호(=)의 오른쪽에서 클래스 Model의 인스턴스가 생성되었으므로 파이썬은 자동으로 Model의 __init__를 실행한다. 그 결과 __init__의 모든 실행문(5~8번째 줄)이 실행되므로 8번째 줄에 있는 실행문인 print문도 실행된다.

3-(2) 파이썬이 코드를 실행하는 순서는 다음과 같다.

1번째 줄 실행 -> 3~14번째 줄에서 Model 정의 -> 16번째 줄 실행
-> 4~8번째 줄 실행 -> 16번째 실행 종료 -> 프로그램 실행 종료

따라서 10~14번째 줄은 Model 정의에만 사용되고 실행되지는 않는다. 그러므로 13번째 줄의 print문이 실행되지 않는다.

4. input=torch.tensor([[[1.0]],[[2.0]]])이고, 입력노드 1개(input_size=1), RNN노드 2개(hidden_size=2), RNN층 1개(num_layers=1), 출력노드가 2개(output_size=2)이므로 RNN 출력을 프린트하는 코드는 아래와 같다.

```
import torch; import torch.nn as nn; torch.manual_seed(1)

input=torch.tensor([[[1.0]],[[2.0]]])

class Model(nn.Module):
  def __init__(self, input_size, hidden_size, num_layers, output_size):
    super().__init__()
    self.rnn=nn.RNN(input_size, hidden_size, num_layers)
    self.fc=nn.Linear(hidden_size, output_size)

  def forward(self, input):
    rnn_down, rnn_right=self.rnn(input)
    fc_out=self.fc(rnn_down)
    return rnn_right, fc_out

net=Model(input_size=1, hidden_size=2, num_layers=1, output_size=2)
rnn_right, fc_out=net(input)
print(rnn_right.data)
print(fc_out.data)
```

```
tensor([[[ 0.5557, -0.5167]]])
tensor([[[0.0073, 0.0263]],

        [[0.0394, 0.2222]]])
```

제5장 학습 데이터의 형태(shape)

신경망 파라미터의 초깃값을 업데이트하기 위하여 사용하는 데이터를 학습데이터라고 한다. 학습데이터는 순서쌍 [A, B]로 이루어고 A는 신경망 입력(input)이라 하고 신경망에 입력하는 데이터이다. B는 신경망 타겟(target)이라 하고 A를 신경망에 입력할 때, 출력층 출력이 목표로 하는 데이터이다. 데이터 A를 RNN에 입력하기 위해서는 A의 형태(shape)가 RNN에 입력 가능한 형태가 되어야 한다. 데이터 형태(shape)을 정의한 후(PART I), 어떤 형태의 데이터를 RNN 입력으로 사용할 수 있는지를 알아보자(PART II).

PART I. 데이터의 형태(shape)

아래 예제들을 사용하여 tensor 데이터의 생성과 형태(shape)에 대하여 알아보자.

예제1. 코드1-1의 2, 5번째 줄과 같이 한 개의 대괄호([ ])의 내부에 숫자를 적은 후, torch.tensor에 대입하여 데이터를 생성할 수 있다. 여기서 대괄호로 묶은 데이터는 리스트 자료형이라고 한다. 설명 편의를 위하여 코드에 있는 torch.tensor와 코드 실행 결과에 있는 torch.Size를 생략한다.

```
1 import torch
2 A=torch.tensor([1.0, 1.1])
3 print('A.shape =',A.shape)
4
5 B=torch.tensor([1.0])
6 print('B.shape =',B.shape)
```

```
A.shape = torch.Size([2])
B.shape = torch.Size([1])
```

코드1-1

데이터 A=[1.0, 1.1]의 형태(shape)은 [대괄호의 내부에 있는 숫자 개수]=[2]로 정의한다. 즉, 대괄호의 내부에 숫자가 2개(1.0, 1.1) 있으므로, 데이터 A의 형태는 [2]가 된다. 데이터 B의 경우, 대괄호의 내부에 숫자가 1개 있으므로 B의 형태는 [1]가 된다. 대괄호 1개로 생성한 tensor 데이터의 형태는 숫자 1개로 나타내고 1차원(텐서)라고 한다. 아래 코드1-2와 같이 함수 dim( )으로 차원을 알 수 있다.

```
import torch
A=torch.tensor([1.0, 1.1])
print('A 차원 =',A.dim())
```

```
A 차원 = 1
```

코드1-2

예제2. 코드1-3의 2, 5, 8, 11번째 줄과 같이 두 개의 대괄호([[ ]])를 사용하여 데이터(A, B, C, D)를 생성할 수 있다.

```
1 import torch
2 A=torch.tensor([[1.0]])
3 print('A.shape =',A.shape)#[1, 1]
4
5 B=torch.tensor([[1.0 , 2.0]])
6 print('B.shape =',B.shape)#[1, 2]
7
8 C=torch.tensor([[1.0],[1.1]])
9 print('C.shape =',C.shape)#[2, 1]
10
11 D=torch.tensor([[1.0 , 2.0],[1.1 , 2.1]])
12 print('D.shape =',D.shape)#[2, 2]
```

코드1-3

A = [[1.0]]의 형태를 두 단계로 설명할 수 있다.

Step1. 첫 번째 대괄호(가장 밖에 있는 대괄호) 내부에는 1개의 대괄호(두 번째 대괄호[1.0])가 있다.

Step2. 두 번째 대괄호[1.0] 내부에는 1개의 숫자(1.0)가 있다.
따라서 데이터 A의 형태(shape)은 [첫 번째 대괄호 내부에 있는 (두 번째) 대괄호 개수, 각각의 두 번째 대괄호 내부에 있는 숫자 개수]로 정의한다. 그러므로 데이터 A의 형태는 [1, 1]이 된다. 마찬가지로, 데이터 B의 형태에서 첫 번째 대괄호 내부에는 1개의 (두 번째) 대괄호([1.0, 2.0])가 있고, 두 번째 대괄호 내부에는 2개의 숫자(1.0과 2.0)가 있으므로 B의 형태는 [1, 2]가 된다. C의 형태에서 첫 번째 대괄호 내부에는 2개의 (두 번째) 대괄호([1.0]과 [1.1])가 있고, 각각의 두 번째 대괄호 내부에는 1개의 숫자가 있으므로 C의 형태는 [2, 1]이 된다. 데이터 B와 C에 2개의 숫자가 있지만 2개의 숫자를 표현하는 형태(shape)가 다름을 알 수 있다. D의 형태에서 첫 번째 대괄호 내부에는 2개의 (두 번째) 대괄호([1.0, 2.0]과 [1.1, 2.1])가 있고, 각각의 두 번째 대괄호 내부에는 2개의 숫자가 있으므로 D의 형태는 [2, 2]가 된다. 따라서 대괄호 2개(첫 번째, 두 번째 대괄호)를 사용하여 생성한 tensor 데이터의 형태는 숫자 2개로 나타내고 2차원(텐서)라고 하며 코드 1-4와 같이 함수 dim( )으로 차원을 알 수 있다.

```
import torch
A=torch.tensor([[1.0]])
print('A 차원 =',A.dim())
```

```
A 차원 = 2
```

코드1-4

예제3. 코드1-5와 같이 세 개의 대괄호([[[ ]]])를 사용하여 데이터(A1 ~ B3)를 생성할 수 있다. A1 = [[[1.0]]]의 형태에서 첫 번째 대괄호(가장 밖에 있는 대괄호) 내부에는 1개의 (두 번째) 대괄호([[1.0]])가 있고, 두 번째 대괄호 내부에는 1개의 (세 번째) 대괄호([1.0])가 있고, 세 번째 대괄호 내부에는 1개의 숫자(1.0)가 있다. 따라서 데이터 A1의 형태(shape)은 [첫 번째 대괄호 내부에 있는 (두 번째) 대괄호 개수, 각각의 두 번째 대괄호 내부에 있는 (세 번째) 대괄호의 개수, 각각의 세 번째 대괄호 내부에 있는 숫자 개수]로 정의한다. 그러므로 데이터 A1의 형태는 [1, 1, 1]이 된다. 마찬가지로, 데이터 A2의 형태에서 첫 번째 대괄호 내부에는 1개의 (두 번째) 대괄호([[1.0], [1.0]])가 있고, 두 번째 대괄호 내부에는 2개의 (세 번째)

대괄호([1.0]과 [1.0])가 있으며, 각각의 세 번째 대괄호 내부에는 1개의 숫자가 있으므로 A2의 형태는 [1, 2, 1]이 된다.

```
import torch
A1=torch.tensor([ [[1.0]] ])
print('A1.shape =',A1.shape)#[1,1,1]

A2=torch.tensor([ [[1.0],[1.0]] ])
print('A2.shape =',A2.shape)#[1,2,1]

A3=torch.tensor([ [[1.0, 1.0]] ])
print('A3.shape =',A3.shape)#[1,1,2]

B1=torch.tensor([ [[1.0]], [[1.0]] ])
print('B1.shape =',B1.shape)#[2,1,1]

B2=torch.tensor([ [[1.0],[1.0]], [[1.0],[1.0]] ])
print('B2.shape =',B2.shape)#[2,2,1]

B3=torch.tensor([ [[1.0, 1.0]], [[1.0, 1.0]] ])
print('B3.shape =',B3.shape)#[2,1,2]
```

코드1-5

A3의 형태에서 첫 번째 대괄호 내부에는 1개의 (두 번째) 대괄호([[1.0, 1.0]])가 있고, 두 번째 대괄호 내부에는 1개의 (세 번째) 대괄호([1.0, 1.0])가 있으며, 세 번째 대괄호 내부에는 2개의 숫자(1.0, 1.0)가 있으므로, A3의 형태는 [1, 1, 2]이 된다. 마찬가지로 B1, B2, B3의 형태는 각각 [2, 1, 1], [2, 2, 1], [2, 1, 2]가 된다. 따라서 대괄호 3개(첫 번째, 두 번째, 세 번째 대괄호)를 사용하여 생성한 tensor 데이터의 형태는 숫자 3개로 나타내고 3차원(텐서)라고 하며 코드1-6과 같이 dim( )으로 차원을 알 수 있다.

```
import torch
A=torch.tensor([ [[1.0]] ])
print('A 차원 =',A.dim())
```

```
A 차원 = 3
```

코드1-6

예제4. 형태(shape)이 [2, 3, 4]인 3차원 (텐서) 데이터 A를 하나만 만들어 보자.
Step1. 첫 번째 숫자 2의 의미
첫 번째 대괄호 내부에는 다음과 같이 2개의 (두 번째) 대괄호가 있다.

[♠], [♣]

Step2. 두 번째 숫자 3의 의미
위 Step1에 있는 각각의 두 번째 대괄호 내부에는 3개의 (세 번째) 대괄호가 있다.

♠ = [♠1], [♠2], [♠3], ♣ = [♣1], [♣2], [♣3]

Step3. 세 번째 숫자 4의 의미
위 Step2에 있는 각각의 세 번째 대괄호 내부에는 4개의 숫자가 있다.

♠1 = 숫자 4개, ♠2 = 숫자 4개, ♠3 = 숫자 4개,
♣1 = 숫자 4개, ♣2 = 숫자 4개, ♣3 = 숫자 4개

따라서 숫자 4개를 1, 2, 3, 4라고 하면 형태가 [2,3,4]인 3차원(텐서) 데이터 A는 다음과 같다.

A = [[♠], [♣]]
= [[[♠1], [♠2], [♠3]], [[♣1], [♣2], [♣3]]]
= [[[1,2,3,4], [1,2,3,4], [1,2,3,4]], [[1,2,3,4], [1,2,3,4], [1,2,3,4]]]

예제5. A=[[[1.0], [2.0]], [[1.1], [2.1]]]의 형태는 다음과 같은 단계로 찾는다.
Step1. 첫 번째 대괄호(가장 밖에 있는 대괄호) 내부에 2개 (두 번째) 대괄호([[1.0], [2.0]]과 [[1.1], [2.1]])가 있다. 따라서 A의 형태는 [2, ?, ?]이다.

Step2. 각각의 두 번째 대괄호 내부에는 2개의 (세 번째) 대괄호([[1.0], [2.0]]에는

[1.0] 과 [2.0]가 있고, [[1.1], [2.1]]에는 [1.1] 과 [2.1]이 있음)가 있다. 따라서 A의 형태는 [2, 2, ?]이다.

Step3. 각각의 세 번째 대괄호 내부에는 1개의 숫자([1.0]에는 숫자 1.0이 있고, [2.0]에는 숫자 2.0이 있고, [1.1]에는 숫자 1.1이 있고, [2.1]에는 숫자 2.1이 있음)가 있다. 따라서 A의 형태는 [2,2,1]이다.

PART II. 학습데이터의 형태(shape)와 배치 크기(batch_size)

RNN에 대입할 수 있는 입력(input) 형태를 알아보고, RNN에 input을 대입할 때 얻게 되는 출력층 출력 형태를 알아보자.

1. 입력 형태(shape)

순방향 신경망의 입력 형태는 2차원 [batch_size, input_size]이지만, RNN에는 sequence length가 추가되므로 입력 형태는 3차원이 된다.

[sequence length, batch_size, input_size]

예를 들어, 입력 형태가 3차원 [1,2,3]일 때, 각 숫자의 의미는 다음과 같다.

[첫 번째 숫자 1] sequence length를 의미하므로 sequence length = 1 이다. 즉, RNN 그림에서 time이 1개(time 0)이다.

[두 번째 숫자 2] 파라미터 값을 1회 업데이트할 때 사용하는 데이터 개수이고 "배치 크기(batch_size)"라고 한다. 즉, batch_size = 2이다. 여기서 "배치"는 파라미터 값을 1회 업데이트하기 위하여 일괄 처리(여러 데이터를 한 번에 처리)하는 "데이터의 집합(S)"이고 S의 원소 개수가 배치 크기(batch_size)이다. 배치는 모든 학습 데이터를 원소로 가지는 집합의 부분집합이다.

[세 번째 숫자 3] 각 time에서 입력노드 개수이므로 input_size = 3이다.

예제6. 형태가 3차원 [sequence length, batch_size, input_size]인 RNN의 입력 [[[1.1, 1.2, 1.3], [2.1, 2.2, 2.3]]]의 형태를 위에서 설명한 Step1, 2, 3로 찾아보자.

Step1. 첫 번째 대괄호 내부에 1개의 (두 번째) 대괄호가 있으므로 sequence length=1이다. 따라서 그림2-1과 같이 모든 데이터가 time 0에서 입력된다.

Step2. 한 개인 두 번째 대괄호 내부에는 2개의 (세 번째) 대괄호(입력1, 입력2)가 있다.

[1.1, 1.2, 1.3]과 [2.1, 2.2, 2.3]

즉, batch_size=2이므로 2개 batch 원소(입력1=[1.1, 1.2, 1.3]과 입력2=[2.1, 2.2, 2.3])를 time 0에서 차례대로 입력한다. 즉, 그림2-1과 같이 1번째 batch 원소 [1.1, 1.2, 1.3]를 입력층에 입력(i1=1.1, i2=1.2, i3=1.3)하여 출력층에서 출력1을 얻는다.

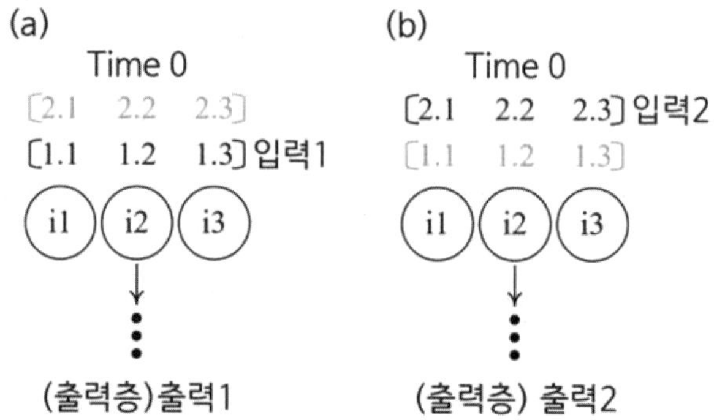

그림2-1

그리고 2번째 batch 원소 [2.1, 2.2, 2.3]를 입력(i1=2.1, i2=2.2, i3=2.3)하여 출력층에서 출력2를 얻는다. 출력1과 2를 사용하여 파라미터를 업데이트 과정은 제6장에서 설명한다.

Step3. 각각의 세 번째 대괄호 내부에는 3개의 숫자가 있으므로 input_size=3이고 그림2-1과 같이 입력노드는 3개가 된다.

예제7. 형태가 3차원 [sequence length, batch_size, input_size]인 데이터 [[[1.0], [1.1]], [[2.0], [2.1]]]을 RNN에 입력할 때, sequence length=2이므로 RNN 그림에서 time은 2개(time 0, time 1)가 된다. 즉, time 0과 1에 각각 [[1.0], [1.1]]과 [[2.0], [2.1]]을 입력한다. batch_size=2이므로 각 time에서 각 batch는 2개 원소를 가진다. 즉, time 0에서 사용하는 batch는 2개 원소 [1.0], [1.1]의 집합이고, time 1에서 사용하는 batch는 2개 원소 [2.0], [2.1]의 집합이다. 그림2-2와 같이 1번째 batch인 [[1.0], [1.1]]을 time 0에서 입력(i1=1.0, i2=1.1)하여 출력층에서 출력1을 얻는다. 그리고 이어 2번째 batch인 [[2.0], [2.1]]을 time 1에서 입력(i1=2.0, i2=2.1)하여 출력2를 얻는다. 각 time에서 사용하는 각각의 batch 원소([1.0], [1.1], [2.0], [2.1])에 숫자가 1개 있으므로 input_size=1이므로 각 time에서 입력노드는 1개가 된다.

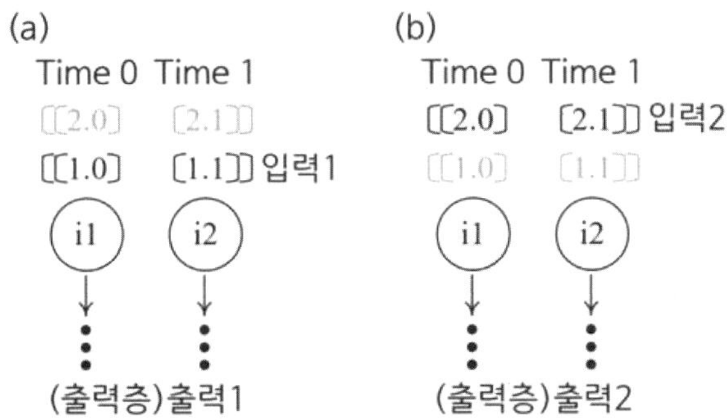

그림2-2

2. 출력층 출력의 형태(shape)

입력층, RNN층, 출력층으로 구성된 신경망의 출력은 크게 두 종류로 RNN층과 출력층에서의 출력으로 나눌 수 있다. 제6장부터 파라미터를 업데이트할 때 출력층에서의 출력만 다루기 때문에 여기서도 출력층에서 출력 형태만을 알아보자. 그림2-1과 같은 입력을 그림2-3과 같이 나타내자. 이해를 돕기위하여 먼저 입력1이 신경망에 입력되어 출력1이 생기고, 이어서 입력2가 신경망에 입력되어 출력2

가 생긴다는 의미로 그림2-3을 이해하자.

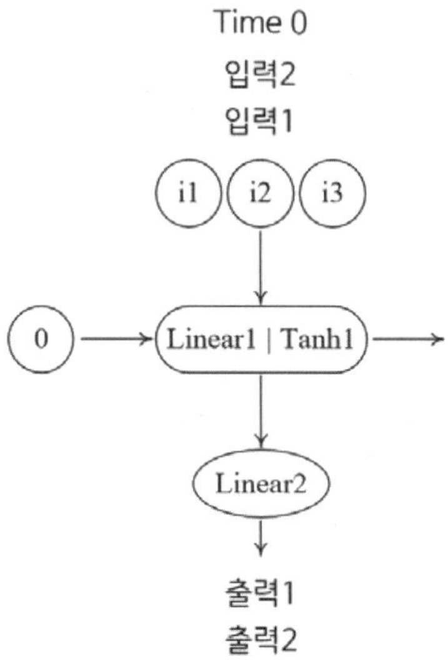

그림2-3

여기서는 RNN 출력으로 정의한 rnn_right와 fc_out중에서 출력층 출력인 fc_out만 필요하기 때문에 아래 코드2-1의 12번째 줄에서 fc_out만 반환했다. 입력1=[1.1, 1.2, 1.3]과 입력2=[2.1, 2.2, 2.3]일 때, 코드2-1로 출력1과 출력2를 구할 수 있다.

출력1=[0.6127], 출력2=[0.6575]

입력=[[[1.1, 1.2, 1.3]], [[2.1, 2.2, 2.3]]]이므로 입력 형태는 3차원 [2, 1, 3]이므로 sequence length=2, batch_size=1, input_size=3이다. 출력층에서 출력이 [[[0.6127]], [[0.6575]]]이므로 출력 형태는 3차원 [2, 1, 1]로 sequence length=2, batch_size=1, output_size=1이다. 따라서 입력과 (출력층의) 출력 형태를 비교해보면 sequence length와 batch_size가 동일함을 알 수 있다. 일반적으로 입력층에 데이터 n개(batch_size=n)을 입력하면 출력층에서 n개 데이터(batch_size=n)가 출력되기 때문에 입력층 입력과 출력층 출력 형태에서 batch_size는 동일하다. sequence length=2인 경우에 대하여 예제8에서 확인해보자.

```
import torch; import torch.nn as nn; torch.manual_seed(1)
input=torch.tensor([ [ [1.1, 1.2, 1.3] ], [ [2.1, 2.2, 2.3] ] ])

class Model(nn.Module):
  def __init__(self, input_size, hidden_size, num_layers, output_size):
    super().__init__()
    self.rnn=nn.RNN(input_size, hidden_size, num_layers)
    self.fc=nn.Linear(hidden_size, output_size)
  def forward(self, input):
    rnn_down, rnn_right=self.rnn(input)
    fc_out=self.fc(rnn_down)
    return fc_out

net=Model(input_size=3, hidden_size=1, num_layers=1, output_size=1)
fc_out=net(input)
print(fc_out.data)
```

```
tensor([[[0.6127]],

        [[0.6575]]])
```

코드2-1

예제8. 그림2-4와 같은 sequence length가 2인 신경망이 있다.

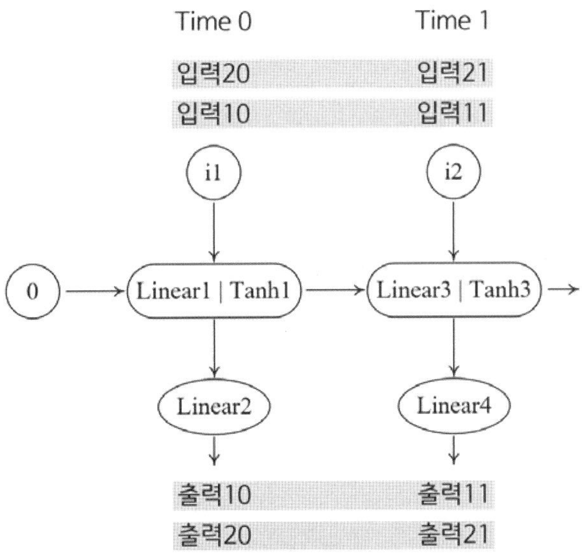

그림2-4

시간 (time 0, time 1)에서 데이터 (입력10, 입력11)을 신경망에 입력하면 (출력10, 출력11)이 생긴다. 이어서 시간 (time 0, time 1)에서 데이터 (입력20, 입력21)을 신경망에 입력하면 (출력20, 출력21)이 생긴다고 하자. 입력1=[입력10, 입력11]=[[1.0], [1.1]]과 입력2=[입력20, 입력21]=[[2.0], [2.1]]일 때, 코드2-2와 같이 출력1과 출력2를 구할 수 있다. 출력1 = [출력10, 출력11] = [[-0.0205], [-0.0471]]과 출력2 = [출력20, 출력21] = [[-0.1232], [-0.1379]]이다. 입력=[입력1, 입력2]=[[[1.0], [1.1]], [[2.0], [2.1]]] 이므로 입력 형태(shape)은 [2, 2, 1]이고 sequence length=2, batch_size=2, input_size=1 이다. 출력층에서 출력은 [출력1, 출력2]=[[[-0.0205], [-0.0471]], [[-0.1232], [-0.1379]]] 이므로 출력 형태는 [2, 2, 1]이고 sequence length=2, batch_size=2, output_size=1이다. 입력과 출력층 출력의 형태를 비교해보면 sequence length와 batch_size가 동일함을 알 수 있다. 출력노드 개수가 바뀌어도 입력층 입력과 출력층 출력의 형태에서 sequence length와 batch_size는 동일하게 된다.

```
import torch; import torch.nn as nn; torch.manual_seed(1)
input=torch.tensor([ [ [1.0], [1.1] ], [ [2.0], [2.1] ] ])

class Model(nn.Module):
  def __init__(self, input_size, hidden_size, num_layers, output_size):
    super().__init__()
    self.rnn=nn.RNN(input_size, hidden_size, num_layers)
    self.fc=nn.Linear(hidden_size, output_size)
  def forward(self, input):
    rnn_down, rnn_right=self.rnn(input)
    fc_out=self.fc(rnn_down)
    return fc_out

net=Model(input_size=1, hidden_size=1, num_layers=1, output_size=1)
fc_out=net(input)
print(fc_out.data)
```

```
tensor([[[-0.0205],
         [-0.0471]],

        [[-0.1232],
         [-0.1379]]])
```

3. 타겟(target) 형태(shape)

입력(input)과 타겟(target)으로 구성된 학습데이터에서 입력은 입력층에 대입하는 데이터이고 타겟은 출력층 출력이 목표로 하는 데이터이다. 즉, 타겟과 출력층 출력을 비교하여 0에 가까워 지도록 신경망의 파라미터 값을 업데이트(제6장에서 다룸)하게 된다. 타겟과 출력층 출력을 비교해야 하므로 타겟과 출력층 출력의 형태는 동일해야 한다. 그리고 입력층 입력과 출력층 출력의 형태에서 sequence length와 batch_size는 동일하기 때문에 입력과 타겟의 형태에서 sequence length와 batch_ size는 동일해야 한다. 따라서 학습데이터를 만들 때, 입력과 타겟의 형태에서 처음 두 숫자(sequence length와 batch_size)는 동일하도록 만들어야 한다. 예를 들면, 입력 형태가 [a1, a2, x]이면 타겟 형태는 [a1, a2, y]가 되어야 한다. 여기서 입력노드 개수인 x와 출력노드 개수인 y는 달라도 된다.

연습문제

1. 아래 데이터의 형태(shape)을 적으시오.

   1-(1) [[1.0], [2.0]]
   1-(2) [[1.0, 1.1], [2.0, 2.1]]
   1-(3) [[1.0], [2.0], [3.0]]
   1-(4) [[[1.0], [2.0]]]
   1-(5) [[[1.0, 1.1], [2.0, 2.1]]]
   1-(6) [[[1.0], [1.1]], [[2.0], [2.1]], [[3.0], [3.1]]]

2. 학습데이터의 입력(input)이 [[[1.0], [2.0]], [[1.1], [2.1]]]일 때, 아래 신경망에서 출력층 출력의 형태를 적으시오.

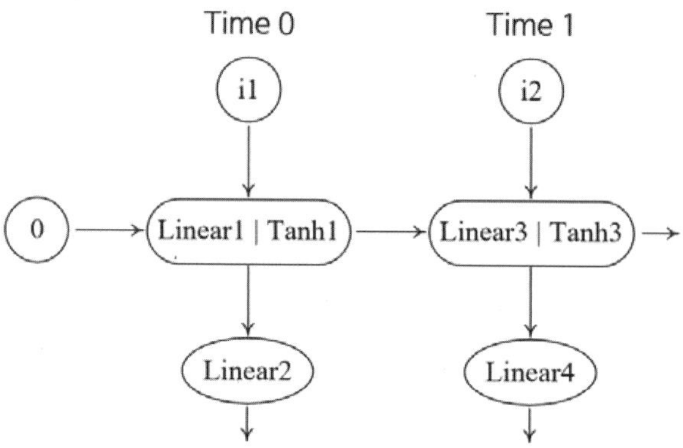

3. 위 문제2에서 학습데이터의 타겟(target) 형태을 적으시오.

4. 파라미터 값을 1회 업데이트할 때 사용하는 학습데이터의 입력(input) 형태가 [10, 256, 329]라고 하자. 이때, 학습데이터의 타겟은 어떤 형태를 가져야 하는지를 설명하시오.

연습문제 풀이

1. 아래 코드와 같이 .shape 또는 .size( )로 데이터 형태를 출력할 수 있다. 1-(1)에 있는 데이터의 형태는 [2,1]이고 1-(6)에 있는 데이터의 형태는 [3,2,1]이다.

```
import torch
print(torch.tensor([[1.0], [2.0]]).shape)
print(torch.tensor([[1.0, 1.1], [2.0, 2.1]]).shape)
print(torch.tensor([[1.0], [2.0], [3.0]]).shape)
print(torch.tensor([[[1.0], [2.0]]]).size())
print(torch.tensor([[[1.0, 1.1], [2.0, 2.1]]]).size())
print(torch.tensor([[[1.0],[1.1]], [[2.0],[2.1]], [[3.0],[3.1]]]).size())
```

```
torch.Size([2, 1])
torch.Size([2, 2])
torch.Size([3, 1])
torch.Size([1, 2, 1])
torch.Size([1, 2, 2])
torch.Size([3, 2, 1])
```

2. 입력(input)=[[[1.0], [1.1]], [[2.0], [2.1]]]의 형태가 [2,2,1]이고 입력층 입력과 출력층 출력 형태의 처음 두 개 숫자는 동일해야 하므로 출력층 출력의 형태는 [2,2,x]이다. 여기서 x는 각 time에서 출력노드(output_size) 개수이므로 x=1이다. 따라서 출력층 출력의 형태는 [2,2,1]이다. 아래 코드로 확인할 수 있다.

```
import torch; import torch.nn as nn; torch.manual_seed(1)
input=torch.tensor([[[1.0], [1.1]], [[2.0], [2.1]]])

class Model(nn.Module):
  def __init__(self, input_size, hidden_size, num_layers, output_size):
    super().__init__()
    self.rnn=nn.RNN(input_size, hidden_size, num_layers)
    self.fc=nn.Linear(hidden_size, output_size)
  def forward(self, input):
    rnn_down, rnn_right=self.rnn(input)
    fc_out=self.fc(rnn_down)
    return fc_out

net=Model(input_size=1, hidden_size=1, num_layers=1, output_size=1)
fc_out=net(input)
print(fc_out.shape)
```

```
torch.Size([2, 2, 1])
```

3. 파라미터를 1회 업데이트하기 위하여 사용하는 입력의 형태가 [2,2,1]이므로 타겟의 형태는 [2,2,y]가 되어야 한다. 여기서 y는 각 time에서 출력층의 노드 개수(output_size)와 동일하므로 y=1임을 알 수 있다. [참고: 일반적으로 학습데이터가 먼저 정해진 후, 신경망 그림이 결정된다. 이 문제에서는 타겟의 형태를 이해하는 지를 묻기 위한 문제이므로 신경망 그림이 먼저 결정되고 타겟의 형태를 묻고 있다.]

4. 파라미터 값을 1회 업데이트하기 위한 학습데이터의 입력(input)이 [10, 256, 329]인 형태를 가지므로 학습데이터의 타겟은 [10, 256, y]인 형태를 가지면 된다. 여기서 y는 임의의 자연수가 될 수 있다.

제6장 신경망 학습이론

아래 신경망으로 파라미터($W_{i,h}$, $W_{h,h}$, $b_{i,h}$, $b_{h,h}$,$W_{h,o}$,$b_{h,o}$)의 초깃값을 1회 업데이트하는 과정을 단계별로 알아보고(PART I), 파라미터 초깃값을 2회 이상 업데이트하는 신경망 학습이론과 PyTorch로 구현하는 코드에 대하여 알아보자(PART II).

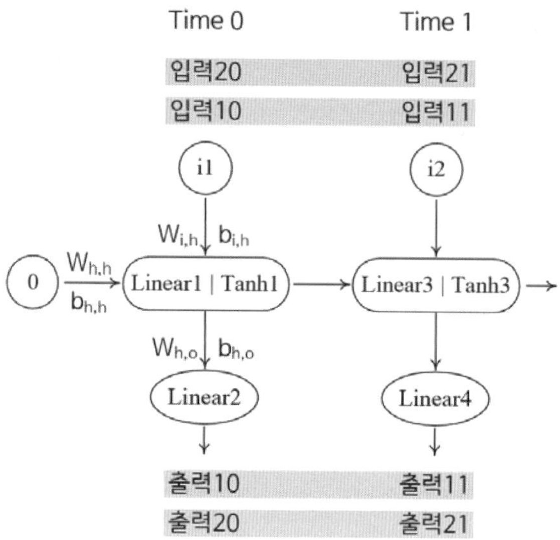

그림1

PART I. 파라미터 초깃값을 1회 업데이트

학습데이터로 파라미터 초깃값을 1회 업데이트하는 과정을 알아보자.

Step1. 학습데이터를 결정하다.

Step2. 신경망 설계도(클래스 Model)를 만든다.

설계도는 초기화 함수 __init__( )와 순방향 함수 forward( )의 정의로 구성된다.

Step2-1. 초기화 함수 __init__( )에서는 신경망 연결구조에 사용할 부품(nn.RNN, nn.Linear)를 정의한다.

Step2-2. 순방향 함수 forward( )에서는 학습데이터의 입력과 초기화 함수에서 정의한 부품을 사용하여 출력층 출력을 구하는 과정을 정의한다.

Step3. 신경망 설계도(클래스 Model)로 제품(객체 net)을 만든다.
초기화 함수 __init__( )와 순방향 함수 forward( )를 가진 제품(객체)를 만든다. 이때, __init__( )만 실행되고 __init__( )에서 정의한 부품(nn.RNN, nn.Linear)에 있는 파라미터의 초깃값은 무작위로 결정된다.

Step4. 파라미터 초깃값을 다음과 같이 1회 업데이트한다.
Step4-1. 파라미터 값의 업데이트 방법을 선택한다.
Step4-2. 신경망 손실(loss)를 결정한다.
Step4-3. 파라미터 초깃값에서 각 파라미터에 관한 loss의 편미분 값을 구한다.
Step4-4. 편미분 값을 업데이트 방법(Step4-1)에 대입하여, 파라미터 초깃값을 1회 업데이트한다.

각 단계를 자세히 알아보자.

Step1. 학습데이터

위 그림1에서 학습데이터 입력(input)이

input = [입력1, 입력2]=[[입력10, 입력11], [입력20, 입력21]]

이고 입력10=[1.0], 입력11=[1.1], 입력20=[2.0], 입력21=[2.1]라고 할 때, input은 다음과 같다.

input = [[[1.0], [1.1]] , [[2.0], [2.1]]]

그림1에서 학습데이터 타겟(target)을

target = [타겟1, 타겟2]=[[타겟10, 타겟11], [타겟20, 타겟21]]

이고 타겟10=[0.10], 타겟11=[0.11], 타겟20=[0.20], 타겟21=[0.21]라고 할 때, target은 다음과 같다.

target = [[[0.10], [0.11]] , [[0.20], [0.21]]]

참고로 출력층 출력(output)은 다음과 같다.

output = [출력1, 출력2]=[[출력10, 출력11], [출력20, 출력21]]

Step2. 초기화 함수와 순방향 함수의 정의

초기화 함수 __init__( )와 순방향 함수 forward( )는 제4장에서 설명한 것과 같이 class Model(nn.Module)의 내부에서 정의된다.

Step2-1. 초기화 함수 __init__( ) 정의

그림1에서 1번째 층과 2번째 층을 연결하기 위해서는 nn.RNN(input_size, hidden_size, num_layers)가 필요하고 2번째 층과 3번째 층을 연결하기 위해서는 nn.Linear(hidden_size, output_size)가 필요하다. 따라서 이 두 개의 부품(nn.RNN, nn.Linear)를 초기화 함수 __init__( )에 다음과 같이 정의한다(제4장 참고).

```
class Model(nn.Module):
  def __init__(self, input_size, hidden_size, num_layers, output_size):
    super( ).__init__( )
    self.rnn = nn.RNN(input_size, hidden_size, num_layers)
    self.fc = nn.Linear(hidden_size, output_size)
```

Step2-2. 순방향 함수 forward( ) 정의

그림1의 신경망에 input을 1층(입력층)에 입력하면 데이터는 연결 구조 nn.RNN을 따라 2층(RNN층)에 도착하여 RNN층에서 출력(rnn_down, rnn_out)이 생긴다. RNN층(2층) 출력 중에서 rnn_down을 출력층(3층)에 입력하여 출력층 출력(fc_out)을 얻는다. 이러한 데이터 흐름과 출력을 다음과 같이 순방향 함수 forward( )에서 정의한다.

```
class Model(nn.Module):
  def __init__(self, input_size, hidden_size, num_layers, output_size):
    super().__init__()
    self.rnn = nn.RNN(input_size, hidden_size, num_layers)
    self.fc = nn.Linear(hidden_size, output_size)
  def forward(self, input):
    rnn_down, rnn_right = self.rnn(input)
    fc_out = self.fc(rnn_down)
    return fc_out
```

Step3. 신경망 설계도(클래스 Model)로 제품(객체 net)을 만든다.

그림1의 설계도인 클래스 Model로 제품(객체 net)을 다음과 같이 만든다.

```
net = Model(input_size=1, hidden_size=1, num_layers=1, output_size=1)
```

위 코드가 실행될 때, 세 가지를 기억하자. 첫 번째, 클래스 Model에 정의된 초기화 함수 __init__( )가 실행된다. 두 번째, 신경망 파라미터의 초깃값이 무작위로 결정된다. 세 번째, 순방향 함수 forward( )는 실행되지 않는다. 아래 Step4-2에서 input을 net에 대입한 코드 net(input)을 실행할 때, forward( )가 실행된다. 초기화 함수 __init__( )가 실행될 때, argument 값은 다음과 같다.

```
self=Model 인스턴스, input_size=1, hidden_size=1, num_layers=1, output_size=1
```

그리고 __init__( )의 실행문이 실행되어 다음과 같이 self.rnn과 self.fc가 결정된다.

```
self.rnn = nn.RNN(input_size=1, hidden_size=1, num_layers=1)
self.fc = nn.Linear(hidden_size=1, output_size=1)
```

Step4. 파라미터 초깃값의 1회 업데이트

파라미터의 초깃값은 Step3에서 무작위로 만들어진다. 이 값을 다음 단계를 따라 업데이트한다.

Step4-1. 파라미터 값의 업데이트 방법

RNN 출력이 목표로 하는 target과 가깝도록 파라미터 초깃값을 업데이트하는 방법 중, 확률적 경사하강법(stochastic gradient descent method, SGD)을 사용한다.

```
optimizer = torch.optim.SGD(net.parameters( ), lr=0.01)
```

여기서 SGD는 torch.optim에 있는 클래스이고, net.parameters( )는 net이 가진 신경망 파라미터 정보이다. lr=0.01에서 lr은 "learning rate(학습률)"이고 파라미터 값 업데이트 공식([부록6-1] 참고)에 사용되고, lr 값은 0.01 또는 0.001과 같이 작은 양수를 사용한다. SGD는 학습데이터를 무작위로 분할한 후(제8장에서 설명) 각 분할에 대하여 경사하강법을 적용한다는 의미이다. 그러나 본 교재에서는 학습과정 설명과 코드 실행 결과 재현을 위하여 무작위로 분할하지 않으므로 "확률적"이라는 용어는 무시해도 된다. Gradient를 사용하여 파라미터 초깃값을 업데이트하는 경사하강법은 확률적 경사하강법(SGD)을 포함하여 여러 개의 방법이 있다. 경사하강법의 일반적인 개념을 [부록6-1]에서 설명한다.

Step4-2. 신경망 손실(loss)

출력층 출력과 타겟(target)의 오차 제곱 합으로 손실(loss)를 정의하자.

출력(output)=[출력1, 출력2]=[[출력10, 출력11], [출력20, 출력21]],
타겟(target)=[타겟1, 타겟2]=[[타겟10, 타겟11], [타겟20, 타겟21]]

일 때, 손실(loss)는 다음과 같다.

$$loss = (출력10 - 타겟10)^2 + (출력11 - 타겟11)^2$$
$$+ (출력20 - 타겟20)^2 + (출력21 - 타겟21)^2$$
$$= (출력 - 타겟)^2$$

출력은 net(input), 거듭제곱은 pow(2), 합은 sum( )이므로 손실(loss)를 코드로 표현하면 다음과 같다.

```
loss = (net(input) - target).pow(2).sum( )
```

Step4-3. 편미분 값

파라미터 값에서 각 파라미터에 관한 loss의 편미분 값은 다음 명령어로 구한다.

```
loss.backward()
```

구한 편미분 값이 어디에 저장되어 있는지를 알아보자. 그림1에서 nn.RNN에 있는 파라미터 $W_{i,h}$, $b_{i,h}$, $W_{h,h}$, $b_{h,h}$의 값은 nn.RNN의 객체인 net.rnn에 다음과 같은 변수에 저장되어 있다(제4장 참고).

$W_{i,h}$ = net.rnn.weight_ih_l0, $b_{i,h}$ = net.rnn.bias_ih_l0,
$W_{h,h}$ = net.rnn.weight_hh_l0, $b_{h,h}$ = net.rnn.bias_hh_l0

여기서 “ih_l0”는 “input-hidden, 0번째 layer”이고 “hh”는 “hidden-hidden”을 의미한다. 그리고 파라미터 초깃값에서 $W_{i,h}$에 대한 loss의 편미분 값 $\frac{\partial loss}{\partial W_{i,h}}$은 net.rnn.weight_ih_l0.grad에 저장되어 있다. 코드1-1로 확인해보자.

```
import torch; import torch.nn as nn; torch.manual_seed(1)
input=torch.tensor([[[1.0], [1.1]] , [[2.0], [2.1]]])
target=torch.tensor([[[0.10], [0.11]] , [[0.20], [0.21]]])
class Model(nn.Module):
  def __init__(self, input_size, hidden_size, num_layers, output_size):
    super().__init__()
    self.rnn=nn.RNN(input_size, hidden_size, num_layers)
    self.fc=nn.Linear(hidden_size, output_size)
  def forward(self, input):
    rnn_down, rnn_right=self.rnn(input)
    fc_out=self.fc(rnn_down)
    return fc_out
net=Model(input_size=1, hidden_size=1, num_layers=1, output_size=1)
optimizer=torch.optim.SGD(net.parameters(), lr=0.01)
loss=(net(input)-target).pow(2).sum()

print('Wih에 대한 loss의 편미분')
print('loss.backward() 이전:',net.rnn.weight_ih_l0.grad)
loss.backward()
print('loss.backward() 이후:',net.rnn.weight_ih_l0.grad)
```

```
Wih에 대한 loss의 편미분
loss.backward() 이전: None
loss.backward() 이후: tensor([[1.2036]])
```

코드1-1

코드1-1 실행 결과를 보면 편미분 값 $\frac{\partial loss}{\partial W_{i,h}}$은 loss.backward( ) 실행 이전에는 None(없음)이지만 loss.backward( ) 실행 이후에는 1.2036으로 None이 아님을 알 수 있다. print(net.rnn.weight_ih_l0.grad) 대신에 다음 코드로도 확인할 수 있다.

```
params = list(net.parameters()); print(params[0].grad)
```

코드1-2에서 다른 파라미터에 대한 loss의 편미분 값을 알아보자.

```
import torch; import torch.nn as nn; torch.manual_seed(1)
input=torch.tensor([[[1.0], [1.1]] , [[2.0], [2.1]]])
target=torch.tensor([[[0.10], [0.11]] , [[0.20], [0.21]]])
class Model(nn.Module):
  def __init__(self, input_size, hidden_size, num_layers, output_size):
    super().__init__()
    self.rnn=nn.RNN(input_size, hidden_size, num_layers)
    self.fc=nn.Linear(hidden_size, output_size)
  def forward(self, input):
    rnn_down, rnn_right=self.rnn(input)
    fc_out=self.fc(rnn_down)
    return fc_out
net=Model(input_size=1, hidden_size=1, num_layers=1, output_size=1)
optimizer=torch.optim.SGD(net.parameters(), lr=0.01)
loss=(net(input)-target).pow(2).sum()
loss.backward()

params=list(net.parameters())
print(params[0].grad)
print(params[1].grad)
print(params[2].grad)
print(params[3].grad)
print(params[4].grad)
print(params[5].grad)
```

```
tensor([[1.2036]])
tensor([[0.3383]])
tensor([0.6659])
tensor([0.6659])
tensor([[-1.4162]])
tensor([-1.8975])
```

코드1-2

파라미터 초깃값에서 다른 파라미터에 대한 loss의 편미분 값은 params[1].grad, ..., params[5].grad를 출력하면 확인할 수 있다. 여기서 params[5].grad는 파라미터 초깃값에서 $b_{h,o}$(=net.fc.bias)에 대한 loss의 편미분 값이다. 코드1-2의 출력을 보면, params[0].grad 값이 코드1-1에 출력한 net.rnn.weight_ih_l0.grad 값과 같음을 확인할 수 있다.

Step4-4. 파라미터 초깃값을 1회 업데이트

파라미터의 초깃값을 업데이트하는 공식은 다음과 같다.

$$W_{i,h}\text{의 업데이트된 값} = W_{i,h}\text{의 초깃값} - \text{학습률} * \frac{\partial loss}{\partial W_{i,h}}(\text{파라미터 초깃값}),$$

$$\ldots,\ b_{h,o}\text{의 업데이트된 값} = b_{h,o}\text{의 초깃값} - \text{학습률} * \frac{\partial loss}{\partial b_{h,o}}(\text{파라미터 초깃값})$$

여기서 $\frac{\partial loss}{\partial W_{i,h}}(\text{파라미터 초깃값}),\cdots,\frac{\partial loss}{\partial b_{h,o}}(\text{파라미터 초깃값})$는 Step4-3에 구한 편미분 값이다. 6개의 업데이트 식을 실행하는 명령어는 optimizer.step( ) 이다. 아래 코드1-3 결과를 보면 optimizer.step( ) 실행 후에 업데이트 되었음을 알 수 있다.

```
import torch; import torch.nn as nn; torch.manual_seed(1)
input=torch.tensor([[[1.0], [1.1]] , [[2.0], [2.1]]])
target=torch.tensor([[[0.10], [0.11]] , [[0.20], [0.21]]])
class Model(nn.Module):
  def __init__(self, input_size, hidden_size, num_layers, output_size):
    super().__init__()
    self.rnn=nn.RNN(input_size, hidden_size, num_layers)
    self.fc=nn.Linear(hidden_size, output_size)
  def forward(self, input):
    rnn_down, rnn_right=self.rnn(input)
    fc_out=self.fc(rnn_down)
    return fc_out
net=Model(input_size=1, hidden_size=1, num_layers=1, output_size=1)
optimizer=torch.optim.SGD(net.parameters(), lr=0.01)
loss=(net(input)-target).pow(2).sum()
loss.backward()

params=list(net.parameters())
print('optimizer.step() 이전: 파라미터',params,'\n')
optimizer.step()
print('optimizer.step() 이후: 파라미터',params)
```

```
optimizer.step() 이전: 파라미터 [Parameter containing:
tensor([[0.5153]], requires_grad=True), Parameter containing:
tensor([[-0.4414]], requires_grad=True), Parameter containing:
tensor([-0.1939], requires_grad=True), Parameter containing:
tensor([0.4694], requires_grad=True), Parameter containing:
```

```
tensor([[-0.9414]], requires_grad=True), Parameter containing:
tensor([0.5997], requires_grad=True)]

optimizer.step() 이후: 파라미터 [Parameter containing:
tensor([[0.5032]], requires_grad=True), Parameter containing:
tensor([[-0.4448]], requires_grad=True), Parameter containing:
tensor([-0.2005], requires_grad=True), Parameter containing:
tensor([0.4627], requires_grad=True), Parameter containing:
tensor([[-0.9273]], requires_grad=True), Parameter containing:
tensor([0.6187], requires_grad=True)]
```

코드1-3

위 업데이트 공식대로 $W_{i,h}$가 업데이트되었는지를 아래 코드1-4에 확인할 수 있다.

```
import torch; import torch.nn as nn; torch.manual_seed(1)
input=torch.tensor([[[1.0], [1.1]] , [[2.0], [2.1]]])
target=torch.tensor([[[0.10], [0.11]] , [[0.20], [0.21]]])
class Model(nn.Module):
  def __init__(self, input_size, hidden_size, num_layers, output_size):
    super().__init__()
    self.rnn=nn.RNN(input_size, hidden_size, num_layers)
    self.fc=nn.Linear(hidden_size, output_size)
  def forward(self, input):
    rnn_down, rnn_right=self.rnn(input)
    fc_out=self.fc(rnn_down)
    return fc_out
net=Model(input_size=1, hidden_size=1, num_layers=1, output_size=1)
optimizer=torch.optim.SGD(net.parameters(), lr=0.01)
loss=(net(input)-target).pow(2).sum()
loss.backward()

params=list(net.parameters())
old_Wih=params[0].data.detach().clone()
print(old_Wih)
optimizer.step()
new_Wih=params[0].data
print(new_Wih)
print(old_Wih-0.01*params[0].grad)
```

```
tensor([[0.5153]])
tensor([[0.5032]])
tensor([[0.5032]])
```

코드1-4

|코드 설명|

19번째 줄: params[0].detach( )는 params[0]를 gradient를 계산하기 위한 계산 그래프(computation graph)에서 분리하여(requires_grad=False) 만든 새로운 텐서이다. 그러나 params[0].detach()가 params[0]와 동일한 스토리지를 공유하기 때문에 params[0]가 업데이트되면 params[0].detach( )도 업데이트된다. 업데이트가 되지 않도록 params[0].detach( )를 카피한 것이 params[0].detach( ).clone( )이다. 참고로 params[0].clone( )의 requires_grad는 True이다. 텐서를 카피할 때, 일반적으로 권장하는 방법은 detach( ).clone( )를 사용하는 것이다.

20: 업데이트 전의 파라미터 $W_{i,h}$ 값을 출력하면 0.5153이다.

21: 파라미터 초깃값을 업데이트한다.

22, 23: 업데이트 후, 파라미터 $W_{i,h}$ 값을 출력하면 0.5032이다.

24: 학습률(lr)은 0.01이고 업데이트하기 전의 파라미터 값에서 $W_{i,h}$에 대한 loss의 편미분 값 params[0].grad를 경사하강법 공식에 대입하여 old_Wih를 업데이트하면 0.5032이다. 따라서 new_Wih 값(23번째 줄)과 경사하강법으로 old_Wih의 업데이트된 값(24번째 줄)이 동일함을 알 수 있다.

아래 코드1-5는 신경망 파라미터 초깃값을 1회 업데이트하는 전체 과정이다.

```
#Step0. 패키지 불러오고 무작위 생성 수열 초항 정하기
import torch; import torch.nn as nn; torch.manual_seed(1)

#Step1. 학습데이터
input=torch.tensor([[[1.0], [1.1]] , [[2.0], [2.1]]])
target=torch.tensor([[[0.10], [0.11]] , [[0.20], [0.21]]])

#Step2. RNN 설계도(초기화 함수와 순방향 함수 정의)
class Model(nn.Module):
  def __init__(self, input_size, hidden_size, num_layers, output_size):
```

```
        super().__init__()
        self.rnn=nn.RNN(input_size, hidden_size, num_layers)
        self.fc=nn.Linear(hidden_size, output_size)
    def forward(self, input):
        rnn_down, rnn_right=self.rnn(input)
        fc_out=self.fc(rnn_down)
        return fc_out

#Step3. RNN 설계도로 만든 제품(객체 net)
net=Model(input_size=1, hidden_size=1, num_layers=1, output_size=1)

#Step4. 파라미터 초깃값(Step3)를 1회 업데이트
#Step4-1. 업데이트 공식
optimizer=torch.optim.SGD(net.parameters(), lr=0.01)

#Step4-2. 손실(loss)
loss=(net(input)-target).pow(2).sum()

#Step4-3. 편미분 값
loss.backward()

#Step4-4. 업데이트 실행
optimizer.step()
```

코드1-5

파이썬은 Step1부터 한 줄씩 읽어들여 실행한다. Step1에 정의된 학습데이터는 Step2, 3, 4-1까지는 사용되지 않다가 Step4-2에서 처음으로 사용된다. Step2에서는 클래스 Model을 정의만 하고 사용하지 않는다. Step3를 실행하면 Step2에서 정의된 초기화 함수 __init__( )가 실행되고 신경망 파라미터 초깃값이 Step0에 있는 torch.manual_seed(1)에 의하여 생성된다. Step4-1에서 파라미터 값을 1회 업데이트할 때 사용할 공식을 정의한다. 업데이트 공식을 optimizer로 접근할 수 있도록 만들었다. Step4-2에서 RNN 출력 net(input)과 RNN이 목표로 하는 값인 target의 오차 제곱합을 손실(loss)라고 하자. 양수인 손실(loss)가 작아지도록 파라미터 값을 업데이트해야 하고 이를 "신경망 학습"이라 한다. 즉, 학습 대상은 파라미터 값이다. Step4-3에서 업데이트 공식(Step4-1)에 대입할 손실(loss)의 모든 편미분 값을 파라미터 초깃값에서 구한다. Step4-4에서 업데이트 공식(Step4-1)에 파리미터 초깃값(Step3), 학습률, 편미분 값(Step4-3)를 대입하여 파라미터 초깃값을 1회 업데이트한다.

PART II. 파라미터 초깃값을 2회이상 업데이트

파라미터 초깃값을 다음과 같은 단계로 1회 업데이트했다.

Step0. 패키지 불러오고 무작위 생성 수열 초항 정하기
Step1. 학습데이터
Step2. 신경망 설계도
Step3. 신경망 설계도로 만든 제품(객체 net)
Step4-1. 업데이트 공식
Step4-2. 손실(loss)
Step4-3. 편미분 값
Step4-4. 업데이트 실행

파라미터 초깃값을 2회 업데이트하기 위해서는 1회(첫 번째) 업데이트한 후에 또 다시 1회(두 번째) 업데이트하면 된다. 이때, 중복사용하지 않아도 되는 단계와 반드시 중복해야 하는 단계를 구별해보자.

Step0: 두 번째 업데이트할 때, 불러온 패키지를 계속 사용할 수 있고 무작위로 생성하는 숫자는 없으므로 중복사용하지 않는다.

Step1: 두 번째 업데이트할 때 사용할 학습데이터는 첫 번째 업데이트에 사용한 학습데이터와 같기 때문에 중복사용하지 않는다.

Step2, 3: 두 번째 업데이트할 때 사용할 신경망은 첫 번째 업데이트에 사용한 신경망과 같기 때문에 신경망 설계도와 제품 net도 같다. 따라서 중복사용하지 않는다.

Step4-1: 두 번째 업데이트할 때도 첫 번째 업데이트에 사용한 공식을 적용하므로 중복사용하지 않는다.

Step4-2: 두 번째 업데이트할 때, 1회 업데이트한 파라미터 값으로 계산한 RNN 출력 net(input)을 손실(loss)에 사용하므로 반드시 중복사용해야 한다.

Step4-3: 두 번째 업데이트할 때, 1회 업데이트한 파라미터 값에서 loss의 편미분 값을 계산해야 하므로 반드시 중복사용해야 한다.

Step4-4: 두 번째 업데이트할 때, 1회 업데이트한 파라미터 값을 또 다시 1회 업데이트해야 하므로 반드시 중복사용해야 한다.

따라서 Step4-2, Step4-3, Step4-4는 반드시 중복사용해야 한다. 또한 3개 명령어 (Step4-2, Step4-3와 Step4-4) 이외에 두 번째 업데이트부터 다음 명령어를 추가로 실행해야 한다.

```
optimizer.zero_grad( )
```

이 명령어를 Step4-4 다음에 실행하면 Step4-3에서 구한 편미분 값은 0이 된다. 초깃값을 2회 이상 업데이트할 때, 이런 단계가 추가로 필요한 이유를 알아보자. PyTorch는 Step4-3에서 구한 편미분 값을 누적하고, Step4-4에서 누적된 편미분 값의 합을 사용하여 파라미터 값을 업데이트한다. 즉, (초깃값을 첫 번째 업데이트하기 위하여 Step4-3에서 구한 편미분 값) + (초깃값을 두 번째 업데이트하기 위하여 Step4-3에서 구한 편미분 값)을 초깃값을 두 번째 업데이트할 때, Step4-4에서 사용한다. 그러나 본 교재의 신경망 학습이론에서는 누적 편미분 값을 사용하지 않기 때문에 초깃값을 두 번째 업데이트할 때, (초깃값을 첫 번째 업데이트하기 위하여 Step4-3에서 구한 편미분 값) = 0이 되도록 만드는 단계가 추가로 필요하다. 이때, 사용하는 명령어가 optimizer.zero_grad( )이다. 따라서 두 번째 업데이트하는 단계를 모두 적으면 다음과 같다.

```
신경망 loss 정의              : loss=(net(input-target))**2
편미분 값 계산                : loss.backward()
파라미터 값을 1회 업데이트    : optimizer.step()
편미분 값을 0으로 변경        : optimizer.zero_grad()
```

PyTorch가 편미분 값을 누적(그래디언트 축적 Gradient Accumulation)하는 이유는 메모리가 부족하여 파라미터 업데이트에 사용할 데이터 용량이 제한받을 때 사용하기 위함이다. 제8장 [참고4]에서 예를 들어 설명한다. 초깃값을 2회 업데이트하는 코드를 다음 예제에서 알아보자.

예제1. 다음 코드에서 생략된 1~15번째 줄은 코드1-1의 1~15번째 줄과 동일하다. 22번째 줄에 있는 optimizer.zero_grad( ) 실행하면 편미분 값이 0으로 변경된다.

```
16 loss.backward()
17 optimizer.step()
18
19 params=list(net.parameters())
20 print('optimizer.zero_grad() 이전: 편미분' )
21 print([round(params[i].grad.item(),3) for i in range(6)])
22 optimizer.zero_grad()
23 print('optimizer.zero_grad() 이후: 편미분' )
24 print([round(params[i].grad.item(),3) for i in range(6)])
```

```
optimizer.zero_grad() 이전: 편미분
[1.204, 0.338, 0.666, 0.666, -1.416, -1.897]
optimizer.zero_grad() 이후: 편미분
[0.0, 0.0, 0.0, 0.0, 0.0, 0.0]
```

코드2-1

|코드 설명|

21번째 줄: 한 줄로 작성한 for문이다. 다음과 같은 for문이 있다고 하자.

```
for i in range(5):
    print(params[i].grad)
```

위 두 줄 코드를 한 줄 for문으로 나타내면 다음과 같다.

```
[print(parmas[i].grad) for i in range(5)]
```

그리고 round(숫자,3)은 숫자의 소수 4째 자리에서 반올림한 숫자를 반환한다.

예제2. 다음 명령어를 2회 사용해서 파라미터 초깃값을 2회 업데이트할 수 있다.

신경망 loss 정의	: loss=(net(input-target))**2
편미분 값 계산	: loss.backward()
파라미터 값을 1회 업데이트	: optimizer.step()
편미분 값을 0으로 변경	: optimizer.zero_grad()

이러한 내용을 다음 코드로 확인할 수 있다.

```
import torch; import torch.nn as nn; torch.manual_seed(1)
input=torch.tensor([[[1.0], [1.1]] , [[2.0], [2.1]]])
target=torch.tensor([[[0.10], [0.11]] , [[0.20], [0.21]]])
class Model(nn.Module):
  def __init__(self, input_size, hidden_size, num_layers, output_size):
    super().__init__()
    self.rnn=nn.RNN(input_size, hidden_size, num_layers)
    self.fc=nn.Linear(hidden_size, output_size)
  def forward(self, input):
    rnn_down, rnn_right=self.rnn(input)
    fc_out=self.fc(rnn_down)
    return fc_out

net=Model(input_size=1, hidden_size=1, num_layers=1, output_size=1)
params=list(net.parameters())
print('파라미터 초깃값')
print([round(params[i].item(),3) for i in range(6)],'₩n')
optimizer=torch.optim.SGD(net.parameters(), lr=0.01)

loss = (net(input)-target).pow(2).sum()
loss.backward()
optimizer.step()
optimizer.zero_grad()
print('파라미터 초깃값 1회 업데이트')
print([round(params[i].item(),3) for i in range(6)],'₩n')

loss = (net(input)-target).pow(2).sum()
loss.backward()
optimizer.step()
optimizer.zero_grad()
print('파라미터 초깃값 2회 업데이트')
```

```
32 print([round(params[i].item(),3) for i in range(6)],'₩n')
```

```
파리미터 초깃값
[0.515, -0.441, -0.194, 0.469, -0.941, 0.6]

파라미터 초깃값 1회 업데이트
[0.503, -0.445, -0.201, 0.463, -0.927, 0.619]

파라미터 초깃값 2회 업데이트
[0.493, -0.448, -0.206, 0.457, -0.916, 0.634]
```

코드2-2

예제3. 코드2-2에서 반복 사용하는 명령어는 20~23번째 줄과 27~30번째 줄이다.

```
20 loss = (net(input)-target).pow(2).sum()
21 loss.backward()
22 optimizer.step()
23 optimizer.zero_grad()
```

```
27 loss = (net(input)-target).pow(2).sum()
28 loss.backward()
29 optimizer.step()
30 optimizer.zero_grad()
```

아래 코드와 같이 for문으로 동일 코드를 반복하지 않고 처리할 수 있다.

```
import torch; import torch.nn as nn; torch.manual_seed(1)
input=torch.tensor([[[1.0], [1.1]] , [[2.0], [2.1]]])
target=torch.tensor([[[0.10], [0.11]] , [[0.20], [0.21]]])
class Model(nn.Module):
  def __init__(self, input_size, hidden_size, num_layers, output_size):
    super().__init__()
    self.rnn=nn.RNN(input_size, hidden_size, num_layers)
    self.fc=nn.Linear(hidden_size, output_size)
  def forward(self, input):
    rnn_down, rnn_right=self.rnn(input)
    fc_out=self.fc(rnn_down)
    return fc_out

net=Model(input_size=1, hidden_size=1, num_layers=1, output_size=1)
params=list(net.parameters())
```

```
16 print('파라미터 초깃값')
17 print([round(params[i].item(),3) for i in range(6)],'\n')
18 optimizer=torch.optim.SGD(net.parameters(), lr=0.01)
19
20 print('업데이트')
21 for iter in [0,1]:
22   loss = (net(input)-target).pow(2).sum()
23   loss.backward()
24   optimizer.step()
25   optimizer.zero_grad()
26   print(iter+1,'회:',[round(params[i].item(),3) for i in range(6)])
```

```
파라미터 초깃값
[0.515, -0.441, -0.194, 0.469, -0.941, 0.6]

업데이트
1 회: [0.503, -0.445, -0.201, 0.463, -0.927, 0.619]
2 회: [0.493, -0.448, -0.206, 0.457, -0.916, 0.634]
```

코드2-3

예제4. 코드2-4에서 생략된 1~18번째 줄은 코드2-3의 1~18번째 줄과 동일하다. for 문의 첫 번째 줄에서 iter가 가지는 값을 함수 range( )로부터 차례로 받아서 파라미터 초깃값을 5회 업데이트한다.

```
19
20 print('업데이트')
21 for iter in range(0,5):
22   loss = (net(input)-target).pow(2).sum()
23   loss.backward()
24   optimizer.step()
25   optimizer.zero_grad()
26   print(iter+1,'회:', [round(params[i].item(),3) for i in range(6)])
```

```
파라미터 초깃값
[0.515, -0.441, -0.194, 0.469, -0.941, 0.6]

업데이트
1 회: [0.503, -0.445, -0.201, 0.463, -0.927, 0.619]
2 회: [0.493, -0.448, -0.206, 0.457, -0.916, 0.634]
3 회: [0.484, -0.45, -0.21, 0.453, -0.906, 0.647]
4 회: [0.477, -0.453, -0.214, 0.449, -0.899, 0.658]
5 회: [0.471, -0.455, -0.216, 0.447, -0.893, 0.666]
```

코드2-4

예제5. 다음 코드2-5에서 생략된 1~18번째 줄은 코드2-3의 1~18번째 줄과 동일하다. 코드2-3과 달리 optimiizer.zero_grad( )를 23번째 줄과 같이 이동하여 편미분 값을 먼저 0으로 만들어도 결과는 동일하다.

```
19
20 print('업데이트')
21 for iter in range(0,5):
22   loss = (net(input)-target).pow(2).sum()
23   optimizer.zero_grad()
24   loss.backward()
25   optimizer.step()
26   print(iter+1,'회:', [round(params[i].item(),3) for i in range(6)])
```

```
파라미터 초깃값
[0.515, -0.441, -0.194, 0.469, -0.941, 0.6]

업데이트
1 회: [0.503, -0.445, -0.201, 0.463, -0.927, 0.619]
2 회: [0.493, -0.448, -0.206, 0.457, -0.916, 0.634]
3 회: [0.484, -0.45, -0.21, 0.453, -0.906, 0.647]
4 회: [0.477, -0.453, -0.214, 0.449, -0.899, 0.658]
5 회: [0.471, -0.455, -0.216, 0.447, -0.893, 0.666]
```

코드2-5

[부록6-1] 경사하강법

Step1. 음수가 아닌 값을 가지는 함수 $y=f(x)$와 실수 x_0가 주어졌고 하자.

Step2. $f(x_0)$보다 적도록 $f(x_1)$을 만들 수 있는 x_1을 찾으려고 한다.

즉, 부등식 $f(x_0)>f(x_1)$가 성립하도록 x_0를 업데이트한 x_1을 찾으려고 한다.

Step3. x_0를 업데이트한 x_1는 다음과 같다.

$$x_1 = x_0 - \eta \frac{df(x_0)}{dx} \quad (\eta\text{는 학습률이라 하고 작은 양수})$$

이 공식을 설명하면 다음과 같다.

1	$\frac{df(x_0)}{dx} > 0$	$\frac{df(x_0)}{dx} < 0$
2	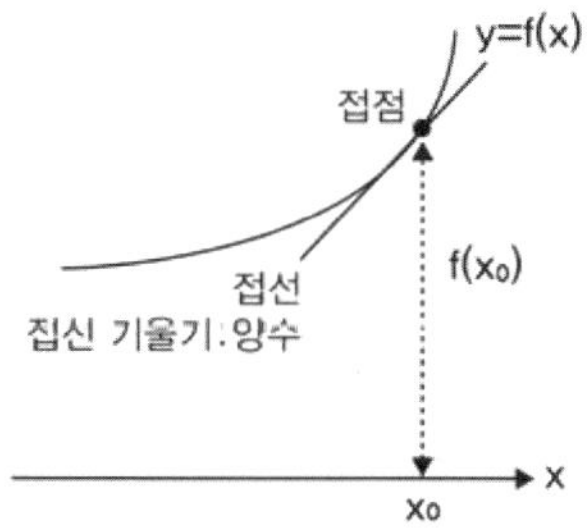	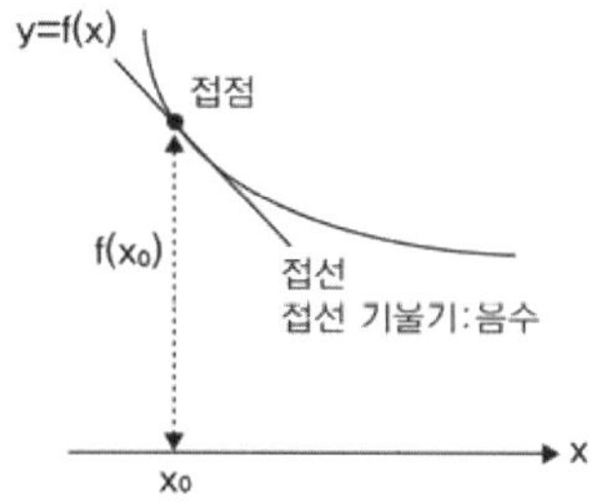
3	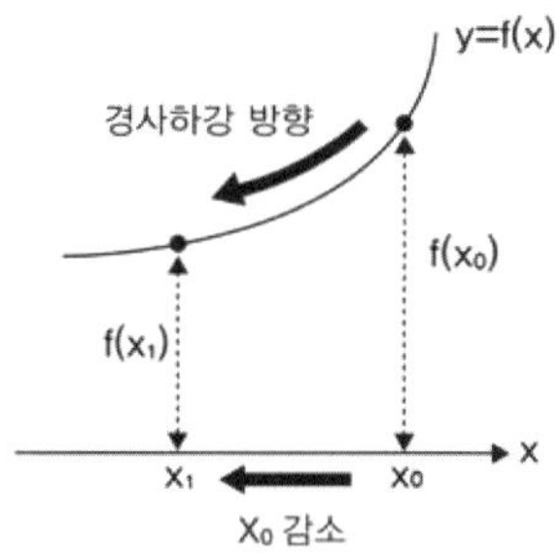	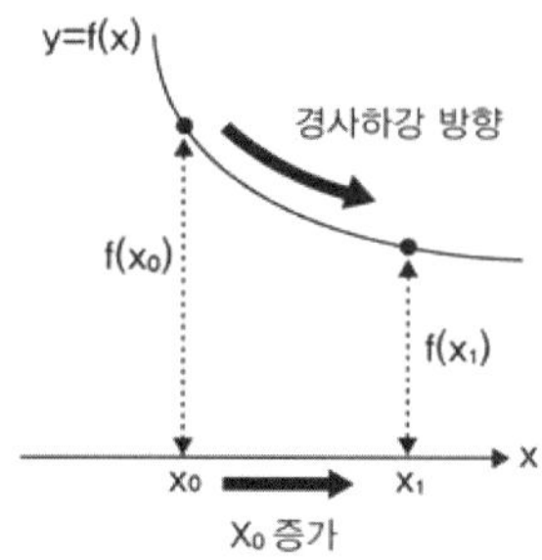
4	$x_1 = x_0 + $ 음수	$x_1 = x_0 + $ 양수
5	$\frac{df(x_0)}{dx}$: 양수 $\Rightarrow -\frac{df(x_0)}{dx}$: 음수	$\frac{df(x_0)}{dx}$: 음수 $\Rightarrow -\frac{df(x_0)}{dx}$: 양수
6	$x_1 = x_0 + $ 음수 $= x_0 + \eta\left\{-\frac{df(x_0)}{dx}\right\}$ (η 작은 양수) $= x_0 - \eta\frac{df(x_0)}{dx}$	$x_1 = x_0 + $ 양수 $= x_0 + \eta\left\{-\frac{df(x_0)}{dx}\right\}$ (η 작은 양수) $= x_0 - \eta\frac{df(x_0)}{dx}$
7	$x_1 = x_0 - \eta\frac{df(x_0)}{dx}$	

1번째 줄: 설명의 편의를 위하여 미분계수 $\frac{df(x_0)}{dx}$가 0이 되는 경우를 제외했다. $\frac{df(x_0)}{dx}$가 양수, 음수인 경우로 나눌 수 있다.

2: $\frac{df(x_0)}{dx}$는 접점 $(x_0, f(x_0))$에서 함수 $y=f(x)$의 접선의 기울기이므로

좌측 그림은 점 $(x_0, f(x_0))$ 근방에서 $\frac{df(x_0)}{dx}>0$인 $y=f(x)$의 그래프이고

우측 그림은 점 $(x_0, f(x_0))$근방에서 $\frac{df(x_0)}{dx}<0$인 $y=f(x)$의 그래프이다.

3: $f(x_0)$보다 적도록 $f(x_1)$을 만들 수 있는 x_1을 찾기 위해서는

$\frac{df(x_0)}{dx}>0$인 경우는 x_0를 감소시켜야 하고(좌측 그림),

$\frac{df(x_0)}{dx}<0$인 경우는 x_0를 증가시켜야 한다(우측 그림).

4: $\frac{df(x_0)}{dx}>0$인 경우는 x_0를 감소시켜야 하므로 $x_1 = x_0 +$음수(좌측 그림) 이어야 하고 $\frac{df(x_0)}{dx}<0$인 경우는 x_0를 증가시켜야 하므로 $x_1 = x_0 +$양수(우측 그림) 이어야 한다.

5: 좌측 그림은 $\frac{df(x_0)}{dx}$가 양수인 경우이므로 $-\frac{df(x_0)}{dx}$는 음수가 된다.

우측 그림은 $\frac{df(x_0)}{dx}$가 음수인 경우이므로 $-\frac{df(x_0)}{dx}$는 양수가 된다.

6: $\frac{df(x_0)}{dx}>0$인 경우는 $x_1 = x_0 +$음수(좌측 그림) 이어야 하는데

$-\dfrac{df(x_0)}{dx}$가 음수이므로 다음과 같은 음수를 이용한다.

$$\text{음수} = \eta\left\{-\frac{df(x_0)}{dx}\right\}(\eta\text{는 학습률이라하고 작은 양수})$$

$\dfrac{df(x_0)}{dx} < 0$인 경우는 $x_1 = x_0 +$ 양수(우측 그림) 이어야 하는데

$-\dfrac{df(x_0)}{dx}$가 양수이므로 다음과 같은 양수를 이용한다.

$$\text{양수} = \eta\left\{-\frac{df(x_0)}{dx}\right\}(\eta\text{는 작은 양수})$$

7: $\dfrac{df(x_0)}{dx} > 0$인 경우와 $\dfrac{df(x_0)}{dx} < 0$인 경우 모두 동일한 형태의 업데이트 공식을 가진다.

$$x_1 = x_0 - \eta\frac{df(x_0)}{dx}(\eta\text{는 작은 양수})$$

연습문제

1. 학습데이터의 입력(input)이 [[[1.0]]]이고 타겟(target)이 [[[0.1]]]이다. 학습데이터로 아래 RNN을 학습할 때, torch.manual_seed(1)과 제6장에서 사용한 손실(loss)와 업데이트 공식인 optimizer를 사용한다. 다음 물음에 답하시오.

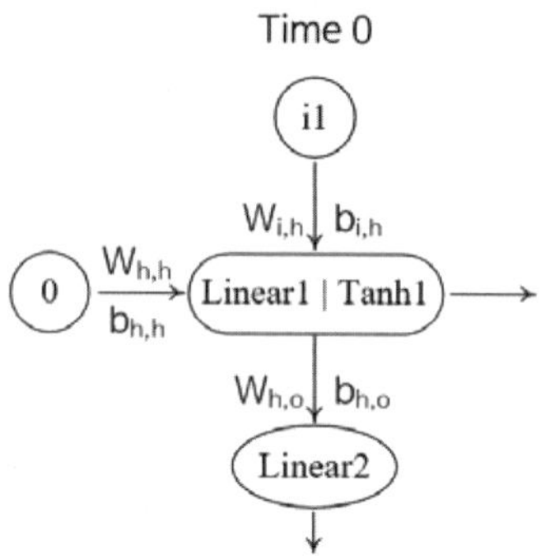

(1) 파라미터 초깃값에서 $W_{i,h}$에 대한 loss의 편미분 값을 출력하는 코드를 작성하시오.

(2) 손실(loss)를 여섯 개 파라미터 $W_{i,h}$, $W_{h,h}$, $b_{i,h}$, $b_{h,h}$,$W_{h,o}$,$b_{h,o}$를 독립변수로 가지는 다변수 함수로 보고 $W_{i,h}$에 대한 손실(loss)의 도함수를 구하면 다음과 같다.

$$\frac{\partial loss}{\partial W_{i,h}} = \left(net\left(input\right) - target\right)^2$$

$$= 2\left(net\left(input\right) - target\right)\frac{\partial}{\partial W_{i,h}} net\left(input\right) = 2\left(net\left(input\right) - target\right)\frac{\partial}{\partial W_{i,h}} Linear2$$

$$= 2\left(net\left(input\right) - target\right)\frac{\partial}{\partial W_{i,h}}\left(\mathrm{Tanh}1 * W_{h,o} + 1 * b_{h,o}\right)$$

$$= 2\left(net\left(input\right) - target\right)\frac{\partial}{\partial W_{i,h}}\left\{\tanh\left(Linear1\right) * W_{h,o} + 1 * b_{h,o}\right\}$$

$$= 2\left(net\left(input\right) - target\right)\frac{d\tanh\left(Linear1\right)}{dx} * \left(\frac{\partial}{\partial W_{i,h}} Linear1\right) * W_{h,o}$$

$$= 2\left(net\left(input\right) - target\right)\left(1 - \tanh^2\left(Linear1\right)\right) * \left(\frac{\partial}{\partial W_{i,h}} Linear1\right) * W_{h,o} \ \langle \because \frac{d\tanh\left(x\right)}{dx} = 1 - \tanh^2\left(x\right)$$

$$= 2\left(net\left(input\right) - target\right)\left(1 - \tanh^2\left(Linear1\right)\right) * \left(\frac{\partial}{\partial W_{i,h}}\left(i1 * W_{i,h} + 1 * b_{i,h} + 0 * W_{h,h} + 1 * b_{h,h}\right)\right) * W_{h,o}$$

$$= 2\left(net\left(input\right) - target\right)\left(1 - \tanh^2\left(Linear1\right)\right) * i1 * W_{h,o}$$

loss.backward( ) 대신에 위에서 구한 도함수

$$\frac{\partial loss}{\partial W_{i,h}} = 2\left(net\left(input\right) - target\right)\left(1 - \tanh^2\left(Linear1\right)\right) * i1 * W_{h,o}$$

를 이용하여 파라미터 초깃값에서 $W_{i,h}$에 대한 loss의 편미분 값을 다음 코드와 같이 구할 수 있다. 물음표(?)에 알맞은 내용을 적으시오.

```
import torch; import torch.nn as nn; torch.manual_seed(1)
input=torch.tensor([[[1.0]]])
target=torch.tensor([[[0.10]]])
class Model(nn.Module):
  def __init__(self, input_size, hidden_size, num_layers, output_size):
    super().__init__()
    self.rnn=nn.RNN(input_size, hidden_size, num_layers)
    self.fc=nn.Linear(hidden_size, output_size)
  def forward(self, input):
    rnn_down, rnn_right=self.rnn(input)
    fc_out=self.fc(rnn_down)
    return fc_out
net=Model(input_size=1, hidden_size=1, num_layers=1, output_size=1)
params=list(net.parameters())
optimizer=torch.optim.SGD(net.parameters(), lr=0.01)
loss = (net(input)-target).pow(2)

i1=?; Wih=params[?]; Whh=params[?];bih=params[?];bhh=params[?]
linear1=?
tanh1=torch.tanh(?)
Who=params[?];bho=params[?];
linear2=?
ploss_pWih=2*(net(input)-target)*?# Wih로 loss를 편미분, p=partial
print(ploss_pWih.data.item())
```

```
0.1284470558166504
```

다음을 구하는 코드를 작성하고 실행하여 결과를 출력하시오.

(3) 파라미터의 초깃값

(4) 파라미터 초깃값에서 $b_{h,o}$에 대한 손실(loss)의 편미분 값

(5) RNN을 100번 학습한 후에 파라미터의 값

(6) RNN을 100번 학습한 후에 손실(loss)

연습문제 풀이

(1) 파라미터 초깃값에서 $W_{i,h}$에 대한 loss의 편미분 값

```
import torch; import torch.nn as nn; torch.manual_seed(1)
input=torch.tensor([[[1.0]]])
target=torch.tensor([[[0.10]]])
class Model(nn.Module):
  def __init__(self, input_size, hidden_size, num_layers, output_size):
    super().__init__()
    self.rnn=nn.RNN(input_size, hidden_size, num_layers)
    self.fc=nn.Linear(hidden_size, output_size)
  def forward(self, input):
    rnn_down, rnn_right=self.rnn(input)
    fc_out=self.fc(rnn_down)
    return fc_out
net=Model(input_size=1, hidden_size=1, num_layers=1, output_size=1)
params=list(net.parameters())
optimizer=torch.optim.SGD(net.parameters(), lr=0.01)
loss = (net(input)-target).pow(2)
loss.backward()
print('초깃값에서 Wih에 대한 loss 편미분 값 =', params[0].grad.item())
```

```
초깃값에서 Wih에 대한 loss 편미분 값 = 0.12844707071781158
```

(2) 물음표(?)에 알맞은 내용

```
import torch; import torch.nn as nn; torch.manual_seed(1)
input=torch.tensor([[[1.0]]])
target=torch.tensor([[[0.10]]])
class Model(nn.Module):
  def __init__(self, input_size, hidden_size, num_layers, output_size):
    super().__init__()
    self.rnn=nn.RNN(input_size, hidden_size, num_layers)
    self.fc=nn.Linear(hidden_size, output_size)
  def forward(self, input):
    rnn_down, rnn_right=self.rnn(input)
    fc_out=self.fc(rnn_down)
    return fc_out
net=Model(input_size=1, hidden_size=1, num_layers=1, output_size=1)
params=list(net.parameters())
optimizer=torch.optim.SGD(net.parameters(), lr=0.01)
loss = (net(input)-target).pow(2)

i1=input; Wih=params[0]; Whh=params[1];bih=params[2];bhh=params[3]
linear1=i1*Wih+1*bih+0*Whh+1*bhh
tanh1=torch.tanh(linear1)
Who=params[4];bho=params[5];
linear2=tanh1*Who+1*bho
ploss_pWih=2*(net(input)-target)*(1-tanh1.pow(2))*i1*Who
print(ploss_pWih.data.item())
```

(3) 파라미터의 초깃값

```
import torch; import torch.nn as nn; torch.manual_seed(1)
input=torch.tensor([[[1.0]]])
target=torch.tensor([[[0.1]]])
class Model(nn.Module):
  def __init__(self, input_size, hidden_size, num_layers, output_size):
    super().__init__()
    self.rnn=nn.RNN(input_size, hidden_size, num_layers)
    self.fc=nn.Linear(hidden_size, output_size)
  def forward(self, input):
    rnn_down, rnn_right=self.rnn(input)
    fc_out=self.fc(rnn_down)
    return fc_out
net=Model(input_size=1, hidden_size=1, num_layers=1, output_size=1)
params=list(net.parameters())
print('파라미터 초깃값 =', params)
```

```
파라미터 초깃값 = [Parameter containing:
tensor([[0.5153]], requires_grad=True), Parameter containing:
tensor([[-0.4414]], requires_grad=True), Parameter containing:
tensor([-0.1939], requires_grad=True), Parameter containing:
tensor([0.4694], requires_grad=True), Parameter containing:
tensor([[-0.9414]], requires_grad=True), Parameter containing:
tensor([0.5997], requires_grad=True)]
```

(4) 파라미터 초깃값에서 $b_{h,o}$에 대한 손실(loss)의 편미분 값

```
import torch; import torch.nn as nn; torch.manual_seed(1)
input=torch.tensor([[[1.0]]])
target=torch.tensor([[[0.10]]])
class Model(nn.Module):
  def __init__(self, input_size, hidden_size, num_layers, output_size):
    super().__init__()
    self.rnn=nn.RNN(input_size, hidden_size, num_layers)
    self.fc=nn.Linear(hidden_size, output_size)
  def forward(self, input):
    rnn_down, rnn_right=self.rnn(input)
    fc_out=self.fc(rnn_down)
    return fc_out
net=Model(input_size=1, hidden_size=1, num_layers=1, output_size=1)
params=list(net.parameters())
optimizer=torch.optim.SGD(net.parameters(), lr=0.01)
loss = (net(input)-target).pow(2)
loss.backward()
print('초깃값에서 bho에 대한 loss 편미분 값 =', params[5].grad.item())
```

```
초깃값에서 bho에 대한 loss 편미분 값 = -0.2410881072282791
```

(5) RNN을 100번 학습한 후에 파라미터의 값

```python
import torch; import torch.nn as nn; torch.manual_seed(1)
input=torch.tensor([[[1.0]]])
target=torch.tensor([[[0.10]]])
class Model(nn.Module):
  def __init__(self, input_size, hidden_size, num_layers, output_size):
    super().__init__()
    self.rnn=nn.RNN(input_size, hidden_size, num_layers)
    self.fc=nn.Linear(hidden_size, output_size)
  def forward(self, input):
    rnn_down, rnn_right=self.rnn(input)
    fc_out=self.fc(rnn_down)
    return fc_out
net=Model(input_size=1, hidden_size=1, num_layers=1, output_size=1)
params=list(net.parameters())
optimizer=torch.optim.SGD(net.parameters(), lr=0.01)

for iter in range(100):
  loss = (net(input)-target).pow(2).sum()
  optimizer.zero_grad()
  loss.backward()
  optimizer.step()

print('파라미터 초깃값 100회 업데이트 =', params)
```

```
파라미터 초깃값 100회 업데이트 = [Parameter containing:
tensor([[0.4868]], requires_grad=True), Parameter containing:
tensor([[-0.4414]], requires_grad=True), Parameter containing:
tensor([-0.2223], requires_grad=True), Parameter containing:
tensor([0.4409], requires_grad=True), Parameter containing:
tensor([[-0.9087]], requires_grad=True), Parameter containing:
tensor([0.6513], requires_grad=True)]
```

(6) RNN을 100번 학습한 후에 손실(loss)

```
import torch; import torch.nn as nn; torch.manual_seed(1)
input=torch.tensor([[[1.0]]])
target=torch.tensor([[[0.10]]])
class Model(nn.Module):
  def __init__(self, input_size, hidden_size, num_layers, output_size):
    super().__init__()
    self.rnn=nn.RNN(input_size, hidden_size, num_layers)
    self.fc=nn.Linear(hidden_size, output_size)
  def forward(self, input):
    rnn_down, rnn_right=self.rnn(input)
    fc_out=self.fc(rnn_down)
    return fc_out
net=Model(input_size=1, hidden_size=1, num_layers=1, output_size=1)
params=list(net.parameters())
optimizer=torch.optim.SGD(net.parameters(), lr=0.01)

for iter in range(100):
  loss = (net(input)-target).pow(2).sum()
  optimizer.zero_grad()
  loss.backward()
  optimizer.step()

print('파라미터 초깃값 100회 업데이트 손실(loss)=', loss.data)
```

```
파라미터 초깃값 100회 업데이트 손실(loss)= tensor(1.0996e-06)
```

제7장 신경망을 저장하고 불러오기

다음 코드로 신경망 net을 학습한 후, 구글 드라이브에 저장하고, 다른 파일에서 저장한 신경망 net을 불러오는 방법을 알아보자.

```
import torch; import torch.nn as nn; torch.manual_seed(1)
input=torch.tensor([[[1.0]]])
target=torch.tensor([[[0.10]]])
class Model(nn.Module):
  def __init__(self, input_size, hidden_size, num_layers, output_size):
    super().__init__()
    self.rnn=nn.RNN(input_size, hidden_size, num_layers)
    self.fc=nn.Linear(hidden_size, output_size)
  def forward(self, input):
    rnn_down, rnn_right=self.rnn(input)
    fc_out=self.fc(rnn_down)
    return fc_out
net=Model(input_size=1, hidden_size=1, num_layers=1, output_size=1)
optimizer=torch.optim.SGD(net.parameters(), lr=0.01)
for iter in range(100):
  loss = (net(input)-target).pow(2).sum()
  optimizer.zero_grad()
  loss.backward()
  optimizer.step()
```

PART I. 구글 드라이브를 마운트

자신의 구글 드라이브(MyDrive)에 파일을 저장하거나 불러오기 위해서는 구글 내 드라이브(MyDrive)를 현재 작업 중인 Colab의 디렉토리 구조에 추가해야 한다. 이를 "구글 드라이브를 Colab에 마운트(구글 드라이브의 저장 장치에 접근할 수 있는 경로를 Colab의 디렉터리 구조에 추가하는 작업)했다"고 한다. MyDrive를 Colab에 마운트하기 전에 Colab 디렉토리 구조는 그림1-1과 같다. ①, ② 순서로 클릭하면 Colab에 여러 디렉토리가 있음을 알 수 있다. 우리가 사용할 경로를

/content/gdrive/MyDrive라고 하자. 디렉토리 /content 밑에 디렉토리 /gdrive를 만들면 자동으로 MyDrive가 /content/gdrive 밑에 위치한다. 여기서 /content 대신 다른 디렉토리를 선택해도 되고 gdrive 대신 다른 이름을 사용해도 된다. 마운트하기 전에 /content 밑에 있는 내용을 확인하기 위해서 ③과 같이 /content를 클릭하면 마지막 그림과 같이 Colab이 제공하는 디렉토리 /sample_data가 있음을 알 수 있다.

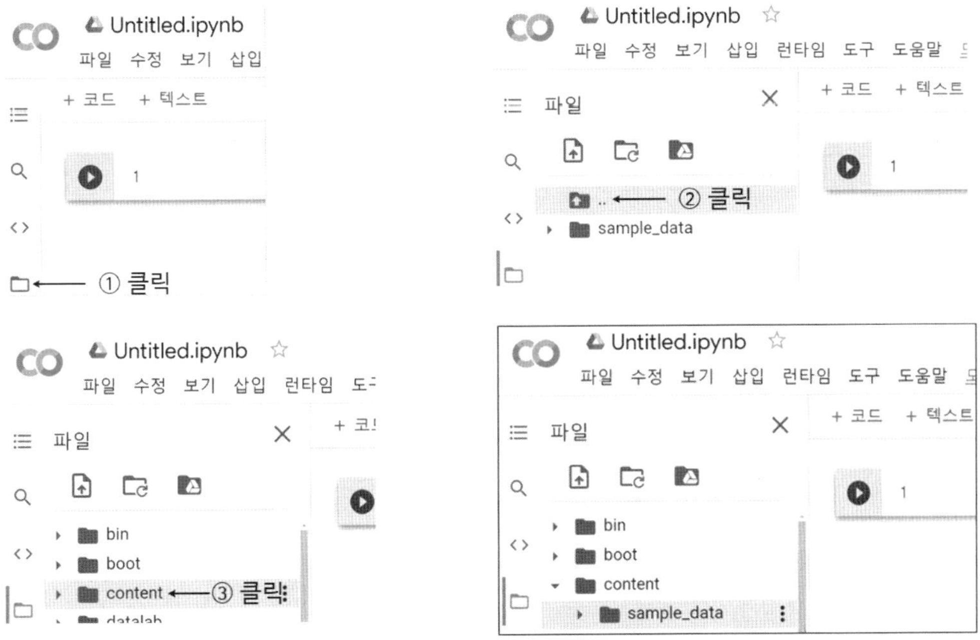

그림1-1

이제 마운트하는 과정을 알아보자.

(1) 아래 코드를 실행하여 /content 밑에 /gdrive를 만들어 MyDrive를 마운트한다.

```
from google.colab import drive
drive.mount('/content/gdrive')
```

코드 실행결과는 다음과 같다.

```
…   Go to this URL in a browser: https://accounts.google.com/o/oauth2/auth?clie
    Enter your authorization code:
```

(2) 위에 있는 밑줄 그은 주소(URL)을 클릭한다.

(3) 아래 "본인 이름 이메일 주소"를 클릭한다.

구글 계정이 있으면 본인 이름과 이메일 주소가 나오지만, 구글 계정이 없으면 구글 계정을 만든 후 위 과정을 진행하면 된다.

(4) 아래 "로그인"을 클릭한다.

(5) 아래 [복사 아이콘]를 클릭한다. 그러면 컴퓨터의 임시 저장 공간인 클립보드에 코드가 복사된다.

(6) 위 (1)에 있는 직사각형 내부를 마우스로 클릭한다. 그리고 키보드에서 Ctrl과 V키를 동시에 클릭하면 (5)에서 클립보드에 복사한 코드가 아래와 같이 직사각형 내부에 나타난다.

```
Go to this URL in a browser: https://accounts.google.com/o/oauth2/auth?clie

Enter your authorization code:
4/1AX4XfWjWfBM-svfkZH>
```

이 상태에서 Enter키를 클릭하면 다음과 같은 결과를 얻는다.

```
from google.colab import drive
drive.mount('/content/gdrive')
```

```
Mounted at /content/gdrive
```

이 결과의 의미를 아래 그림의 왼쪽을 보면 알 수 있다.

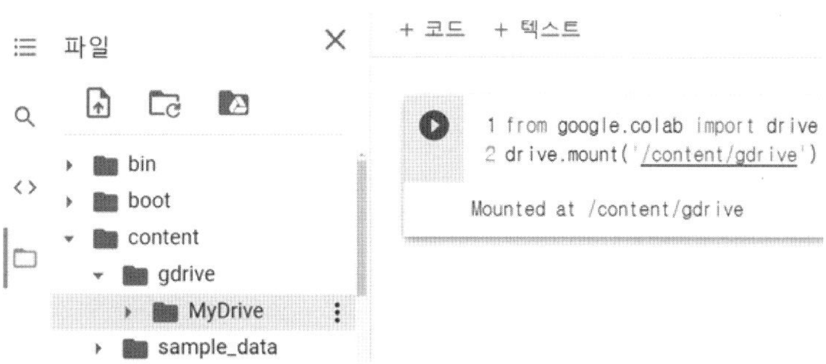

즉, /MyDrive가 /content/gdrive 밑에 만들어졌다. 이는 Colab에서 아래 경로를 통해 구글 내 드라이브에 파일을 저장하거나 가져올 수 있음을 나타낸다.

/content/gdrive/MyDrive

Colab 디렉토리 구조에 구글 내 드라이브를 가져올 경로를 만들었지만 현재 작업 디렉토리는 /content 임을 기억하자. 유닉스 명령어인 pwd(print working directory)를 아래와 같이 명령어 !pwd로 현재 작업 디렉토리를 출력할 수 있다.

```
from google.colab import drive
drive.mount('/content/gdrive')
!pwd
```

```
Mounted at /content/gdrive
/content
```

현재 작업 디렉토리를 /content/gdrive/MyDrive로 변경하는 명령어는 아래 코드의 5번째 줄과 같다. 여기서 cd는 change directory 약자이다. 5번째 줄의 명령어를 실행한 후 작업 디렉토리가 변경됨을 알 수 있다.

```
1 from google.colab import drive
2 drive.mount('/content/gdrive')
3 print('변경 전:')
4 !pwd
5 %cd /content/gdrive/MyDrive
6 print('변경 후:')
7 !pwd
```

```
Mounted at /content/gdrive
변경 전:
/content
/content/gdrive/MyDrive
변경 후:
/content/gdrive/MyDrive
```

PART Ⅱ. 신경망 학습과 저장

신경망을 학습하고 학습한 신경망의 파라미터를 저장하는 코드는 다음과 같다.

```
 1 from google.colab import drive
 2 drive.mount('/content/gdrive')
 3 %cd /content/gdrive/MyDrive
 4 
 5 import torch; import torch.nn as nn; torch.manual_seed(1)
 6 input=torch.tensor([[[1.0]]])
 7 target=torch.tensor([[[0.10]]])
 8 class Model(nn.Module):
 9   def __init__(self, input_size, hidden_size, num_layers, output_size):
10     super().__init__()
11     self.rnn=nn.RNN(input_size, hidden_size, num_layers)
12     self.fc=nn.Linear(hidden_size, output_size)
13   def forward(self, input):
14     rnn_down, rnn_right=self.rnn(input)
15     fc_out=self.fc(rnn_down)
16     return fc_out
17 net=Model(input_size=1, hidden_size=1, num_layers=1, output_size=1)
18 optimizer=torch.optim.SGD(net.parameters(), lr=0.01)
19 for iter in range(100):
20   loss = (net(input)-target).pow(2).sum()
21   optimizer.zero_grad()
22   loss.backward()
23   optimizer.step()
24 
25 torch.save(net.state_dict(),"net_params.pt")
```

코드2-1

|코드 설명|

1, 2번째 줄: 구글 내 드라이브(MyDrive)를 접근할 수 있는 다음 경로를 Colab의 디렉토리에 추가한다.

/content/gdrive/MyDrive

5~23: 신경망 net을 100번 학습한다(제6장 참고).

25: 학습한 신경망 net의 파라미터 값을 가진 net.state_dict( )를 자신의 구글 드라이브에 파일명 net_params.pt로 저장한다.

다음 예제에서 net.state_dict( )에 대하여 알아보자.

예제1. 신경망 net의 파라미터 값이 net.state_dict( )에 어떻게 저장되는지를 다음 코드로 알아 보자.

```
1 import torch; import torch.nn as nn; torch.manual_seed(1)
2 class Model(nn.Module):
3   def __init__(self, input_size, hidden_size, num_layers, output_size):
4     super().__init__()
5     self.rnn=nn.RNN(input_size, hidden_size, num_layers)
6     self.fc=nn.Linear(hidden_size, output_size)
7   def forward(self, input):
8     rnn_down, rnn_right=self.rnn(input)
9     fc_out=self.fc(rnn_down)
10    return fc_out
11 net=Model(input_size=1, hidden_size=1, num_layers=1, output_size=1)
12
13 net.state_dict()
```

```
OrderedDict([('rnn.weight_ih_l0', tensor([[0.5153]])),
             ('rnn.weight_hh_l0', tensor([[-0.4414]])),
             ('rnn.bias_ih_l0', tensor([-0.1939])),
             ('rnn.bias_hh_l0', tensor([0.4694])),
             ('fc.weight', tensor([[-0.9414]])),
             ('fc.bias', tensor([0.5997]))])
```

코드2-2

|코드 설명|

1~11번째 줄: 신경망 net의 아래 그림2-1에서 파라미터를 두 종류로 나눌 수 있다. RNN 노드로 들어가는 화살표가 가진 파라미터($W_{i,h}$, $W_{h,h}$, $b_{i,h}$, $b_{h,h}$)와 출력노드로 들어가는 화살표가 가진 파라미터($W_{h,o}$, $b_{h,o}$)이다.

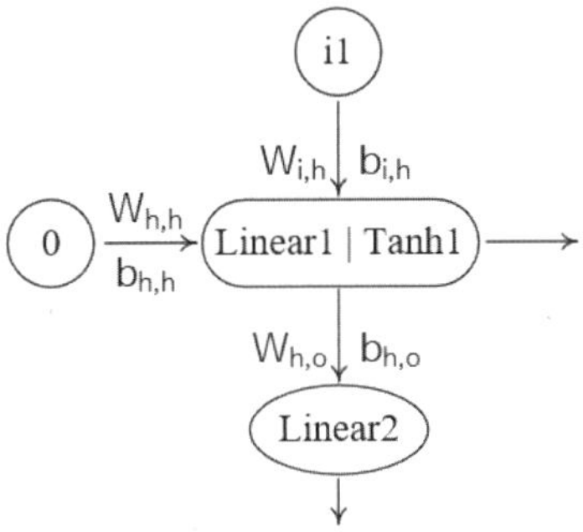

그림2-1

13: 신경망 net의 모든 파라미터의 값은 net.state_dict( )에 있고 net.state_dict( )에 저장한 내용을 보면 다음과 같음을 알 수 있다.

- RNN 노드로 들어가는 화살표의 가중치($W_{i,h}$, $W_{h,h}$)는 net.rnn이 가진 가중치(weight)이므로 PyTorch 출력에서는 $W_{i,h}$ = rnn.weight_ih_l0과 $W_{h,h}$ = rnn.weight_hh_l0으로 표시되고 각각의 값은 0.5153과 -0.4414이다. 즉, 다음과 같다.

($W_{i,h}$, $W_{i,h}$의 값) = (rnn.weight_ih_l0 , 0.5153)
($W_{h,h}$, $W_{h,h}$의 값) = (rnn.weight_hh_l0 , -0.4414)

- RNN 노드로 들어가는 화살표의 편향치($b_{i,h}$, $b_{h,h}$)는 net.rnn이 가진 편향치(bais)이므로 다음과 같다.

($b_{i,h}$, $b_{i,h}$의 값) = (rnn.bias_ih_l0 , -0.1939)
($b_{h,h}$, $b_{h,h}$의 값) = (rnn.bias_hh_l0 , 0.4694)

- 출력노드로 들어가는 화살표의 가중치($W_{h,o}$)는 net.fc가 가진 가중치(weight)이므로 다음과 같다.

($W_{h,o}$, $W_{h,o}$의 값) = (fc.weight , -0.9414)

- 출력노드로 들어가는 화살표의 편향치($b_{h,o}$)는 net.fc가 가진 편향치(bais)이므로

다음과 같다.

$$(b_{h,o}\ ,\ b_{h,o}\text{의 값}) = (\text{fc.bias}\ ,\ 0.5997)$$

출력을 보면, net.state_dict( )의 자료형은 "OrderedDict"으로 순서가 있는 PyTorch의 사전 자료형이고 리스트([ ]) 내부의 각 원소는 (key, value)와 같이 튜플로 저장되어 있음을 알 수 있다. net.state_dict( )에 있는 내용은 함수 __init__( )에 정의된 nn.RNN과 nn.Linear(코드2-2의 5, 6번째 줄)에 있는 파라미터와 파라미터 값이다.

예제2. for문을 이용하여 net.state_dict( )의 각각 원소에 접근할 수 있다.

```
import torch; import torch.nn as nn; torch.manual_seed(1)
class Model(nn.Module):
  def __init__(self, input_size, hidden_size, num_layers, output_size):
    super().__init__()
    self.rnn=nn.RNN(input_size, hidden_size, num_layers)
    self.fc=nn.Linear(hidden_size, output_size)
  def forward(self, input):
    rnn_down, rnn_right=self.rnn(input)
    fc_out=self.fc(rnn_down)
    return fc_out
net=Model(input_size=1, hidden_size=1, num_layers=1, output_size=1)

for key in net.state_dict():
    print(key, ":  ", net.state_dict()[key])
```

```
rnn.weight_ih_l0 :   tensor([[0.5153]])
rnn.weight_hh_l0 :   tensor([[-0.4414]])
rnn.bias_ih_l0 :   tensor([-0.1939])
rnn.bias_hh_l0 :   tensor([0.4694])
fc.weight :   tensor([[-0.9414]])
fc.bias :   tensor([0.5997])
```

코드2-3

|코드 설명|

13, 14번째 줄: for문을 처음 돌 때, key는 net.state_dict( )에 있는 첫 번째 파라미터 이름 rnn.weight_ih_l0가 된다(13번째 줄). 그리고 net.state_dict( )의 첫 번째 파라미터의 값(value)는 첫 번째 파라미터 이름(key)로 접근하여 출력한다(14번째 줄). 이 과정을 모든 파라미터에 대하여 반복한다.

PART III. 학습한 신경망을 불러와서 사용하기

학습한 신경망 net의 모든 것을 저장할 수 있지만, PART II에서 저장한 것은 net의 파라미터 값이므로, 저장한 파라미터 값을 호출하여 학습한 신경망을 만들어 보자. 이 과정을 "학습한 신경망을 불러오기"라 하자. 코드는 아래와 같다.

```
from google.colab import drive
drive.mount('/content/gdrive')
%cd /content/gdrive/MyDrive

import torch; import torch.nn as nn; torch.manual_seed(1)
class Model(nn.Module):
  def __init__(self, input_size, hidden_size, num_layers, output_size):
    super().__init__()
    self.rnn=nn.RNN(input_size, hidden_size, num_layers)
    self.fc=nn.Linear(hidden_size, output_size)
  def forward(self, input):
    rnn_down, rnn_right=self.rnn(input)
    fc_out=self.fc(rnn_down)
    return fc_out
net1=Model(input_size=1, hidden_size=1, num_layers=1, output_size=1)

net1.load_state_dict(torch.load("net_params.pt"))
```

코드3-1

|코드 설명|

1~3번째 줄: 구글의 내 드라이브(MyDrive)를 Colab에서 접근할 수 있도록 하는 마운트한 후(1, 2번째 줄), 현재 작업 디렉토리를 /content/gdrive/MyDrive로 변경한다.

5~15: net_params.pt에 저장한 파라미터를 가지는 net과 동일한 구조를 가지는 신경망 클래스 Model을 정의하고(5~14번째 줄)한다. 그리고 15번째 줄에서 신경망 Model의 인스턴스 net1을 만든다.

17: net1의 파라미터 값을 net_params.pt에 저장한 파라미터 값으로 교체한다.

코드3-1에서 net1의 파라미터 값이 코드3-1의 17번째 줄 전후로 교체되었음을 아래 코드로 확인할 수 있다.

```
1 from google.colab import drive
2 drive.mount('/content/gdrive'); print()
3 %cd /content/gdrive/MyDrive
4
5 import torch; import torch.nn as nn; torch.manual_seed(1)
6 class Model(nn.Module):
7   def __init__(self, input_size, hidden_size, num_layers, output_size):
8     super().__init__()
9     self.rnn=nn.RNN(input_size, hidden_size, num_layers)
10    self.fc=nn.Linear(hidden_size, output_size)
11  def forward(self, input):
12    rnn_down, rnn_right=self.rnn(input)
13    fc_out=self.fc(rnn_down)
14    return fc_out
15 net1=Model(input_size=1, hidden_size=1, num_layers=1, output_size=1)
16 params=list(net1.parameters())
17
18 print('net_params로 교체 전, net1의 params=',params,'\n')
19 net1.load_state_dict(torch.load("net_params.pt"))
20 print('net_params로 교체 후, net1의 params=',params)
```

```
Mounted at /content/gdrive

/content/gdrive/MyDrive
net_params로 교체 전, net1의 params= [Parameter containing:
tensor([[0.5153]], requires_grad=True), Parameter containing:
tensor([[-0.4414]], requires_grad=True), Parameter containing:
tensor([-0.1939], requires_grad=True), Parameter containing:
tensor([0.4694], requires_grad=True), Parameter containing:
tensor([[-0.9414]], requires_grad=True), Parameter containing:
tensor([0.5997], requires_grad=True)]

net_params로 교체 후, net1의 params= [Parameter containing:
tensor([[0.4868]], requires_grad=True), Parameter containing:
tensor([[-0.4414]], requires_grad=True), Parameter containing:
tensor([-0.2223], requires_grad=True), Parameter containing:
tensor([0.4409], requires_grad=True), Parameter containing:
tensor([[-0.9087]], requires_grad=True), Parameter containing:
tensor([0.6513], requires_grad=True)]
```

코드3-2

학습한 신경망을 불러와서 만든 net1을 사용하는 코드는 아래 코드3-3과 같다. 코드3-3의 11, 12, 9번째 줄과 같이 input을 nn.RNN( )에 대입하므로 input을 다음과 같이 3차원 형태(shape)로 만들어야 한다.

[sequence length, batch_size, input_size]

형태에서 sequence length가 batch_size보다 먼저 나온 이유는 15번째 줄에서 옵션 batch_first=True가 없기 때문이다. 19번째 줄에 의하여 다음이 성립한다.

[sequence length, batch_size, input_size]=[1,1,1]

12, 13, 14번째에서 의하여 net1의 출력은 nn.Linear( )의 출력이 되고 값은 0.0990 이다.

```python
from google.colab import drive
drive.mount('/content/gdrive')
%cd /content/gdrive/MyDrive

import torch; import torch.nn as nn; torch.manual_seed(1)
class Model(nn.Module):
  def __init__(self, input_size, hidden_size, num_layers, output_size):
    super().__init__()
    self.rnn=nn.RNN(input_size, hidden_size, num_layers)
    self.fc=nn.Linear(hidden_size, output_size)
  def forward(self, input):
    rnn_down, rnn_right=self.rnn(input)
    fc_out=self.fc(rnn_down)
    return fc_out
net1=Model(input_size=1, hidden_size=1, num_layers=1, output_size=1)
net1.load_state_dict(torch.load("net_params.pt"))

input=torch.tensor([[[1.0]]])
print('불러온 신경망으로 예측한 값 =',net1(input).data)
```

```
Mounted at /content/gdrive
/content/gdrive/MyDrive
불러온 신경망으로 예측한 값 = tensor([[[0.0990]]])
```

코드3-3

연습문제

학습데이터는 input = [[[1.0, 2.0]]]과 target=[[[0.3]]]의 순서쌍이다. 아래 신경망을 net2라고 하고 파라미터 초깃값은 torch.manual_seed(1)으로 생성한다. 다음 물음에 답하시오.

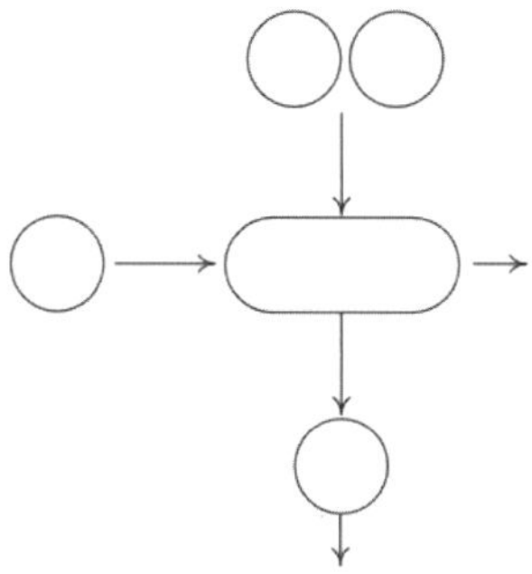

1-(1) 신경망 net2의 파라미터를 제7장에서 사용한 방법으로 100번 학습한 후, net2 파라미터 값을 출력하고 자신의 구글 드라이브에 net2_params.pt로 저장하는 프로그램을 작성하여 실행하시오. 그리고 사이트 https://drive.google.com /drive/my-drive를 방문하여 net2_params.pt가 생성되었음을 확인하시오.

1-(2) 학습한 신경망 net2의 파라미터 값을 저장한 net2_params.pt를 다른 파일에서 불러들여 새로운 신경망 net3의 파라미터 값으로 만드시오. 그리고 net3의 파라미터 값을 출력하는 프로그램을 작성하여 실행하시오. 출력된 net3의 파라미터 값이 1-(1)에서 출력한 net2의 파라미터 값과 같음을 확인하시오.

1-(3) input = [[[3.0, 4.0]]]을 신경망 net3에 대입하여 net3(input)을 출력하는 프로그램을 작성하시오.

연습문제 풀이

1-(1) 아래 코드에서 %cd /content/gdrive/MyDrive를 사용하지 않았으므로 27번째 줄에서 구글 내 드라이브(MyDrive)에 파일(net2_params.pt)를 저장하기 위해서는 마운트한 경로(/content/gdrive/MyDrive)를 추가해야 한다.

```
1 from google.colab import drive
2 drive.mount('/content/gdrive')
3
4 import torch; import torch.nn as nn; torch.manual_seed(1)
5 input=torch.tensor([[[1.0, 2.0]]])
6 target=torch.tensor([[[0.3]]])
7 class Model(nn.Module):
8   def __init__(self, input_size, hidden_size, num_layers, output_size):
9     super().__init__()
10    self.rnn=nn.RNN(input_size, hidden_size, num_layers)
11    self.fc=nn.Linear(hidden_size, output_size)
12  def forward(self, input):
13    rnn_down, rnn_right=self.rnn(input)
14    fc_out=self.fc(rnn_down)
15    return fc_out
16 net2=Model(input_size=2, hidden_size=1, num_layers=1, output_size=1)
17 optimizer=torch.optim.SGD(net2.parameters(), lr=0.01)
18
19 for iter in range(100):
20   loss = (net2(input)-target).pow(2).sum()
21   optimizer.zero_grad()
22   loss.backward()
23   optimizer.step()
24
25 print("학습한 net2의 파라미터:",list(net2.parameters()))
26
27 torch.save(net2.state_dict(),"/content/gdrive/MyDrive/net2_params.pt")
```

```
Drive already mounted at /content/gdrive; to attempt to forcibly remount,
학습된 net2의 파라미터: [Parameter containing:
tensor([[ 0.6728, -0.1263]], requires_grad=True), Parameter containing:
tensor([[-0.1939]], requires_grad=True), Parameter containing:
tensor([0.6269], requires_grad=True), Parameter containing:
tensor([-0.7839], requires_grad=True), Parameter containing:
tensor([[0.4874]], requires_grad=True), Parameter containing:
tensor([0.1693], requires_grad=True)]
```

1-(2)

```
from google.colab import drive
drive.mount('/content/gdrive')

import torch; import torch.nn as nn; torch.manual_seed(1)
class Model(nn.Module):
  def __init__(self, input_size, hidden_size, num_layers, output_size):
    super().__init__()
    self.rnn=nn.RNN(input_size, hidden_size, num_layers)
    self.fc=nn.Linear(hidden_size, output_size)
  def forward(self, input):
    rnn_down, rnn_right=self.rnn(input)
    fc_out=self.fc(rnn_down)
    return fc_out

net3=Model(input_size=2, hidden_size=1, num_layers=1, output_size=1)

net3.load_state_dict(torch.load("/content/gdrive/MyDrive/net2_params.pt"))

params=list(net3.parameters())

print('net2_params로 교체 후, net3의 params=',params)
```

```
Drive already mounted at /content/gdrive; to attempt to forcibly remount, cal
net2_params로 교체 후, net3의 params= [Parameter containing:
tensor([[ 0.6728, -0.1263]], requires_grad=True), Parameter containing:
tensor([[-0.1939]], requires_grad=True), Parameter containing:
tensor([0.6269], requires_grad=True), Parameter containing:
tensor([-0.7839], requires_grad=True), Parameter containing:
tensor([[0.4874]], requires_grad=True), Parameter containing:
tensor([0.1693], requires_grad=True)]
```

1-(3)

```
from google.colab import drive
drive.mount('/content/gdrive')

import torch; import torch.nn as nn; torch.manual_seed(1)
class Model(nn.Module):
  def __init__(self, input_size, hidden_size, num_layers, output_size):
    super().__init__()
    self.rnn=nn.RNN(input_size, hidden_size, num_layers)
    self.fc=nn.Linear(hidden_size, output_size)
  def forward(self, input):
    rnn_down, rnn_right=self.rnn(input)
    fc_out=self.fc(rnn_down)
    return fc_out

net3=Model(input_size=2, hidden_size=1, num_layers=1, output_size=1)

input=torch.tensor([[[3.0, 4.0]]])

net3.load_state_dict(torch.load("/content/gdrive/My Drive/net2_params.pt"))

print('불러온 신경망으로 예측한 값 =',net3(input).data)
```

```
Drive already mounted at /content/gdrive; to attempt to forcibly remount, call
불러온 신경망으로 예측한 값 = tensor([[[0.5960]]])
```

제8장 데이터를 분할하여 RNN을 학습

신경망을 학습할 때 사용하는 "학습데이터"와 학습된 신경망의 성능을 검증할 때 사용하는 "검증데이터"로 데이터를 분할해보자. 그리고 전체 학습데이터를 부분집합으로 분할한 후, 각 부분집합에 있는 데이터로 파라미터를 1회 업데이트해 보자. 검증데이터는 신경망 검증에만 사용한다. 그림1에 주어진 데이터와 신경망 그림을 사용하여 이러한 분할과 업데이트 과정을 알아보자.

```
input1  = [  1.1 ,  1.2 ,  1.3 ],   target1  = [ 0.11 , 0.12 ]
input2  = [  2.1 ,  2.2 ,  2.3 ],   target2  = [ 0.21 , 0.22 ]
input3  = [  3.1 ,  3.2 ,  3.3 ],   target3  = [ 0.31 , 0.32 ]
input4  = [  4.1 ,  4.2 ,  4.3 ],   target4  = [ 0.41 , 0.42 ]
input5  = [  5.1 ,  5.2 ,  5.3 ],   target5  = [ 0.51 , 0.52 ]
input6  = [  6.1 ,  6.2 ,  6.3 ],   target6  = [ 0.61 , 0.62 ]
input7  = [  7.1 ,  7.2 ,  7.3 ],   target7  = [ 0.71 , 0.72 ]
input8  = [  8.1 ,  8.2 ,  8.3 ],   target8  = [ 0.81 , 0.82 ]
input9  = [  9.1 ,  9.2 ,  9.3 ],   target9  = [ 0.91 , 0.92 ]
input10 = [ 10.1 , 10.2 , 10.3 ],   target10 = [  0.1 ,  0.1 ]
```

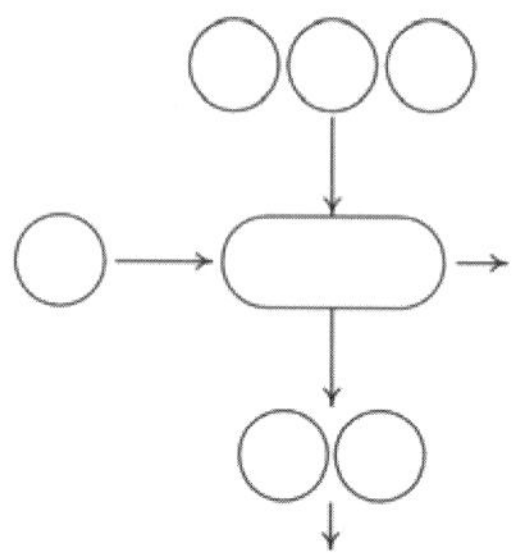

그림1

PART I. 그림1의 데이터를 toyData.csv로 저장

input1, ⋯ , input10의 1, 2, 3번째 성분을 각각 feature1, feature2, feature3라고 하자.

	A	B	C	D	E
1	feature1	feature2	feature3	response1	response2
2	1.1	1.2	1.3	0.11	0.12
3	2.1	2.2	2.3	0.21	0.22
4	3.1	3.2	3.3	0.31	0.32
5	4.1	4.2	4.3	0.41	0.42
6	5.1	5.2	5.3	0.51	0.52
7	6.1	6.2	6.3	0.61	0.62
8	7.1	7.2	7.3	0.71	0.72
9	8.1	8.2	8.3	0.81	0.82
10	9.1	9.2	9.3	0.91	0.92
11	10.1	10.2	10.3	0.101	0.102

표1-1

그리고 target1, ⋯ , target10의 1, 2번째 성분을 각각 response1, response2라고 한 후, 엑셀을 이용하여 위 표1-1와 같은 형태의 데이터를 만든다. 이 데이터를 자신의 컴퓨터에 toyData.csv로 저장한다. 구글에서 “엑셀 csv”로 검색하면 csv 파일을 만드는 방법을 소개한 사이트를 찾을 수 있다.

[참고1] csv 파일로 저장하여 파일 크기 줄이기

확장자 csv는 comma-separated values의 약자로서, csv 파일로 저장하면 표1-1의 각 셀에 있는 데이터를 feature1, feature2, feature3, response1, response2, 1.1, 1.2, 1.3, 0.11, 0.12 과 같이 comma를 사용하여 규칙적으로 구분하여 저장한다. 이런 규칙적 구분으로 인하여 csv 파일로 저장하면 파일 크기가 1kb이지만 엑셀의 일반적인 확장자 xlsx로 저장하면 10kb가 된다.

PART II. 파일 toyData.csv를 구글 드라이브로 업로드(upload)

자신의 구글 드라이브(https://drive.google.com/drive/my-drive)에 접속한다

위 화면에서 "새로 만들기”를 클릭하면 아래 화면이 생긴다.

위 화면에서 "파일 업로드"를 클릭하면 자신의 컴퓨터에서 윈도우 탐색기가 열린다. 열린 탐색기에서 toyData.csv를 저장한 위치(PART I)로 이동하여 toyData.csv를 클릭하면 아래와 같이 자신의 구글 드라이브(https://drive.google.com/drive/my-drive)에 toyData.csv가 업로드된다.

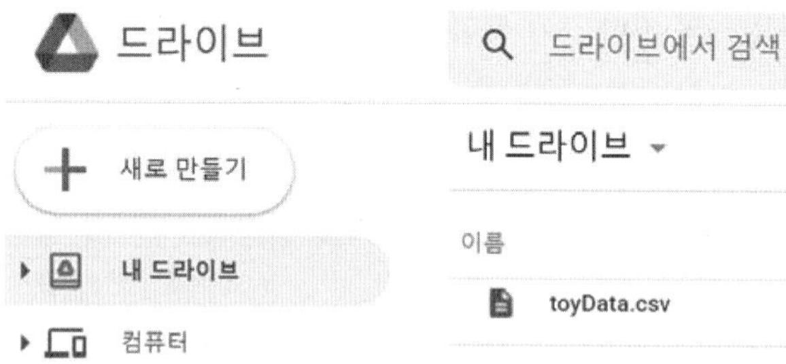

파일명이 Chap8RNN.ipynb인 하나의 파일을 만들어, 다음 코드3-1부터 코드6-1까지 아홉 개의 셀을 순차적으로 코딩한 후 실행해보자.

PART III. 구글 드라이브에 있는 toyData.csv를 Colab으로 불러오기

현재 작업 중인 Colab에서 자신의 구글 드라이브(MyDrive)에 파일을 저장하거나 저장된 파일을 불러오기 위해서 MyDrive를 Colab의 디렉토리 구조에 추가해야 한다(코드3-1의 3, 4번째 줄). 그리고 경로를 사용하지 않고 자신의 구글 드라이브(MyDrive)에 파일을 저장하거나 저장된 파일을 불러오기 위하여 현재 작업 디렉토리를 변경한다(코드3-1의 5번째 줄).

```
1 ########## Step1: 데이터 전처리
2 ##### 1-1. 구글 드라이브 마운트
3 from google.colab import drive
4 drive.mount('/content/gdrive')
5 %cd /content/gdrive/MyDrive
```

코드3-1

자신의 구글 드라이브에 있는 파일 toyData.csv를 호출해서 아래 표3-1과 같이 toyData_pd에 저장하는 코드를 작성해보자. 이때, toyData_pd의 열 이름은 엑셀 파일 toyData.csv과 동일하다. 코드3-2와 같이 pandas를 이용하면 이 작업이 가능하다.

toyData.csv

feature1	feature2	feature3	response1	response2
1.1	1.2	1.3	0.11	0.12
2.1	2.2	2.3	0.21	0.22
3.1	3.2	3.3	0.31	0.32
4.1	4.2	4.3	0.41	0.42
5.1	5.2	5.3	0.51	0.52
6.1	6.2	6.3	0.61	0.62
7.1	7.2	7.3	0.71	0.72
8.1	8.2	8.3	0.81	0.82
9.1	9.2	9.3	0.91	0.92
10.1	10.2	10.3	0.101	0.102

⇨

toyData_pd

	feature1	feature2	feature3	response1	response2
0	1.1	1.2	1.3	0.11	0.12
1	2.1	2.2	2.3	0.21	0.22
2	3.1	3.2	3.3	0.31	0.32
3	4.1	4.2	4.3	0.41	0.42
4	5.1	5.2	5.3	0.51	0.52
5	6.1	6.2	6.3	0.61	0.62
6	7.1	7.2	7.3	0.71	0.72
7	8.1	8.2	8.3	0.81	0.82
8	9.1	9.2	9.3	0.91	0.92
9	10.1	10.2	10.3	0.101	0.102

표3-1

```
1 ##### 1-2. 구글 드라이브에서 toyData.csv 읽어오기
2 import pandas as pd
3 toyData_pd = pd.read_csv('toyData.csv')
4 print(toyData_pd)
```

```
   feature1  feature2  feature3  response1  response2
0       1.1       1.2       1.3      0.110      0.120
1       2.1       2.2       2.3      0.210      0.220
2       3.1       3.2       3.3      0.310      0.320
3       4.1       4.2       4.3      0.410      0.420
4       5.1       5.2       5.3      0.510      0.520
5       6.1       6.2       6.3      0.610      0.620
6       7.1       7.2       7.3      0.710      0.720
7       8.1       8.2       8.3      0.810      0.820
8       9.1       9.2       9.3      0.910      0.920
9      10.1      10.2      10.3      0.101      0.102
```

코드3-2

|코드 설명|

2번째 줄: csv 파일을 Colab에서 동일한 구조로 변환하기 위하여 파이썬 라이브러리인 pandas를 가져온다.

3번째 줄의 우변: 구글 내 드라이브에 있는 toyData.csv을 pandas의 DataFrame 자

료형으로 반환한다.

3번째 줄의 좌변, 4: toyData_pd에 저장되는 것은 함수 pd.read_csv가 반환하는 것으로 반환된 자료형은 pandas의 DataFrame이다. 출력하면(4번째 줄) 엑셀의 표와 같은 구조임을 알 수 있다. 파일 toyData.csv에 행 인덱스가 없으므로 자동으로 행 인덱스는 숫자 0, 1, … , 9가 된다. 여기서 아래 첨자 pd는 반환되는 자료형이 pandas의 자료형임을 나타내기 위하여 편의상 사용한 것이다.

지금까지 사용한 용어인 학습(learning)을 훈련(training)이라도 하겠다. 즉, 훈련데이터는 제7장까지 사용했던 학습데이터와 동일한 용어이다.

PART IV. toyData_pd를 훈련데이터와 검증데이터로 분할

Step1. toyData_pd에 저장된 데이터를 아래와 같이 신경망의 입력으로 사용하기 위하여 표4-1과 같이 feature1, feature2, feature3 열을 모아 놓은 데이터(X_np)와 타겟으로 사용하기 위하여 response1, response2 열을 모아 놓은 데이터(Y_np)로 분리한다. 분리 결과를 보면 열 이름(feature label)이 제거되었음을 알 수 있다. 여기서 아래 첨자 np는 자료형이 numpy의 자료형임을 나타낸다.

toyData_pd

	feature1	feature2	feature3	response1	response2
0	1.1	1.2	1.3	0.11	0.12
1	2.1	2.2	2.3	0.21	0.22
2	3.1	3.2	3.3	0.31	0.32
3	4.1	4.2	4.3	0.41	0.42
4	5.1	5.2	5.3	0.51	0.52
5	6.1	6.2	6.3	0.61	0.62
6	7.1	7.2	7.3	0.71	0.72
7	8.1	8.2	8.3	0.81	0.82
8	9.1	9.2	9.3	0.91	0.92
9	10.1	10.2	10.3	0.101	0.102

⇨

X_np

1.1	1.2	1.3
2.1	2.2	2.3
3.1	3.2	3.3
4.1	4.2	4.3
5.1	5.2	5.3
6.1	6.2	6.3
7.1	7.2	7.3
8.1	8.2	8.3
9.1	9.2	9.3
10.1	10.2	10.3

Y_np

0.11	0.12
0.21	0.22
0.31	0.32
0.41	0.42
0.51	0.52
0.61	0.62
0.71	0.72
0.81	0.82
0.91	0.92
0.101	0.102

표4-1

이와 같이 DataFrame 자료형인 toyData_pd를 numpy 자료형인 X_np와 Y_np로 분리하는 과정은 코드4-1과 같다.

```
1 ##### 1-3. toyData_np를 훈련데이터와 검증데이터로 분할
2 ### 1-3-1. toyData_np를 X_np(feature)과 Y_np(response) 분리
3 import numpy as np
4 feature_label=['feature1', 'feature2', 'feature3']
5 X_np=toyData_pd.loc[:,feature_label].to_numpy()#loc=location
6 response_label=['response1', 'response2']
7 Y_np=toyData_pd.loc[:,response_label].to_numpy()
8 print('X_np= ', X_np, '₩n')
9 print('Y_np= ', Y_np)
```

```
X_np=  [[ 1.1  1.2  1.3]                        Y_np=  [[0.11  0.12 ]
 [ 2.1  2.2  2.3]                                [0.21  0.22 ]
 [ 3.1  3.2  3.3]                                [0.31  0.32 ]
 [ 4.1  4.2  4.3]                                [0.41  0.42 ]
 [ 5.1  5.2  5.3]                                [0.51  0.52 ]
 [ 6.1  6.2  6.3]                                [0.61  0.62 ]
 [ 7.1  7.2  7.3]                                [0.71  0.72 ]
 [ 8.1  8.2  8.3]                                [0.81  0.82 ]
 [ 9.1  9.2  9.3]                                [0.91  0.92 ]
 [10.1 10.2 10.3]]                               [0.101 0.102]]
```

코드4-1

|코드 설명|

3번째 줄: numpy는 행렬이나 다차원 배열을 처리할 때 사용하는 파이썬 라이브러리이다. numpy를 사용하여 DataFrame 자료형을 행렬과 같은 ndarray 자료형으로 변환한다.

4, 5: toyData_pd(코드3-2에서 정의)로부터 feature1, feature2, feature3 열을 추출(슬라이싱 slicing)하기 위하여 먼저, feature에 해당하는 열 이름을 feature_label에 저장한다(4번째 줄). 즉, 열 이름(feature1, feature2, feature3)을 각각 문자열('feature1', 'feature2', 'feature3')로 나타낸 후, 리스트 자료형(['feature1', 'feature2', 'feature3'])으로 만들어 feature_label에 저장한다. 이제 feature_label을 이용하여 feature에 해당하는 열을 toyData_pd로부터 추출한다. 즉, toyData_pd에 있는 데이터 중에서 행과 열

의 위치(toyData_pd.loc)가 (행, 열)=(모든 행, feature_label에 있는 열)인 데이터(toyData_pd. loc[:, feature_label])를 numpy 자료형으로 변환하여(toyData_pd.loc[:, feature _label].to_ numpy( )) 변수 X_np에 저장한다(5번째 줄).

6, 7: toyData_pd로부터 feature 열만 추출하는 과정(4, 5번째 줄)과 동일하다. 먼저, 열 이름(response label) 중, response에 해당하는 열 이름(response1, response2)을 각각 문자열('response1', 'response2')로 나타낸 후, 리스트 자료형(['response1', 'response2'])으로 묶어서 response_label에 저장한다(6번째 줄). 그리고 나서 toyData_pd에 있는 데이터 중, 행과 열의 위치(toyData_pd.loc)가 (행, 열)=(모든 행, response_label에 있는 열)인 데이터(toyData_pd.loc[:, response_label])를 numpy 자료형으로 변환(toyData_pd.loc[:,response_label].to_numpy( ))하여 Y_pd에 저장한다(7번째 줄).

8, 9: 배열 X_np과 Y_np의 형태는 표4-1과 같이 각각 (10, 3)과 (10, 2)이다.

Step2. 입력을 나타내는 X_np를 아래와 같이 훈련용 입력 데이터(trainX_np)와 검증용 입력 데이터(testX_np)로 분할하고, 타겟을 나타내는 Y_np도 훈련용 타겟 데이터(trainY_np)와 검증용 타겟 데이터(testY_np)로 분할한다.

X_np

1.1	1.2	1.3
2.1	2.2	2.3
3.1	3.2	3.3
4.1	4.2	4.3
5.1	5.2	5.3
6.1	6.2	6.3
7.1	7.2	7.3
8.1	8.2	8.3
9.1	9.2	9.3
10.1	10.2	10.3

⇨

trainX_np

1.1	1.2	1.3
2.1	2.2	2.3
3.1	3.2	3.3
4.1	4.2	4.3
5.1	5.2	5.3
6.1	6.2	6.3
7.1	7.2	7.3

8.1	8.2	8.3
9.1	9.2	9.3
10.1	10.2	10.3

testX_np

Y_np

0.11	0.12
0.21	0.22
0.31	0.32
0.41	0.42
0.51	0.52
0.61	0.62
0.71	0.72
0.81	0.82
0.91	0.92
0.101	0.102

⇨

trainY_np

0.11	0.12
0.21	0.22
0.31	0.32
0.41	0.42
0.51	0.52
0.61	0.62
0.71	0.72

0.81	0.82
0.91	0.92
0.101	0.102

testY_np

표4-2

이러한 분할 과정을 코드로 나타내면 아래와 같다.

```
### 1-3-2. (X_np,Y_np)을 훈련데이터와 검증데이터로 분할
from sklearn.model_selection import train_test_split
trainX_np,testX_np,trainY_np,testY_np ₩
    =train_test_split(X_np,Y_np,test_size=0.3, shuffle=False)
print('trainX_np= ', trainX_np)
print('testX_np= ', testX_np)
print('trainY_np= ', trainY_np)
print('testY_np= ', testY_np)
```

```
trainX_np=  [[1.1 1.2 1.3]
 [2.1 2.2 2.3]
 [3.1 3.2 3.3]
 [4.1 4.2 4.3]
 [5.1 5.2 5.3]
 [6.1 6.2 6.3]
 [7.1 7.2 7.3]]
testX_np=  [[ 8.1  8.2  8.3]
 [ 9.1  9.2  9.3]
 [10.1 10.2 10.3]]

trainY_np=  [[0.11 0.12]
 [0.21 0.22]
 [0.31 0.32]
 [0.41 0.42]
 [0.51 0.52]
 [0.61 0.62]
 [0.71 0.72]]
testY_np=  [[0.81  0.82 ]
 [0.91  0.92 ]
 [0.101 0.102]]
```

코드4-2

|코드 설명|

2번째 줄: (X_np, Y_np)를 각각 훈련데이터와 검증데이터로 분할하기 위하여 파이썬 라이브러리인 sklearn(싸이킷-런 scikit-learn)의 model_selection에 있는 함수 train_test_split를 가져온다.

3, 4: 백 슬래쉬(₩)는 3번째 줄과 4번째 줄에 있는 두 줄 코드를 한 줄 코드로 처리하는 기호이다. 함수 train_test_split에 대입하는 것은 순서쌍 (X_np, Y_np, test_size=0.3, shuffle=False)이다. 여기서 test_size=0.3는 검증데이터 개수는 주어진 10개 순서쌍 (X_np, Y_np)의 30%인 3개(마지막 3개)임을 의미하고 나머지 7개(처음 7개)는 훈련데이터가 된다. shuffle=False는 주어진 10개 데이터 (X_np, Y_np)의 순서를 섞지 않는다는 의미이다. 함수 train_test_split에 (X_np, Y_np, test_size=0.3, shuffle=False)를 대입하면 반환되는 것은 4개이다. 1번째로 반환되는 것은 X_np의 처음 7개 순서쌍 데이터이고 이를 trainX_np에 저장했다. 2번째로 반환되는 것은 X_np의 마지막 3개 순서쌍 데이터이고 이를 testX_np에 저장했다. 3번째로 반환되는 것은 Y_np의 처음 7개 순서쌍 데이터이고 이를 trainY_np에 저장했다. 마지막으로 반환되는 것은 Y_np의 마지막 3개 순서쌍 데이터이고 이를 testY_np에 저장했다.

5~8: 배열 trainX_np, testX_np, trainY_np, testY_np의 형태는 위 표4-2와 같이 각각 (7,3), (3,3), (7,2), (3,2) 이다.

PART V. 훈련데이터 집합을 2개 데이터를 가진 부분집합으로 분할

Step1. trainX_np, testX_np, trainY_np, testY_np를 PyTorch에서 사용할 수 있도록 tensor 자료형이면서 데이터 타입(data_type, dtype)이 float32가 되도록 아래에 표5-1과 같이 변환한다. dtype=float32으로 바꾸는 이유는 신경망 파라미터의 데이터 타입(dtype =float32)과 일치시키기 위함이다.

Numpy의 배열(ndarray)

trainX_np

1.1	1.2	1.3
2.1	2.2	2.3
3.1	3.2	3.3
4.1	4.2	4.3
5.1	5.2	5.3
6.1	6.2	6.3
7.1	7.2	7.3

trainY_np

0.11	0.12
0.21	0.22
0.31	0.32
0.41	0.42
0.51	0.52
0.61	0.62
0.71	0.72

8.1	8.2	8.3
9.1	9.2	9.3
10.1	10.2	10.3

testX_np

0.81	0.82
0.91	0.92
0.101	0.102

testY_np

⇨

PyTorch의 텐서(tensor)

trainX

1.1	1.2	1.3
2.1	2.2	2.3
3.1	3.2	3.3
4.1	4.2	4.3
5.1	5.2	5.3
6.1	6.2	6.3
7.1	7.2	7.3

trainY

0.11	0.12
0.21	0.22
0.31	0.32
0.41	0.42
0.51	0.52
0.61	0.62
0.71	0.72

8.1	8.2	8.3
9.1	9.2	9.3
10.1	10.2	10.3

testX

0.81	0.82
0.91	0.92
0.101	0.102

testY

표5-1

이러한 변환 과정을 코드로 나타내면 아래와 같다.

```
1 ##### 1-4. 훈련데이터 집합을 분할
2 ### 1-4-1. numpy 자료형을 tensor 자료형으로 변환
3 import torch
4 trainX = torch.from_numpy(trainX_np).float()
5 trainY = torch.from_numpy(trainY_np).float()
6 testX = torch.from_numpy(testX_np).float()
7 testY = torch.from_numpy(testY_np).float()
```

코드5-1

|코드 설명|

4번째 줄: 함수 torch.from_numpy에 numpy 배열인 trainX_np을 대입(torch.from_numpy trainX_np))하여 trainX_np을 tensor로 바꾼다. 그리고 dtype=float64인 torch.from_umpy(trainX_np)를 dtype=float32로 변형(torch.from_numpy(trainX_np) .float( ))하여 trainX에 저장한다.

5~7: 4번째 줄과 동일한 의미이다.

[참고2] 검증데이터(testX, testY)

본 교재에서는 학습된 신경망의 성능을 검증하는 내용은 다루지 않기 때문에 데이터 (testX, testY)는 앞으로 사용하지 않는다.

Step2. 훈련데이터(trainX, trainY) 집합을 2개 데이터를 가지는 부분집합으로 분할하는 과정을 알아보자 (각 부분집합은 신경망 파라미터를 1회 업데이트하는데 사용되고 이 과정은 PART VII에서 다룬다). 이러한 분할 과정은 두 단계로 구성된다.

Step2-1. 아래 표와 같이 trainX와 trainY를 train으로 묶는다. train 내부에는 입력으로 사용할 데이터와 타겟으로 사용할 데이터가 구분되어 있다.

trainX

1.1	1.2	1.3
2.1	2.2	2.3
3.1	3.2	3.3
4.1	4.2	4.3
5.1	5.2	5.3
6.1	6.2	6.3
7.1	7.2	7.3

trainY

0.11	0.12
0.21	0.22
0.31	0.32
0.41	0.42
0.51	0.52
0.61	0.62
0.71	0.72

⇨

train

1.1	1.2	1.3	0.11	0.12
2.1	2.2	2.3	0.21	0.22
3.1	3.2	3.3	0.31	0.32
4.1	4.2	4.3	0.41	0.42
5.1	5.2	5.3	0.51	0.52
6.1	6.2	6.3	0.61	0.62
7.1	7.2	7.3	0.71	0.72

표5-2-1

이러한 변환 과정을 코드로 나타내면 아래 코드5-2의 2, 3번째 줄과 같다. 즉, torch.utils.data에 있는 TensorDataset를 가져와서, TensorDataset로 trainX와 trainY에 저장된 훈련데이터를 train으로 묶는다.

Step2-2. 표5-2-1에서 train에 저장된 1, 2번째 순서쌍 데이터로 만든 부분집합을 miniBatch1이라고 하자. 여기서 1번째 순서쌍 데이터는 [[1.1, 1.2, 1.3] [0.11, 0.12]]이고 2번째 순서쌍 데이터는 [[2.1, 2.2, 2.3], [0.21, 0.22]]이므로 miniBatch1은 다음과 같은 형태를 가진다.

```
[ tensor([[1.1, 1.2, 1.3], [2.1, 2.2, 2.3]]) , tensor([[0.11, 0.12], [0.21, 0.22]]) ]
```

동일한 방법으로 부분집합 miniBatch2와 miniBatch3을 만들고 나면 train에 1개 데이터가 남게 되므로 miniBatch4는 1개 순서쌍 데이터로 만들어진 부분집합으로 다음과 같은 형태를 가진다.

```
[ tensor([[7.1, 7.2, 7.3]]), tensor([[0.71, 0.72]]) ]
```

train에 저장된 1번째 순서쌍 데이터부터 차례로 2개씩 묶어서 부분집합을 만들 때, 묶는 순서쌍 데이터 개수를 batch_size라고 한다. 즉, batch_size=2가 된다. 이렇게 만든 모든 부분집합을 표5-2-2와 같이 train_loader에 저장한다. train_loader 내부에는 부분집합 miniBatch와 각 miniBatch에서 입력/타겟 데이터가 구분되어 있다. 예를 들면, miniBatch1의 입력 데이터(miniBatch1_input)은 [[1.1, 1.2, 1.3], [2.1, 2.2, 2.3]]이고 타겟 데이터(miniBatch1_target)은 [[0.11, 0.12], [0.21, 0.22]]이다.

train

1.1	1.2	1.3		0.11	0.12
2.1	2.2	2.3		0.21	0.22
3.1	3.2	3.3		0.31	0.32
4.1	4.2	4.3		0.41	0.42
5.1	5.2	5.3		0.51	0.52
6.1	6.2	6.3		0.61	0.62
7.1	7.2	7.3		0.71	0.72

Batch_szie=2 ⇨

train_loader

	miniBatch_input				miniBatch_target	
miniBatch1	1.1	1.2	1.3		0.11	0.12
	2.1	2.2	2.3		0.21	0.22
miniBatch2	3.1	3.2	3.3		0.31	0.32
	4.1	4.2	4.3		0.41	0.42
miniBatch3	5.1	5.2	5.3		0.51	0.52
	6.1	6.2	6.3		0.61	0.62
miniBatch4	7.1	7.2	7.3		0.71	0.72

표5-2-2

이러한 변환 과정을 코드로 나타내면 아래와 같다.

```
1 ### 1-4-2. 훈련데이터 집합을 2개 데이터로 구성된 부분집합으로 분할
2 from torch.utils.data import TensorDataset, DataLoader
3 train = TensorDataset(trainX, trainY)
4 train_loader = DataLoader(train, batch_size=2, shuffle=False)
5 ############ END: 데이터 전처리(Data Preparation) ##################
```

코드5-2

|코드 설명|

2번째 줄: torch.utils.data에 있는 TensorDataset과 DataLoader를 가져온다.

3: TensorDataset으로 trainX와 trainY에 저장된 훈련데이터를 train으로 묶는다.

4: train에 저장된 1번째 순서쌍 데이터부터 차례로 2개씩 묶어서(batch_size=2) 부분집합을 만들어 나간다. 2개씩 묶을 때, 무작위로 묶지 않고 train에 저장된 데이터 순서대로 묶기 때문에 데이터 순서를 섞지 않는다(shuffle=False).

PART VI. 각 miniBatch로 파라미터를 1회 업데이트

그림1에 있는 파라미터 초깃값을 1회 업데이트하는 과정은 아래 코드와 같다.

```
########## Step2: train_loader에 있는 훈련데이터로 신경망 학습
import torch.nn as nn; torch.manual_seed(1)

class Model(nn.Module):
  def __init__(self, input_size, hidden_size, num_layers, output_size):
    super().__init__()
    self.rnn=nn.RNN(input_size, hidden_size, num_layers)
    self.fc=nn.Linear(hidden_size, output_size)
  def forward(self, x):
    rnn_down, rnn_right=self.rnn(x)
    fc_out=self.fc(rnn_down)
    return fc_out

net=Model(input_size=3, hidden_size=1, num_layers=1, output_size=2)

optimizer=torch.optim.SGD(net.parameters(), lr=0.1)

for miniBatch_input, miniBatch_target in train_loader:
  optimizer.zero_grad()
  miniBatch_input=miniBatch_input.unsqueeze(0)
  miniBatch_target=miniBatch_target.unsqueeze(0)
  loss=(net(miniBatch_input) - miniBatch_target).pow(2).sum()
  loss.backward()
  optimizer.step()
  print(loss.data)
```

```
tensor(0.6823)
tensor(0.3199)
tensor(0.3637)
tensor(0.0987)
```

코드6-1

|코드 설명|

1~14번째 줄: 신경망 Model 정의와 객체 net의 정의이다(제4장에서 설명).

16: optim에 있는 파라미터 최적화 방법 중, SGD를 적용한다(제6장에서 설명).

18: train_loader에서 차례대로 각 miniBatch의 miniBatch_input과 miniBatch_target을 추출한다. 제일 먼저 miniBatch_input1과 miniBatch_target1이 추출된다. 즉, 다음과 같다.

```
miniBatch_input = miniBatch_input1
miniBatch_target = miniBatch_target1
```

19: 각 파라미터에 대한 loss의 편미분 값을 0으로 만든다(제6장에서 설명).

20: 형태가 2차원 [batch_size, input_size]인 miniBatch_input을 nn.RNN( )에 입력하기 위해서는 3차원으로 늘려야 한다. 14번째 줄에서 옵션 batch_first=True가 없으므로 miniBatch_input의 형태를 다음과 같이 0번째 위치에 한 차원 더 늘려야 한다.

[sequence length, batch_size, input_size]

여기서 sequence length는 1이 된다. 이렇게 0번째 위치에 한 차원 더 늘리는 함수가 unsqueeze(0)이다(아래 [참고3]에서 코드로 설명).

21: RNN 출력도 3차원(4~14번째 줄)이므로 RNN 출력과 차이를 계산하는 miniBatch_target의 차원도 0번째 위치에 한 차원 더 증가시킨다.

22~25: 손실(loss)를 계산하고 이때 만들어진 계산 그래프를 이용하여 loss의 편미분 값을 계산한 후, 이 편미분 값을 이용하여 파라미터를 1회 업데이트한다. 그리고 loss 값을 출력한다. 이 과정을 나머지 miniBatch_input과 miniBatch_target에 대하여도 반복한다.

[참고3] RNN 입력 형태가 되도록 miniBatch_input 형태를 수정

RNN 입력은 3차원이므로 각 miniBatch_input을 RNN에 입력하기 전에 miniBatch_input의 형태가 3차원인지를 확인해야 한다. miniBatch_input1는 [[1.1, 1.2, 1.3], [2.1, 2.2, 2.3]]이므로 batch_size=2이고 input_size=3가 된다. 즉, miniBatch_input1의 형태는 2차원 [2,3]이 되고 sequence length 정보가 없다. 이제 miniBatch_input1 형태에 sequence length 정보를 넣어야(추가해야) 한다. 그림1에서 알 수 있듯이 sequence length=1이므로, miniBatch_input1 형태 [2,3]은 [sequence length, batch_size, input_size]=[1,2,3]과 같이 0번째 자리가 한 차원 추가되어야 하고 추가되는 값은 1이다. (코드6-1의 14번째 줄에서 옵션 batch_first=True가 없음). 즉, miniBatch_input1의 형태를 한 차원 더 증가시키고(unsqueeze) 증가시키는 위치는 0번째이고 증가되는 차원값은 1이다. 이 작업을 다음 명령어로 할 수 있다.

miniBatch_input1=miniBatch_input1.unsqueeze(0)

이를 다음 코드로 확인할 수 있다.

```
for miniBatch_input, miniBatch_target in train_loader:
  print(miniBatch_input)
  print(miniBatch_input.shape,'₩n')

  miniBatch_input=miniBatch_input.unsqueeze(0)
  print(miniBatch_input)
  print(miniBatch_input.shape)
  break
```

```
tensor([[1.1000, 1.2000, 1.3000],
        [2.1000, 2.2000, 2.3000]])
torch.Size([2, 3])

tensor([[[1.1000, 1.2000, 1.3000],
         [2.1000, 2.2000, 2.3000]]])
torch.Size([1, 2, 3])
```

제8장에서 사용한 전체 코드(코드6-1에 epoch=100을 추가)는 아래와 같다.

```
########## Step1: 데이터 전처리
##### 1-1. 구글 드라이브 마운트
from google.colab import drive
drive.mount('/content/gdrive')
%cd /content/gdrive/MyDrive

##### 1-2. 구글 드라이브에서 toyData.csv 읽어오기
import pandas as pd
toyData_pd = pd.read_csv('toyData.csv')

##### 1-3. toyData_np를 훈련데이터와 검증데이터로 분할
### 1-3-1. toyData_np를 X_np(feature)과 Y_np(response) 분리
import numpy as np
feature_label=['feature1', 'feature2', 'feature3']
X_np=toyData_pd.loc[:,feature_label].to_numpy()#loc=location
response_label=['response1', 'response2']
Y_np=toyData_pd.loc[:,response_label].to_numpy()

### 1-3-2. (X_np,Y_np)을 훈련데이터와 검증데이터로 분할
from sklearn.model_selection import train_test_split
trainX_np,testX_np,trainY_np,testY_np ₩
        =train_test_split(X_np,Y_np,test_size=0.3, shuffle=False)

##### 1-4. 훈련데이터 집합을 분할
### 1-4-1. numpy 자료형을 tensor 자료형으로 변환
import torch
trainX = torch.from_numpy(trainX_np).float()
trainY = torch.from_numpy(trainY_np).float()
testX = torch.from_numpy(testX_np).float()
testY = torch.from_numpy(testY_np).float()

### 1-4-2. 훈련데이터 집합을 2개 데이터로 구성된 부분집합으로 분할
from torch.utils.data import TensorDataset, DataLoader
train = TensorDataset(trainX, trainY)
train_loader = DataLoader(train, batch_size=2, shuffle=False)
############# END: 데이터 전처리(Data Preparation) ##################

########## Step2: train_loader에 있는 훈련데이터로 신경망 학습
import torch.nn as nn; torch.manual_seed(1)

```

```
class Model(nn.Module):
  def __init__(self, input_size, hidden_size, num_layers, output_size):
    super().__init__()
    self.rnn=nn.RNN(input_size, hidden_size, num_layers)
    self.fc=nn.Linear(hidden_size, output_size)
  def forward(self, x):
    rnn_down, rnn_right=self.rnn(x)
    fc_out=self.fc(rnn_down)
    return fc_out

net=Model(input_size=3, hidden_size=1, num_layers=1, output_size=2)

optimizer=torch.optim.SGD(net.parameters(), lr=0.1)

for epoch in range(100):
  for miniBatch_input, miniBatch_target in train_loader:
    optimizer.zero_grad()
    miniBatch_input=miniBatch_input.unsqueeze(0)
    miniBatch_target=miniBatch_target.unsqueeze(0)
    loss=(net(miniBatch_input) - miniBatch_target).pow(2).sum()
    loss.backward()
    optimizer.step()

print(loss.data)
```

[참고4] 그래디언트 축적(Gradient Accumulation)

과거에 계산한 손실(loss)의 편미분 값을 현재 계산한 편미분 값에 더하는 것을 그래디언트 축적이라고 한다. batch_size를 크게 하고 싶은데 메모리가 부족하여 batch_size를 줄여야 할 때, 그래디언트 축적을 사용한다. 다음 그림과 같은 신경망 net(입력노드에서 RNN노드로 향하는 화살표의 파라미터만 표시했지만 다른 파라미터도 존재)으로 그래디언트 축적을 알아보자

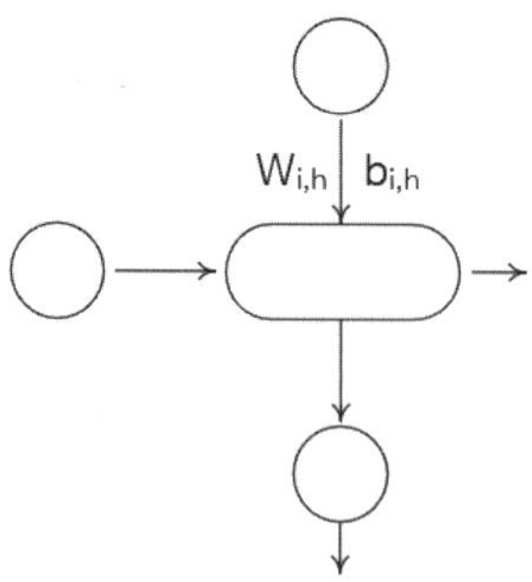

다음과 같은 문제 상황을 가정하자.

batch_size=4로 파라미터 초깃값을 1회 업데이트하려는데
메모리 한계 때문에 batch_size=2만 가능하다.

이제 그래디언트 축적을 사용하여 이 문제를 해결해 보자. 즉, batch_size=2와 그래디언트 축적을 사용하여 파라미터 초깃값을 1회 업데이트하면, batch_size=4로 파라미터 초깃값을 1회 업데이트한 결과와 같을 수 있는지를 알아보자.

먼저, batch_size=4인 경우를 알아보자.

(1) batch_size=4로 파라미터 초깃값을 1회 업데이트

(1-1) 학습데이터

batch_size=4이고 miniBatch가 1개(miniBatch1)이고 miniBatch1의 input과 target이 다음과 같다고 하자.

miniBatch1_input = [[[1.0], [1.1], [1.2], [1.3]]],
miniBatch1_target = [[[0.10], [0.11], [0.12], [0.13]]]

(1-2) 손실(loss)

파라미터 초깃값 P_0에서 신경망의 손실(loss)를 다음과 같이 나타내자.

$$loss = (net(1.0)-0.10)^2 + (net(1.1)-0.11)^2 + (net(1.2)-0.12)^2 + (net(1.3)-0.13)^2$$
$$= loss1 + loss2 + loss3 + loss4$$

가중치 $W_{i,h}$에 대하여 손실(loss)의 편미분 값을 다음과 같이 나타내자.

$$\frac{\partial loss}{\partial W_{i,h}} = \frac{\partial loss_1}{\partial W_{i,h}} + \frac{\partial loss_2}{\partial W_{i,h}} + \frac{\partial loss_3}{\partial W_{i,h}} + \frac{\partial loss_4}{\partial W_{i,h}}$$

(1-3) 파라미터 초깃값 P_0를 1회 업데이트(P_1이라 하자)

기호의 편의를 위하여 모든 파라미터 초깃값 대신 $W_{i,h}$만 1회 업데이트한다. P_0에서 $W_{i,h}$를 $W_{i,h,old}$, P_1에서 $W_{i,h}$를 $W_{i,h,new}$ 라고 하면 다음이 성립한다.

$$W_{i,h,new} = W_{i,h,old} - lr * \frac{\partial loss}{\partial W_{i,h}}$$
$$= W_{i,h,old} - lr * \left(\frac{\partial loss_1}{\partial W_{i,h}} + \frac{\partial loss_2}{\partial W_{i,h}} + \frac{\partial loss_3}{\partial W_{i,h}} + \frac{\partial loss_4}{\partial W_{i,h}} \right)$$

이제, 그래디언트 축적을 이용한 batch_size=2인 경우를 알아보자.

(2) batch_size=2와 그래디언트 축적으로 파라미터 초깃값을 1회 업데이트

(2-1) 학습데이터

batch_size=4에서 사용한 데이터로부터 batch_size=2인 경우를 만들면, miniBatch가 2개(miniBatch1, miniBatch2)이고 input과 target은 다음과 같다.

```
miniBatch1_input=[[[1.0],[1.1]]], miniBatch1_target=[[[0.10],[0.11]]]
miniBatch2_input=[[[2.0],[2.1]]], miniBatch2_target=[[[0.20],[0.21]]]
```

(2-2) 손실(loss)

파라미터 초깃값 P_0에서 miniBatch1에 대한 신경망의 손실(loss)를 다음과 같이 나타내자.

$$Loss1 = (net(1.0)-0.10)^2 + (net(1.1)-0.11)^2 = loss1 + loss2$$

가중치 $W_{i,h}$에 대하여 손실(Loss1)의 편미분 값은 다음과 같다.

$$\frac{\partial Loss1}{\partial W_{i,h}} = \frac{\partial loss_1}{\partial W_{i,h}} + \frac{\partial loss_2}{\partial W_{i,h}}$$

그리고 "파라미터 업데이트 없이", 파라미터 초깃값 P0에서 miniBatch2에 대한 신경망의 손실은 다음과 같다.

$$\text{Loss2} = (\text{net}(1.2)-0.12)^2 + (\text{net}(1.3)-0.13)^2 = \text{loss3} + \text{loss4}$$

가중치 $W_{i,h}$에 대하여 손실(Loss2)의 편미분 값을 다음과 같이 나타내자.

$$\frac{\partial \text{Loss2}}{\partial W_{i,h}} = \frac{\partial \text{loss}_3}{\partial W_{i,h}} + \frac{\partial \text{loss}_4}{\partial W_{i,h}}$$

(2-3) 파라미터 초깃값 P_0를 1회 업데이트 (P_1이라 하자)

기호의 편의를 위하여 모든 파라미터 초깃값 대신 $W_{i,h}$만 1회 업데이트한다. P_0에서 $W_{i,h}$를 $W_{i,h,old}$, P_1에서 $W_{i,h}$를 $W_{i,h,new}$라고 하면 위에서 구한 그래디언트 $\frac{\partial \text{Loss1}}{\partial W_{i,h}}$과 $\frac{\partial \text{Loss2}}{\partial W_{i,h}}$의 축적에 의하여 다음이 성립한다.

$$\begin{aligned} W_{i,h,new} &= W_{i,h,old} - lr * \left(\frac{\partial \text{Loss}_1}{\partial W_{i,h}} + \frac{\partial \text{Loss}_2}{\partial W_{i,h}} \right) \\ &= W_{i,h,old} - lr * \left\{ \left(\frac{\partial \text{loss}_1}{\partial W_{i,h}} + \frac{\partial \text{loss}_2}{\partial W_{i,h}} \right) + \left(\frac{\partial \text{loss}_3}{\partial W_{i,h}} + \frac{\partial \text{loss}_4}{\partial W_{i,h}} \right) \right\} \\ &= W_{i,h,old} - lr * \left(\frac{\partial \text{loss}_1}{\partial W_{i,h}} + \frac{\partial \text{loss}_2}{\partial W_{i,h}} + \frac{\partial \text{loss}_3}{\partial W_{i,h}} + \frac{\partial \text{loss}_4}{\partial W_{i,h}} \right) \end{aligned}$$

따라서 위 (1-3)와 (2-3)의 $W_{i,h,new}$를 비교하면 업데이트 결과가 같음을 알 수 있다. 단, 신경망이 nn.BatchNorm이나 nn.Dropout과 같은 구조(신경망 학습이론과 PyTorch[2])의 제9장, 10장 참고)를 포함하면 업데이트 결과가 다를 수 있다.

---

2) 추상목, 『신경망 학습이론과 PyTorch』, 울산대학교 출판부, 2020

코드로 확인해보자. batch_size=4인 경우는 아래 코드와 같다.

```
##### batch_size=4
# 훈련데이터
import torch
input=torch.tensor([ [ [1.0], [1.1], [1.2], [1.3] ] ])
target=torch.tensor([ [ [0.10], [0.11], [0.12], [0.13] ] ])
# 신경망 정의
import torch.nn as nn; torch.manual_seed(1)
class Model(nn.Module):
  def __init__(self, input_size, hidden_size, num_layers, output_size):
    super().__init__()
    self.rnn=nn.RNN(input_size, hidden_size, num_layers)
    self.fc=nn.Linear(hidden_size, output_size)
  def forward(self, x):
    rnn_down, rnn_right=self.rnn(x)
    fc_out=self.fc(rnn_down)
    return fc_out
#신경망 객체, params, optimizer 정의
net=Model(input_size=1, hidden_size=1, num_layers=1, output_size=1)
params=list(net.parameters())
optimizer=torch.optim.SGD(net.parameters(), lr=0.1)

print("파라미터 초깃값 Wih:",params[0].data,'\n')

# 그래디언트 누적 없이 파라미터 초깃값 1회 업데이트
optimizer.zero_grad()#gradient을 0으로 만듦
loss=(net(input) - target).pow(2).sum()
loss.backward()#gradient계산
print('1번째 miniBatch:','Wih에 대한 loss 편미분=',params[0].grad)
optimizer.step()
print('파라미터 초깃값 Wih 1회 업데이트 =', params[0].data)
```

```
파라미터 초깃값 Wih: tensor([[0.5153]])

1번째 miniBatch: Wih에 대한 loss 편미분= tensor([[0.7639]])
파라미터 초깃값 Wih 1회 업데이트 = tensor([[0.4389]])
```

출력 결과와 위 (1) batch_size=4를 비교하면 다음이 성립한다.

$W_{i,h,old}$ = 0.5153, lr = 0.1, P_0에서 $W_{i,h}$에 대한 loss 편미분 값 = 0.7639 이고

$W_{i,h,new}$ = 0.5153-0.1*0.7639 = 0.4389 이다.

batch_size=2와 그래디언트 축적의 경우는 아래 코드와 같다.

```
##### batch_size=2
# 데이터
import torch
input=torch.tensor([ [1.0], [1.1], [1.2], [1.3] ] )
target=torch.tensor([ [0.10], [0.11], [0.12], [0.13] ])
# 데이터 집합을 2개 훈련데이터를 가지는 부분집합으로 분할
from torch.utils.data import TensorDataset, DataLoader
train = TensorDataset(input, target)
train_loader = DataLoader(train, batch_size=2, shuffle=False)
# 신경망 정의
import torch.nn as nn; torch.manual_seed(1)
class Model(nn.Module):
  def __init__(self, input_size, hidden_size, num_layers, output_size):
    super().__init__()
    self.rnn=nn.RNN(input_size, hidden_size, num_layers)
    self.fc=nn.Linear(hidden_size, output_size)
  def forward(self, x):
    rnn_down, rnn_right=self.rnn(x)
    fc_out=self.fc(rnn_down)
    return fc_out
#신경망 객체, params, optimizer 정의
net=Model(input_size=1, hidden_size=1, num_layers=1, output_size=1)
params=list(net.parameters())
optimizer=torch.optim.SGD(net.parameters(), lr=0.1)

print("파라미터 초깃값 Wih:",params[0].data)
# 그래디언트 누적과 파라미터 초깃값 1회 업데이트
for batch_idx,(miniBatch_input, miniBatch_target) ₩
                                  in enumerate(train_loader):
  #optimizer.zero_grad()#gradient을 0으로 만듦
  miniBatch_input=miniBatch_input.unsqueeze(0)
  miniBatch_target=miniBatch_target.unsqueeze(0)
  loss=(net(miniBatch_input) - miniBatch_target).pow(2).sum()
  loss.backward()#파라미터 업데이트 없이 그래디언트 누적
  print(batch_idx+1,'번째 miniBatch:','편미분 =',params[0].grad)
  if (batch_idx+1)==2:#2번째 miniBatch인지 check
    optimizer.step()#파라미터 초깃값 1회 업데이트

print('파라미터 초깃값 Wih 1회 업데이트 =', params[0].data)
```

```
파라미터 초깃값 Wih: tensor([[0.5153]])
1 번째 miniBatch: 편미분 = tensor([[0.3002]])
2 번째 miniBatch: 편미분 = tensor([[0.7639]])
파라미터 초깃값 Wih 1회 업데이트 = tensor([[0.4389]])
```

출력 결과와 위 (2) batch_size=2를 비교하면 다음이 성립한다.

$$W_{i,h,old} = 0.5153, \ lr = 0.1,$$

miniBatch1의 경우, P_0에서 $W_{i,h}$에 대한 Loss1 편미분 값 $\frac{\partial Loss1}{\partial W_{i,h}} = 0.3002$,

miniBatch2의 경우, P_0에서 $W_{i,h}$에 대한 누적 편미분 값 $\frac{\partial Loss_1}{\partial W_{i,h}} + \frac{\partial Loss_2}{\partial W_{i,h}} = 0.7639$

그리고 $W_{i,h,new}$ = 0.5153-0.1*0.7639 = 0.4389이다. 따라서 batch_size=4인 경우와 그래디언트 축적을 이용한 batch_size=2인 경우를 비교하면 $W_{i,h,new}$가 같다.

연습문제

1. 훈련데이터 집합에 데이터가 100개 있고 batch_size=2로 miniBatch를 만들었다. 다음 물음에 답하시오.

1-1. miniBatch 개수를 구하시오.

1-2. epoch이 1일 때, 각 파라미터가 업데이트된 횟수를 구하시오.

1-3. epoch이 10일 때, 각 파라미터가 업데이트된 횟수를 구하시오.

2. 아래 데이터와 신경망에 대하여 제8장에 사용한 코드로 파라미터를 100회 업데이트한 후에 얻게되는 손실(loss) 값을 구하시오.

```
input1  = [  1.1 ,  1.2 ],   target1  = [ 0.11 , 0.12 ]
input2  = [  2.1 ,  2.2 ],   target2  = [ 0.21 , 0.22 ]
input3  = [  3.1 ,  3.2 ],   target3  = [ 0.31 , 0.32 ]
input4  = [  4.1 ,  4.2 ],   target4  = [ 0.41 , 0.42 ]
input5  = [  5.1 ,  5.2 ],   target5  = [ 0.51 , 0.52 ]
input6  = [  6.1 ,  6.2 ],   target6  = [ 0.61 , 0.62 ]
input7  = [  7.1 ,  7.2 ],   target7  = [ 0.71 , 0.72 ]
input8  = [  8.1 ,  8.2 ],   target8  = [ 0.81 , 0.82 ]
input9  = [  9.1 ,  9.2 ],   target9  = [ 0.91 , 0.92 ]
input10 = [ 10.1 , 10.2 ],   target10 = [  0.1 ,  0.1 ]
```

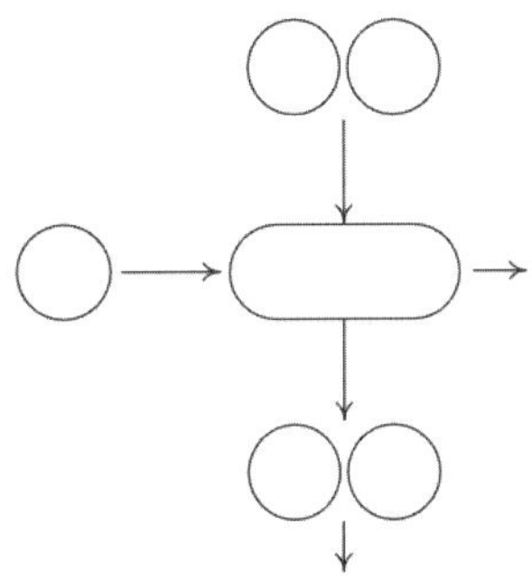

연습문제 풀이

1.

1-1. 100개 원소를 가지는 집합을 2개 원소를 가지는 부분집합으로 분할하면 50개의 부분집합이 만들어진다. 따라서 miniBatch 개수 = 50이다.

1-2. epoch=1일 때 50개의 miniBatch가 한 번씩 사용된다. 그리고 각 miniBatch로 파라미터가 1회 업데이트된다. 따라서 epoch = 1일 때, 각 파라미터의 업데이트 횟수는 miniBatch 개수가 된다. 따라서 파라미터를 50번 업데이트 한다.

1-3. epoch=10일 때, 각 파라미터의 업데이트 횟수는 다음과 같다.

(epoch 수)x(miniBatch 개수) = 10x50 = 500

2. 주어진 데이터를 저장한 파일명을 toyDataEx.csv라고 하자. 제8장에서 사용한 전체 코드에서 아래와 같이 세 줄(9, 15, 58번째 줄)만 수정하면 된다.

```
9번째 줄: toyData_pd = pd.read_csv('/content/gdrive/My Drive/toyDataEx.csv')
15: feature_label=['feature1', 'feature2']
58: net=Model(input_size=2, hidden_size=1, num_layers=1, output_size=2)
```

실행 결과 손실(loss)는 0.0065 이다.

제9장 RNN 활용(네이버 영화 리뷰)

RNN은 시간을 따라 만들어진 데이터(시계열 데이터)를 처리할 목적으로 만든 신경망이고 문장은 단어가 순차적으로 나열된 시계열 데이터이므로, 문장 분석에 RNN을 활용할 수 있다. 영화 리뷰(document)가 부정 또는 긍정인지를 판정할 수 있는 신경망을 만들어보자. 영화 리뷰의 이진 분류(부정, 긍정)에 사용할 데이터(https://github.com/e9t/nsmc)는 네이버에서 제공하는 데이터로, 상영된 영화(영화 id)에 대한 리뷰 문장(document)이 부정(label 0) 또는 긍정(label 1)인지를 알 수 있는 데이터로 id, document, label으로 구성되었다. 이 데이터로부터 영화 리뷰의 이진 분류 신경망을 만들 때 사용할 데이터를 만들어보자. 이때 영화 리뷰(document)와 라벨만 필요하므로 영화 id는 제거하고 영화 리뷰(document)를 수열로 변환한다. 이렇게 만든 학습데이터(수열로 변환된 document. 그리고 label)로 영화 리뷰의 이진 분류 신경망을 학습해보자. 마지막으로 학습된 신경망을 사용하여 새로운 영화 리뷰가 부정인지 긍정인지를 판정해보자. 각 단계를 자세히 설명하면 다음과 같다.

PART I. 영화리뷰 분류 신경망을 만드는 의사 코드(Pseudo code)

코드 없이 영화리뷰 이진분류 신경망을 만드는 과정을 단계별로 알아보자.

Step1. 학습데이터를 만들기 위한 전처리

영화 리뷰 이진 분류 신경망 Model을 학습할 때 사용할 데이터를 만든다.

1-1. 한국어 정보처리 KoNLPy(코엔엘파이)와 형태소(뜻을 가진 가장 작은 말의 단위) 분석기인 Mecab(메케브)를 설치

1-2. 데이터 전처리에 필요한 패키지, 클래스, 함수를 호출(import)

1-3. 영화 리뷰 데이터 불러오기

각 데이터의 구성 요소는 3개(id, document, label)이다. 여기서 id는 영화 아이디 번호, document은 영화 리뷰(문장 document, 말뭉치, 코퍼스 Corpus라고도 함), label은 0(리뷰가 부정) 또는 1(리뷰가 긍정)이다. 참고로 3개 구성 요소 중에서 순서쌍 (document, label)만 학습 데이터로 사용한다.

1-4. 불필요한 내용 또는 데이터를 제거(데이터 정제)

먼저, 리뷰에 포함된 특수 문자(한글과 공백을 제외한 문자)를 제거한다. 그리고 id, document, label 중 하나라도 없는 데이터를 제거한다. document가 중복된 데이터는 첫 번째 데이터만 남기고 다른 중복데이터는 제거한다.

1-5. 리뷰를 단어나열로 변환

리뷰(문장)를 단어(형태소) 단위로 분할하여 "단어나열"로 만든다. 이를 리뷰의 "단어 토큰화"라고 한다.

1-6. 단어나열을 수의 나열(수열)로 변환

먼저, 모든 리뷰의 단어나열 모임에서 빈돗수가 3 이상인 단어만 자연수로 변환하자. 이때, 빈돗수가 큰 단어일수록 작은 자연수로 변환된다. 그리고 (단어 : 자연수)로 구성된 "단어장"을 사용하여 리뷰의 단어나열을 수의 나열(수열)로 변환한다. 이 수열을 "리뷰수열"이라고 하자. 그리고 이 변환으로 빈돗수가 2 이하인 단어만을 포함한 리뷰는 빈 문자열이 되므로, (빈 문자열, 라벨)인 데이터를 삭제한다. 그리고 document가 중복된 데이터가 생길 수 있으므로 서로 다른 리뷰수열을 추출하여 데이터를 만든다.

1-7. 라벨 0과 1의 분포를 점검

전체 데이터에서 라벨 0인 데이터와 1인 데이터의 개수가 많이 다른지 점검한다. 두 라벨 개수가 지나치게 차이가 나면 차이를 줄이는 조치를 한다.

1-8. 각 리뷰수열의 길이가 같도록 만들기(패딩)

리뷰 내용이 다르므로 다른 길이를 가지는 리뷰수열이 존재한다. 고정된 입력 노드 개수를 가지는 신경망에 입력할 수 있도록 리뷰수열의 길이를 동일하게 만든다. 예를 들면, 가장 긴 리뷰수열의 길이의 90%로 리뷰수열의 길이를 일치시킬 수 있다. 가장 긴 리뷰수열의 길이가 100라고 할 때, 길이 3인 리뷰수열 A의 경우, 3개 숫자 앞에 0을 87개 적으면 길이 90인 리뷰수열 A가 된다. 길이가 100인 리뷰수열은 아래 90개 숫자로 축소한다. 이렇게 길이를 일치시키는 것을 "패딩(padding)"이라고 하고 리뷰수열의 길이 90을 "패딩 길이"라고 한다.

1-9. 구글 드라이브에 최종 데이터를 저장

영화 리뷰의 이진 분류에 사용할 신경망 구조에 필요한 단어장 크기(1-6)와 패딩 길이(1-8)를 저장한다. 그리고 신경망 학습에 사용할 훈련 데이터(패딩된 리뷰수열, 라벨)을 저장한다. 또한 1-6에서 리뷰수열을 만들 때 사용한 토크나져도도 저장하여 예측에 사용한다.

Step2. 신경망 정의와 저장

2-1. 영화 리뷰를 이진 분류하는 신경망 Model을 정의한다.

2-2. 정의한 신경망 Model을 구글 드라이브에 파일명 defineModel.pt로 저장한다.

Step3. 신경망 학습과 저장

영화 리뷰를 이진 분류하는 신경망을 학습한다.

3-1. 구글 드라이브에 저장한 다음 데이터를 불러온다.

단어장 크기, 패딩 길이, 패딩된 리뷰수열, 라벨

3-2. 구글 GPU를 사용한다.

3-3. Step3-1에서 불러온 데이터 (패딩된 리뷰수열, 라벨)의 집합을 일정 크기(batch_size)를 가지는 부분 집합(train_loader)으로 분할한다. 이때, 마지막 부분집합의 원소 개수는 다른 부분집합의 원소 개수와 다를 수 있다.

3-4. Step2에서 저장한 신경망 defineModel.pt를 호출하여 trainedModel을 정의한다.

3-5. 신경망 trainedModel을 Step3-3에서 만든 train_loader로 학습한다. 그리고 학습된 trainedModel의 파라미터를 구글 드라이브에 파일명 trainedModel_params.pt로 저장한다.

Step4. 학습한 신경망으로 예측하기

학습한 신경망 trainedModel로 새로운 영화 리뷰를 이진 분류한다.

4-1. Step3에서 저장한 trainedModel_params.pt를 호출하여 신경망 trainedModel을 정의한다.

4-2. 영화 리뷰의 부정 또는 긍정을 예측하는 함수 sentiment_predict( )을 정의한다.

4-3. 예측 함수으로 새로운 영화 리뷰가 부정인지 긍정인지를 예측한다.

PART II. 영화 리뷰를 이진 분류하는 신경망 코드

Step1. 데이터 전처리

파일명이 dataForModel.ipynb인 하나의 파일에 아래 코드1-1부터 코드1-9까지 아홉 개 셀을 순차적으로 코딩하고 실행한다.

1-1. 아래 코드1-1을 실행한다.

```
1 ########## Step1: 데이터 전처리
2 ##### 1-1. 한글 처리 KoNLPy와 Mecab 설치
3 !pip install konlpy
4 !bash <(curl -s https://raw.githubusercontent.com/konlpy/konlpy/master/scripts/mecab.sh)
```

코드1-1

|코드 설명|

한글어 정보처리를 위한 파이썬 패키지인 KoNLPy(https://konlpy.org/ko/latest/) 설치(3번째 줄)하고 KoNLPy에 포함된 형태소(morpheme, 의미를 가지는 가장 작은 단위) 분석기인 MeCab를 설치(4번째 줄)한다.

예제1. 아래 코드와 같이 Mecab으로 문장 "가장 맛있는 맛집은 어디인가요?"의 형태소를 분석하면 8개 형태소가 출력된다.

```
from konlpy.tag import Mecab
tokenizer=Mecab()
tokenizer.morphs("가장 맛있는 맛집은 어디인가요?")
```

```
['가장', '맛있', '는', '맛집', '은', '어디', '인가요', '?']
```

1-2. 아래 코드1-2를 실행한다.

```
##### 1-2. 전처리에 필요한 패키지, 클래스, 함수 불러오기
import pandas as pd; import numpy as np
import urllib.request
from konlpy.tag import Mecab
from tensorflow.keras.preprocessing.text import Tokenizer
from tensorflow.keras.preprocessing.sequence import pad_sequences
```

코드1-2

1-3. 아래 코드1-3을 실행한다.

```
1 ##### 1-3. 데이터(네이버 영화 리뷰) 불러오기
2 url="https://raw.githubusercontent.com/e9t/nsmc/master/ratings_train.txt"
3 urllib.request.urlretrieve(url, filename="train_pd.txt")
4 train_pd = pd.read_table('train_pd.txt')#150,000개
```

코드1-3

|코드 설명|

2번째 줄: 영화 리뷰를 이진 분류하는 신경망의 학습에 사용할 데이터를 불러올 URL이다(https://github.com/e9t/nsmc 참고).

3: 불러온 ratings_train.txt를 train_pd.txt로 저장한다. 저장 위치를 아래 코드로 확인해보니 Colab의 /content이다. 이 디렉토리에는 우리가 저장한 train_pd.txt 이외에 Colab이 제공하는 다른 것도 있다.

```
import os
!pwd
os.listdir()
```

```
/content
['.config', 'train_pd.txt', 'sample_data']
```

4: train_pd.txt를 pandas의 DataFrame으로 변환하여 train_pd에 저장한다. train_pd에 저장된 처음 두 개 데이터를 출력하면 다음과 같다. 각 데이터가 (id, document, label)로 구성되어 있음을 알 수 있다.

```
train_pd[:2]
```

	id	document	label
0	9976970	아 더빙.. 진짜 짜증나네요 목소리	0
1	3819312	흠...포스터보고 초딩영화줄....오버연기조차 가볍지 않구나	1

코드1-3-1

1-4. 아래 코드1-4을 실행한다.

```
1 ##### 1-4. NaN, 한글 아닌 것, 빈 문자열, 중복 제거
2 train_pd = train_pd.dropna()
3
4 pat, repl='[^ㄱ-ㅎㅏ-ㅣ가-힣 ]', ''
5 train_pd['document'] = train_pd['document'].str.replace(pat,repl)
6
7 train_pd=train_pd[train_pd['document'].str.strip().astype(bool)]
8
9 train_pd.drop_duplicates(subset='document',inplace=True)
```

코드1-4

|코드 설명|

2번째 줄: train_pd로부터 세 개의 값(id, document, label) 중, 하나라도 숫자가 아닌 (not a number(NaN), 결측치 mising value, 빈 값, np.nan, np.NaN, pd.NaT, None) 데이터를 제거한다. 예를 들면, 아래 코드에서 NaN에 해당하는 np.nan, np.NaN, pd.NaT, None는 제거되고 빈 문자열은 제거되지 않음을 확인할 수 있다.

```
s = pd.Series(['A', 'B', 'C', '', np.nan, np.NaN, pd.NaT, None])
print('dropna 이전:'); print(s.values,'₩n')

s=s.dropna()
print('dropna 이후:'); print(s.values)
```

```
dropna 이전:
['A' 'B' 'C' '' nan nan NaT None]
```

4: 리뷰에서 한글과 공백을 제외한 표현을 제거한다.

pat='[^ㄱ-ㅎㅏ-ㅣ가-힣]': pat는 pattern을 의미하고 '[^ㄱ-ㅎㅏ-ㅣ가-힣]'는 정규표현식(Regular Expressions)으로 아래와 같이 세 부분으로 구성되어 있다.

(1) [ ]

대괄호 [ ] 내부에 있는 내용은 한 개의 문자열이고 각 문자는 or로 해석한다. 이 경우 마지막 문자는 공백이다.

(2) "ㄱ-ㅎㅏ-ㅣ가-힣 "

자음(ㄱ-ㅎ), 모음(ㅏ-ㅣ), 완성형 한글(가-힣), 공백( )으로 구성된 1개의 문자열이고 다음을 의미한다.

자음 또는 모음 또는 완성형 한글 또는 공백이다.

(3) ^

[^ㄱ-ㅎㅏ-ㅣ가-힣]는 "ㄱ-ㅎㅏ-ㅣ가-힣 "의 부정이므로 다음을 의미한다.

자음이 아니고 모음이 아니고, 완성형 한글이 아니고 공백이 아니다.

repl='': repl은 replace를 의미하고 ''는 정규 표현식(pat)에 해당하는 내용을 제거한다는 의미이다.

5: train_pd['document'].str.replace(pat, repl)은 train_pd의 document 열에 있는 각 문자에 대하여 자음, 모음, 완성형 한글, 공백이 아닌 표현(par)를 제거한다(repl). 아래 코드에서 한글과 공백 이외의 표현이 제거됨을 확인할 수 있다.

```
s = pd.Series(['한A', ' 한B한 ', 'C한3한3한? ','ㅉㅏ'])
print('정규표현식 이전:'); print(s.values,'\n')

s = s.str.replace(pat='[^ㄱ-ㅎㅏ-ㅣ가-힣 ]', repl='')
print('정규표현식 이후:'); print(s.values)
```

```
정규표현식 이전:
['한A' ' 한B한 ' 'C한3한3한? ' 'ㅉㅏ']

정규표현식 이후:
['한' ' 한한 ' '한한한 ' 'ㅉㅏ']
```

7: train_pd['document'].str.strip( )은 train_pd의 document 열에 있는 리뷰의 앞 아래 공백(white space)과 특수 문자를 제거한다. 그 결과 공백(white space)으로만 이루어진 문자열은 빈 문자열로 변환된다. 빈 문자열의 bool( ) 함숫값은 False이므로 document에 있는 리뷰가 빈 문자열이면 train_pd['document'].str.strip().astype(bool) 값은 False가 되고 그렇지 않으면 True가 된다. 그리고 7번째 줄 우변 전체는

train_pd['document'] .str.strip().astype(bool)의 값이 True인 리뷰만 반환한다. 그 결과 7번째 줄의 좌변인 train_pd에는 빈 문자열인 리뷰가 없게 된다. 아래 코드에서 s에는 5개의 문자열이 있고 마지막 두 개만 빈 문자열이므로 s.str.strip().astype(bool)의 값은 [True True True False False]가 됨을 확인할 수 있다. 그리고 s[[True True True False False]]를 실행하면, True의 index만 가지는 s의 문자열이 반환됨을 알 수 있다. 즉, s에서 빈 문자열이 제거됨을 확인할 수 있다.

```
s = pd.Series(['한', ' 한', ' 한 ', '  ',''])
print('공백 제거 이전:'); print(s.values)
print(s.str.strip().astype(bool).values,'\n')

s=s[s.str.strip().astype(bool)]
print('공백 제거 이후:'); print(s.values)
```

```
공백 제거 이전:
['한' ' 한' ' 한 ' '  ' '']
[ True  True  True False False]

공백 제거 이후:
['한' ' 한' ' 한 ']
```

9: document 열에서 중복데이터 중, 첫 번째 데이터만 남기고 다른 데이터는 모두 제거한다. inplace = False 이면 원본 DataFrame를 수정하지 않고 중복 데이터가 제거된 복사본만 전달하지만, inplace = True 이면 원본 DataFrame에서 중복 데이터를 제거한다. 아래 코드에서 중복 데이터가 제거됨을 확인할 수 있다.

```
s = pd.Series(['한', '한한', '한', 'ㅉㅏ'])
print('중복 제거 이전:'); print(s.values,'\n')

s.drop_duplicates(inplace=True)
print('중복 제거 이후:'); print(s.values)
```

```
중복 제거 이전:
['한' '한한' '한' 'ㅉㅏ']

중복 제거 이후:
['한' '한한' 'ㅉㅏ']
```

예제2. 아래 코드로부터 데이터 정제(코드1-4) 후, 특수 문자는 제거되고 공백은 유지됨 확인할 수 있다.

```
#데이터 확인
from IPython.display import display
display(train_pd[:2])
```

	id	document	label
0	9976970	아 더빙 진짜 짜증나네요 목소리	0
1	3819312	흠 포스터보고 초딩영화줄 오버연기조차 가볍지 않구나	1

데이터 정제(NaN, 한글 아닌 것, 빈 문자열, 중복 제거, 코드1-4) 후, train_pd에 남은 데이터는 아래와 같이 143,660개이다.

```
train_pd.info()
```

```
<class 'pandas.core.frame.DataFrame'>
Int64Index: 143660 entries, 0 to 149999
Data columns (total 3 columns):
 #   Column    Non-Null Count   Dtype
---  ------    --------------   -----
 0   id        143660 non-null  int64
 1   document  143660 non-null  object
 2   label     143660 non-null  int64
dtypes: int64(2), object(1)
memory usage: 4.4+ MB
```

1-5. 아래 코드1-5를 실행한다.

```
##### 1-5. 리뷰를 단어나열로 변환(단어 토큰화)
stopwords =['가', '걍', '과', '는', '도', '들', '를', '에', '와','으로',
            '은','을', '의', '이', '자', '잘', '좀', '하다', '한', '한다']
mecab = Mecab()
trainX_morphs = []
append=trainX_morphs.append
for doc in train_pd['document']:
    morphs = mecab.morphs(doc)
    morphs = [word for word in morphs if not word in stopwords]
    append(morphs)
```

코드1-5

|코드 설명|

2, 3번째 줄: 영화 리뷰에서 조사, 접미사 같이 의미 분석에 중요하지 않은 단어(불용어)를 제거하기 위하여 불용어를 stopword에 저장한다.

4: mecab은 형태소 분석기 Mecab의 인스턴스이다.

5: trainX_morphs는 빈 리스트이고 이곳에 영화 리뷰를 형태소로 저장하게 된다.

6: 좌변 append는 trainX_morphs에 영화 리뷰를 형태소로 추가하는 함수 이름이다.

7~10: train_pd의 document에서 각 리뷰 doc를 추출하여(7번째 줄), doc를 형태소 나열로 만들어 morphs에 저장한다(8번째 줄). morphs에 있는 형태소(word) 중에서 stopword에 없는 word만 추출하여(9번째 줄), trainX_morphs에 추가한다(10번째 줄). 이런 과정을 train_pd의 document에 있는 모든 리뷰 doc에 대하여 반복한다(7~10번째 줄). 문장(리뷰)를 단어(형태소)의 나열로 변환하는 것을 단어 토큰화라고 한다.

예제3. 0번째 리뷰의 경우 아래와 같이 8개 형태소의 나열로 변환되었다.

```
#데이터 확인
trainX_morphs[0]
```

```
['아', '더', '빙', '진짜', '짜증', '나', '네요', '목소리']
```

1-6-1. 아래 코드1-6-1을 실행한다.

```
1 import warnings
2 warnings.filterwarnings('ignore')
3 ##### 1-6. 리뷰의 단어나열를 수열로 변환
4 ### 1-6-1. 단어나열 모임에서 단어 인덱스, 빈돗수 계산
5 tokenizer = Tokenizer()
6 tokenizer.fit_on_texts(trainX_morphs)
7 print('[모든 단어 사용]')
8 print('(단어, 빈돗수) =',tokenizer.word_counts)
9 print('단어 인덱스=',tokenizer.word_index)
```

```
[모든 단어 사용]
(단어, 빈돗수) = OrderedDict([('아', 8910), ('더', 5128), ('빙', 268), ('진짜
단어 인덱스= {'영화': 1, '다': 2, '고': 3, '하': 4, '보': 5, '게': 6, '지': 7
```

코드1-6-1

|코드 설명|

1, 2번째 줄: warnings 출력을 생략한다.

3: trainX_morphs에 저장된 각 리뷰의 단어나열을 리뷰수열로 변환하는 단계를 나타내는 주석이다.

4: 단어나열 모임(trainX_morphs)에서 단어 인덱스(index)와 빈돗수(frequency, count)를 계산하는 주석이다.

5: Tokenizer는 tensorflow.keras.preprocessing.text.py에 정의된 클래스이고 tokenizer는 클래스 Tokenizer의 인스턴스이고 Tokenizer의 argument가 없으므로 단어나열에 있는 모든 단어를 숫자(단어의 인덱스)로 변환한다.

6: trainX_morphs의 단어나열들에 포함된 단어의 빈돗수를 계산하고 빈돗수를 기준으로 단어의 인덱스를 결정하여 각각을 tokenizer.word_index과 tokenizer.word_counts에 저장한다. 이때, 빈돗수가 클수록 인덱스는 작다. 예를 들면, 가장 빈돗수가 높은 단어의 인덱스는 1이다.

8: 출력을 보면, 단어 '아'는 trainX_morphs의 단어나열들에서 8910번 나타난다.

9: 출력을 보면, 단어 '영화'가 trainX_morphs에서 가장 많이 나타난다.

1-6-2. 코드1-6-1에서 찾은 빈돗수 3 이상인 단어에 대하여 단어나열을 리뷰수열(단어 인덱스의 나열, 인덱스는 코드1-6-1의 9번째 줄)로 변환하는 아래 코드1-6-2를 실행한다.

```
 1 ### 1-6-2. 단어나열을 수열로 변환
 2 # 빈도수 3 이상인 단어 개수 vocab_size
 3 vocab_size=0
 4 for _, value in tokenizer.word_counts.items():
 5   if value>=3:
 6     vocab_size=vocab_size+1
 7
 8 # 빈돗수 3 이상인 단어에 대하여 단어나열을 수열로 변환
 9 tokenizer = Tokenizer(num_words=vocab_size)
10 tokenizer.fit_on_texts(trainX_morphs)
11 print("단어나열:",trainX_morphs[0])
12 trainX_int = tokenizer.texts_to_sequences(trainX_morphs)
13 print("리뷰수열:",trainX_int[0])
```

```
단어나열: ['아', '더', '빙', '진짜', '짜증', '나', '네요', '목소리']
리뷰수열: [23, 63, 886, 29, 209, 11, 24, 693]
```

코드1-6-2

|코드 설명|

1번째 줄: 단어나열(코드1-5에서 정의한 trainX_morphs의 요소)를 리뷰수열(코드1-6-2의 12번째 줄에서 정의할 trainX_int의 요소)로 변환하겠다는 주석이다.

3~6: 코드1-6-1에서 구한 빈돗수가 3이상인 단어 개수가 vocab_size에 저장된다. 참고로 그 결과 vocab_size=21620이다.

8: 단어나열에 포함된 단어 중, 빈돗수 3 이상인 단어만 숫자(단어의 인덱스, 인덱스는 코드1-6-1의 9번째 줄)로 변환하고 빈돗수 2 이하인 단어는 제거된다는 주

석이다. 따라서 9, 10, 12번째 줄이 실행되면, 빈돗수 2 이하인 단어만으로 구성된 단어나열은 빈 리스트 [ ]가 된다. 그리고 같은 리뷰수열이 생길 수 있다.

9: 단어나열을 리뷰수열로 변환할 때(10, 12번째 줄), 변환대상이 되는 단어는 상위 빈돗수를 가지는 단어이고 개수는 Tokenizer(num_words=vocab_size)에서 num_words -1 개이다. 여기서 -1인 이유는 아래 코드1-8에서 설명한다. num_words=vocab_size이므로 상위 빈돗수를 가지는 vocab_size-1=21619개 단어가 숫자 1, 2, …, 21619로 변환된다.

10: trainX_morphs의 단어나열들에 포함된 단어의 빈돗수를 계산하고 빈돗수를 기준으로 단어의 인덱스를 결정하여 각각을 tokenizer.word_index과 tokenizer.word_counts에 저장한다.

11: 0번째 단어나열을 출력한다.

12: 단어나열에 포함된 단어 중, 빈돗수 3 이상인 단어만 숫자로 변환하고 빈돗수 2 이하인 단어는 제거된다.

13: 0번째 리뷰수열을 출력한다. 그 결과 단어 '아'를 숫자 23('아'의 인덱스)으로 변환한다. 여기서 '아'의 인덱스는 tokenizer.word_index['아']으로 확인할 수 있다.

1-6-3. 코드1-6-2 실행 결과 빈 리뷰수열이 만들어 질 수 있으므로 코드1-6-3에서 빈 리뷰수열을 제거한다.

```
### 1-6-3. 빈 리뷰수열 제거
# 빈 리뷰수열 인덱스
index_emptyDoc=[ i for i,doc in enumerate(trainX_int) if doc ==[] ]

#(trainX_int, trainY_np)에서 빈 리뷰수열 제거
trainX_int = np.delete(trainX_int, index_emptyDoc, axis=0)
trainY_np = np.array(train_pd['label'])
trainY_np = np.delete(trainY_np, index_emptyDoc, axis=0)
```

코드1-6-3

|코드 설명|

3번째 줄: trainX_int에 있는 빈 리뷰수열([ ])의 위치(i)를 찾아서 변수 index_emptyDoc에 저장한다.

6: trainX_int의 데이터 중, 인덱스가 index_emptyDoc에 있는 데이터를 제거하여 trainX_int에 저장한다.

7: 코드1-4에 있는 train_pd의 열 이름이 'label'인 열 데이터를 trainY_np에 저장한다.

8: trainY_np의 데이터 중, 인덱스가 index_emptyDoc에 있는 데이터를 제거하여 trainY_np에 저장한다.

예제4. 코드1-6-1~1-6-3을 예를 들어 설명하면 다음 코드1-6-3-1과 같다. 6개의 단어나열 morphs(코드1-6-1의 trainX_morphs에 해당)에 나타나는 단어는 a, b, c, d이고 각각의 빈돗수는 5, 3, 2, 1이다(코드1-6-1의 8번째 줄에 해당). 상위 빈돗수 단어 2개는 a(인덱스 1)와 b(인덱스 2)가 된다(코드1-6-1의 9번째 줄에 있는 '영화'와 '다'에 해당). 따라서 단어나열을 리뷰수열로 변환할 때, 단어 a와 b만 숫자로 변환한다. 즉, 빈돗수가 3이상인 단어만 숫자로 변환하다(코드1-6-2의 3~6번째 줄에 해당). 따라서 단어나열 ['a','b','a']와 ['c','d']는 각각 [1,2,1]과 빈 리스트 [ ]로 변환된다(코드1-6-2의 12번째 줄에 해당). morphs_int의 데이터 중, 3번째 단어나열인 ['c','d']가 빈 리스트 [ ]이므로 index_emptyDoc=[3]가 된다(코드1-6-3의 3번째 줄에 해당). 마지막 출력이 morphs_int에서 빈 리스트를 제거한 결과이다(코드1-6-3의 8번째 줄에 해당).

```
morphs=[['a', 'b', 'a'], ['c', 'a'], ['b'], ['c', 'd'], ['a'], ['b','a']]
print('morphs=',morphs)
tokenizer = Tokenizer()
tokenizer.fit_on_texts(morphs)
print('(단어, 빈돗수) =',tokenizer.word_counts,'\n')

print('[상위 빈돗수 단어 2개만 사용]')
tokenizer = Tokenizer(num_words=2+1)
tokenizer.fit_on_texts(morphs)
morphs_int =tokenizer.texts_to_sequences(morphs)
print('단어나열을 수열로 변환=',tokenizer.texts_to_sequences(morphs))
# 빈 수열 인덱스
index_emptyDoc=[ i for i,doc in enumerate(morphs_int) if doc ==[] ]
#morphs_int에서 빈 수열 제거
morphs_int = np.delete(morphs_int, index_emptyDoc, axis=0)
print('빈 수열 제거=',morphs_int)
```

```
morphs= [['a', 'b', 'a'], ['c', 'a'], ['b'], ['c', 'd'], ['a'], ['b', 'a']]
(단어, 빈돗수) = OrderedDict([('a', 5), ('b', 3), ('c', 2), ('d', 1)])

[상위 빈돗수 단어 2개만 사용]
단어나열을 수열로 변환= [[1, 2, 1], [1], [2], [], [1], [2, 1]]
빈 수열 제거= [list([1, 2, 1]) list([1]) list([2]) list([1]) list([2, 1])]
```

코드1-6-3-1

1-6-4. 코드1-6-2 실행 결과 같은 리뷰수열이 만들어 질 수 있으므로 코드1-6-4에서 리뷰수열의 중복을 제거한다.

```
### 1-6-4. 서로 다른 리뷰수열 추출
# 서로 다른 리뷰수열 인덱스
_,idx=np.unique(trainX_int, return_index=True)

#(trainX_int, trainY_np)에서 서로 다른 리뷰수열 추출
trainX_int=trainX_int[idx]
trainY_np=trainY_np[idx]
```

코드1-6-4

|코드 설명|

3번째 줄: 리뷰수열 모음인 trainX_int에서 서로 다른 리뷰수열(중복 리뷰수열은 하나만 선택)의 인덱스 모임을 idx에 저장한다.

6: trainX_int의 요소 중, idx에 위치한 요소만 추출하여 trainX_int에 저장한다.

7: trainY_np의 요소 중, idx에 위치한 요소만 추출하여 trainY_np에 저장한다.

예제5. 코드1-6-1~1-6-4를 예를 들어 설명하면 아래 코드와 같다. 빈 수열과 중복 수열이 제거됨을 확인할 수 있다.

```
morphs=[['a', 'c', 'a'], ['b', 'a'], ['c'], ['b', 'd'], ['a'], ['c','a']]
# 상위 빈도수 단어 2개만 사용하여 단어모음을 수열로 변환
tokenizer = Tokenizer(2+1)
tokenizer.fit_on_texts(morphs)
morphs_int =tokenizer.texts_to_sequences(morphs)

# morphs_int에서 빈 수열 제거
index_emptyDoc=[ i for i,doc in enumerate(morphs_int) if doc ==[] ]
morphs_int = np.delete(morphs_int, index_emptyDoc, axis=0)
print('빈 수열 제거=',morphs_int)

# morphs_int에서 서로 다른 리뷰수열 추출
_,idx=np.unique(morphs_int, return_index=True)
morphs_int=morphs_int[idx]
print('서로 다른 수열 =',morphs_int)
```

```
빈 수열 제거= [list([1, 2, 1]) list([1]) list([2]) list([1]) list([2, 1])]
서로 다른 수열 = [list([1]) list([1, 2, 1]) list([2]) list([2, 1])]
```

1-7. 코드1-6-4 실행 결과 리뷰수열의 label이 한 쪽으로 치우쳤는지를 코드1-7에서 확인한다.

코드 실행 결과 label 0과 1은 각각 71492, 70691이므로 label 0이 label 1을 기준으로 1.1% 더 많다. 따라서 지금까지 얻은 데이터 (trainX_int, trainY_np)로 분석을 진행한다.

```
##### 1-7. 데이터 최종 검토(이진 분류 데이터 분포)
unique, counts=np.unique(trainY_np, return_counts=True)
print(np.asarray((unique, counts)))
```

```
[[    0     1]
 [71492 70691]]
```

코드1-7

1-8. 코드1-1부터 코드1-7까지의 데이터 전처리로 얻은 리뷰수열의 길이가 같지 않다. 신경망에 리뷰수열을 입력하기 위하여 각 리뷰수열의 길이(리뷰수열이 가진 숫자 개수)가 같아지도록(패딩) 코드1-8을 실행한다.

```
1 ##### 1-8. 각 리뷰수열의 숫자 개수가 같도록 만들기(패딩)
2 print('패팅 전=',trainX_int[1])
3 doc_length=np.array([len(doc) for doc in trainX_int])
4 pad_length=np.percentile(doc_length,90)
5 trainX_pad = pad_sequences(trainX_int, maxlen = np.int32(pad_length))
6 print('패팅 후=',trainX_pad[1])
```

```
패팅 전= [1, 1, 2]
패팅 후= [0 0 0 0 0 0 0 0 0 0 0 0 0 0 0 0 0 0 0 0 0 0 0 0 0 0 1 1 2]
```

코드1-8

|코드 설명|

2번째 줄: 패딩 전에 trainX_int[1]은 길이가 3인 리뷰수열 [1,1,2]이다.

3: trainX_int에 있는 모든 리뷰수열의 길이를 doc_length에 저장한다.

4: doc_length의 숫자를 오름차순으로 정렬한 후, 백분위 90%인 수(길이 상위 10%)를 구하여 pad_length(패딩길이)에 저장한다. 그 결과 pad_length=29.0이 되고 pad_length는 RNN의 sequence length에 해당한다.

5: trainX_int에 있는 모든 리뷰수열의 길이를 pad_length로 만들어 trainX_pad에 저장한다. 이때, pad_length보다 긴 길이를 가지는 리뷰수열은 아래에서부터 pad_length개의 숫자를 가진 수열이 된다. pad_length보다 적은 길이를 가지는 리뷰

수열은 앞에서부터 0을 채워 pad_length개의 숫자를 가진 수열이 된다. 숫자 0을 사용하므로 "제로 패딩(zero padding)"이라고 한다. 따라서 trainX_pad에 사용된 숫자는 0부터 vocab_size-1(코드1-6-2에서 정의)까지이므로 vocab_size개 숫자가 사용된다.

6: 패딩 후에 trainX_int[0]는 길이가 29인 리뷰수열이 됨을 알 수 있다.

1-9. 데이터 전처리의 마지막 단계는 Step2, 3, 4에서 사용할 vocab_size, pad_length, tokenizer, trainX_pad, trainY_np를 다음 코드와 같이 구글의 내 드라이브(MyDrive)에 저장하는 것이다.

```
##### 1-9. 구글 드라이브에 데이터 저장
#### 1-9-1. 구글 내 드라이브 마운트
from google.colab import drive
drive.mount('/content/gdrive')

#### 1-9-2. 현재 작업 경로 변경
%cd /content/gdrive/MyDrive

#### 1-9-3. numpy로 저장
np.save('vocab_size.npy',vocab_size)
np.save('pad_length.npy',pad_length)

#### 1-9-4. pickle로 저장
import gzip, pickle
with gzip.open('tokenizer.pickle', 'wb') as wbf:
    pickle.dump(tokenizer, wbf)
with gzip.open('trainX_pad.pickle', 'wb') as wbf:
    pickle.dump(trainX_pad, wbf)
with gzip.open('trainY_np.pickle', 'wb') as wbf:
    pickle.dump(trainY_np, wbf)
############# END: 데이터 전처리(Data Preparation) ###################
```

코드1-9

|코드 설명|

3, 4번째 줄: 현재 파일에서 구글 내 드라이브(MyDrive)에 접근할 수 있는 경로 /content/gdrive/MyDrive를 만드는 명령어이다(제7장 PART I에서 설명).

7: 현재 작업 디렉토리 /content를 /content/gdrive/MyDrive으로 변경하는 명령어이다.

10, 11: vocab_size과 pad_length를 내 드라이브(MyDrive)에 저장한다. 저장 파일의 확장자는 npy이고 내 드라이브에 vocab_size.npy와 pad_length.npy가 생긴다.

14~20: tokenizer, trainX_pad, trainY_np를 각각 압축해서 저장한다. 저장한 각각의 파일명은 확장자가 pickle인 tokenizer.pickle, trainX_pad.pickle, trainY_np.pickle 이다.

14: 저장 파일 크기를 줄이기 위하여 gzip(파일을 압축해서 저장)과 pickle(binary로 저장)을 호출하여 trainX_pad, trainY_np를 저장한다. gzip으로 파일 압축과 더불어 압축 해제 명령어 없이 압축된 파일을 바로 open할 수 있다(아래 Step3의 3-1). 그리고 리스트나 클래스같이 텍스트가 아닌 자료형은 일반적인 파일 입출력 방법으로는 데이터를 저장하거나 불러올 수 없기 때문에 pickle 모듈을 사용한다. 특히, pickle은 파이썬의 객체를 0과 1의 이진 코드(binary code)로 저장할 수 있다.

15번째 줄 with: 일반적으로 작업할 파일 A를 open하여 작업을 마치면 A를 close하는 명령어를 실행해야 한다. 그러나 with문을 사용하면 with 블록을 벗어나는 순간 open한 파일 trainX_pad.pickle이 자동으로 닫힌다.

15번째 줄 함수 gzip.open: 함수에 대입하는 1번째 인자 trainX_pad.pickle는 구글 내 드라이브에 새롭게 작성할 파일이고 현재는 파일 안에 아무 내용도 없다. 2번째 인자 wb는 파일 trainX_pad.pickle에 객체를 쓰는 모드(mode, 파일을 open할 때 적용하는 옵션)이다. 여기서 w와 b는 각각 write와 byte를 의미한다.

15번째 줄 as: open한 파일의 객체 이름을 as 아래에 적는다. 즉, open한 파일 trainX_pad.pickle의 객체는 wbf이다. 물론 wbf 대신 다른 이름을 사용해도 된다.

16: tokenizer는 파일 tokenizer.pickle에 저장된다. 함수 pickle.dump의 1번째 인자 tokenizer는 저장할 자료이고 2번째 인자 wbf는 tokenizer를 저장할 파일명 tokenizer.pickle을 의미한다.

17~20번째 줄의 설명은 15, 16 줄의 설명으로 대신한다.

자신의 구글 드라이브에 다음 파일이 생겼는지를 확인해보자.

vocab_size.npy, pad_length.npy, tokenizer.pickle, trainX_pad.pickle, trainY_np.pickle

지금까지 설명한 Step1 전체 코드는 다음과 같다.

```
########## Step1: 데이터 전처리
##### 1-1. 한글 처리 KoNLPy와 Mecab 설치
!pip install konlpy
!bash <(curl -s https://raw.githubusercontent.com/konlpy/konlpy/master/scripts/mecab.sh)

##### 1-2. 전처리에 필요한 패키지, 클래스, 함수 불러오기
import pandas as pd; import numpy as np
import urllib.request
from konlpy.tag import Mecab
from tensorflow.keras.preprocessing.text import Tokenizer
from tensorflow.keras.preprocessing.sequence import pad_sequences

##### 1-3. 데이터(네이버 영화 리뷰) 불러오기
url="https://raw.githubusercontent.com/e9t/nsmc/master/ratings_train.txt"
urllib.request.urlretrieve(url, filename="train_pd.txt")
train_pd = pd.read_table('train_pd.txt')#150,000개

##### 1-4. NaN, 한글 아닌 것, 빈 문자열, 중복 제거
train_pd = train_pd.dropna()
pat, repl='[^ㄱ-ㅎㅏ-ㅣ가-힣 ]', ''
train_pd['document'] = train_pd['document'].str.replace(pat,repl)
train_pd=train_pd[train_pd['document'].str.strip().astype(bool)]
train_pd.drop_duplicates(subset='document',inplace=True)

##### 1-5. 리뷰를 단어나열로 변환(단어 토큰화)
stopwords =['가', '강', '과', '는', '도', '들', '를', '에', '와','으로',
            '은','을', '의', '이', '자', '잘', '좀', '하다', '한', '한다']
mecab = Mecab()
trainX_morphs = []
append=trainX_morphs.append
for doc in train_pd['document']:
    morphs = mecab.morphs(doc)
    morphs = [word for word in morphs if not word in stopwords]
    append(morphs)

import warnings
warnings.filterwarnings('ignore')
##### 1-6. 리뷰의 단어나열를 수열로 변환
### 1-6-1. 단어나열 모임에서 단어 인덱스, 빈도수 계산
tokenizer = Tokenizer()
tokenizer.fit_on_texts(trainX_morphs)
print('[모든 단어 사용]')
print('(단어, 빈도수) =',tokenizer.word_counts)
print('단어 인덱스=',tokenizer.word_index)

### 1-6-2. 단어나열을 수열로 변환
# 빈도수 3 이상인 단어 개수 vocab_size
vocab_size=0
for _, value in tokenizer.word_counts.items():
  if value>=3:
    vocab_size=vocab_size+1
```

```
# 빈돗수 3 이상인 단어에 대하여 단어나열을 수열로 변환
tokenizer = Tokenizer(num_words=vocab_size)
tokenizer.fit_on_texts(trainX_morphs)
print("단어나열:",trainX_morphs[0])
trainX_int = tokenizer.texts_to_sequences(trainX_morphs)
print("리뷰수열:",trainX_int[0])

### 1-6-3. 빈 리뷰수열 제거
# 빈 리뷰수열 인덱스
index_emptyDoc=[ i for i,doc in enumerate(trainX_int) if doc ==[] ]

#(trainX_int, trainY_np)에서 빈 리뷰수열 제거
trainX_int = np.delete(trainX_int, index_emptyDoc, axis=0)
trainY_np = np.array(train_pd['label'])
trainY_np = np.delete(trainY_np, index_emptyDoc, axis=0)

### 1-6-4. 서로 다른 리뷰수열 추출
# 서로 다른 리뷰수열 인덱스
_,idx=np.unique(trainX_int, return_index=True)

#(trainX_int, trainY_np)에서 서로 다른 리뷰수열 추출
trainX_int=trainX_int[idx]
trainY_np=trainY_np[idx]

##### 1-7. 데이터 최종 검토(이진 분류 데이터 분포)
unique, counts=np.unique(trainY_np, return_counts=True)
print(np.asarray((unique, counts)))

##### 1-8. 각 리뷰수열의 숫자 개수가 같도록 만들기(패딩)
print('패팅 전=',trainX_int[1])
doc_length=np.array([len(doc) for doc in trainX_int])
pad_length=np.percentile(doc_length,90)
trainX_pad = pad_sequences(trainX_int, maxlen = np.int32(pad_length))
print('패팅 후=',trainX_pad[1])

##### 1-9. 구글 드라이브에 데이터 저장
from google.colab import drive
drive.mount('/content/gdrive')
%cd /content/gdrive/MyDrive

np.save('vocab_size.npy',vocab_size)
np.save('pad_length.npy',pad_length)

import gzip, pickle
with gzip.open('tokenizer.pickle', 'wb') as wbf:
    pickle.dump(tokenizer, wbf)
with gzip.open('trainX_pad.pickle', 'wb') as wbf:
    pickle.dump(trainX_pad, wbf)
with gzip.open('trainY_np.pickle', 'wb') as wbf:
    pickle.dump(trainY_np, wbf)
############ END: 데이터 전처리(Data Preparation) ##################
```

Step2. 신경망 정의

2-1. 영화 리뷰 이진 분류 신경망 Model을 다음과 같이 정의한다.

제4장에서 설명한 대로, 클래스 Model의 정의는 함수 __init__( )와 forward( )의 정의를 의미한다. 지금까지 사용한 신경망의 연결구조는 두 종류이다.

nn.RNN, nn.Linear

그러나 리뷰 신경망의 경우 리뷰수열을 nn.RNN의 입력으로 사용할 수 없다. 그 이유는 리뷰수열이 가진 숫자가 인덱스이기 때문이다. 인덱스를 사칙연산하는 것은 의미가 없다. 따라서 리뷰수열을 리뷰 신경망에 입력하면, 신경망 내부에서 리뷰수열을 nn.RNN의 입력으로 사용할 수 있는 수열로 변환하는 연결구조가 추가되어야 한다. 이러한 연결구조를 nn.Embedding이라고 한다. 따라서 리뷰 신경망 Model의 연결구조는 세 종류이다.

nn.Embedding, nn.RNN, nn.Linear ---(*)

여기서 nn.Embedding의 이웃한 두 층은 리뷰 신경망의 1층과 2층이 된다. 그리고 2층이 nn.RNN의 이웃한 두 층에서 화살표가 출발하는 윗 층이 된다. 따라서 (*)로 구성된 리뷰 신경망은 4층을 가진다.

2-1-1. 연결구조(위상적 구조)

각 층의 의미와 역할을 예를 들어 설명하기 위하여 vocab_size =21620(위 Step 1-6-2에서 정의)와 패딩길이=29(위 Step 1-8에서 정의)를 줄여서 다음과 같이 가정하자.

vocab_size = 4, 패딩길이 = 2

그리고 0부터 3사이(vocab_size=4)의 숫자 중, 2개(패딩길이=2) 숫자로 만들어진 리뷰수열을 신경망 Model에 입력한다고 가정하자.

[신경망 1층(입력층) 노드 개수 vocab_size]

0부터 3사이의 각 숫자는 단어의 인덱스(숫자 3은 숫자 1의 3배가 아니다)이므로 리뷰수열 [2, 1]을 신경망에 입력하면 인덱스 2와 1을 입력층에서 "one-hot 인코딩"으로 변환한다. 즉, time 0에서 인덱스 2는 one-hot 인코딩 [0,0,1,0](2번째 요소만 1, 나머지 세 개 요소는 0), time 1에서 인덱스 1은 one-hot 인코딩 [0,1,0,0](1번째 요소만 1, 나머지 세 개 요소는 0)이 입력노드의 값이 된다. 따라서 각 time에서 입력노드 개수는 vocab_size=4이다. 편의상 입력층을 아래 그림과 같이 "one-hot 인코딩층"이라고 하자. 그리고 sequence length가 패딩길이 2와 같음을 알 수 있다.

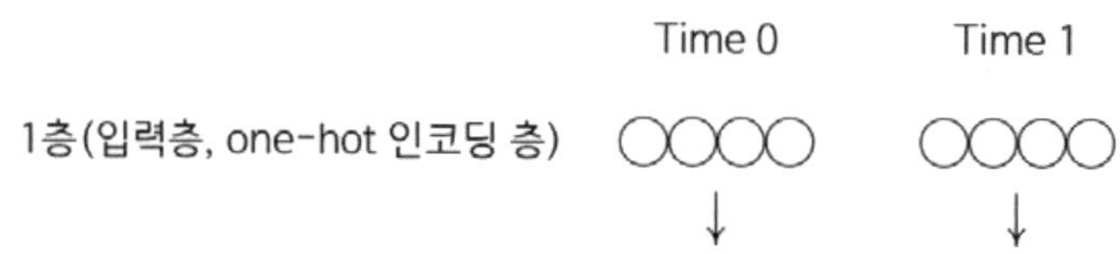

참고로, Step1에서 구한 vocab_size=21620의 경우, 각 time에서 입력노드 개수는 21620이 된다. 그리고 sequence length는 패딩길이 29가 된다.

[신경망 2층(임베딩 층) 노드 개수 embed_dim]

신경망 1층에 있는 one-hot 인코딩(숫자 0이 많은 4차원 벡터)을 신경망 2층에서 숫자 0이 없는 3차원 벡터(임베딩 벡터 또는 밀집벡터)로 변환한다. 임베딩 벡터의 크기를 "임베딩 노드" 개수(embed_dim)라고 하자. 즉, 신경망 2층의 각 time에서 임베딩 노드는 3개이다. 임베딩 노드로 구성된 2층을 "임베딩 층"이라고 하자. 이 변환을 위하여 아래 그림과 같이 입력층(one-hot 인코딩 층)과 임베딩 층을 완전 연결한다.

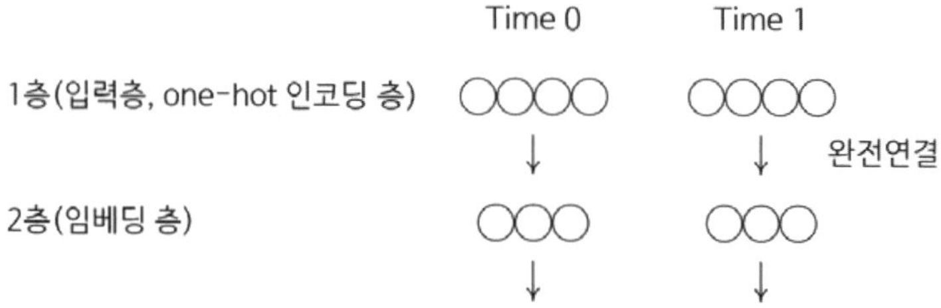

참고로, Step1에서 구한 vocab_size=21620의 경우, 숫자 0이 많은 21620 차원 벡터인 one-hot 인코딩을 100차원 임베딩 벡터로 변환한다. 따라서 각 time에서 임베딩 노드는 100개가 된다. 따라서 신경망 1층과 2층의 연결구조는 다음과 같다.

```
nn.Embedding(vocab_size, embed_dim) ---(**)
```

[신경망 3층(RNN 층) 노드 개수 hidden_size]

임베딩 벡터가 가진 시간 요소(time 0에서의 임베딩 벡터, time 1에서의 임베딩 벡터)를 반영하기 위하여 임베딩 층은 RNN층과 완전연결한다. 즉, 신경망 3층은 RNN 층이 되고 RNN노드 개수(hidden_size)는 패딩길이 2와 같도록 한다. 그 이유는 아래 2-1-2 출력구조의 (2-1)과 (2-5)(sequence length=패딩길이, hidden_size=sequence length)에서 설명한다. RNN노드가 가지는 값을 "RNN 벡터"라고 하자.

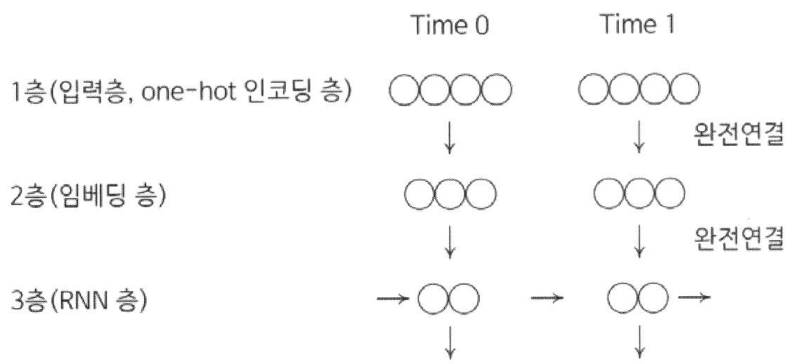

참고로, Step1에서 구한 패딩길이=29의 경우, 각 time에서 RNN노드는 29개가 된다. 따라서 신경망 2층과 3층의 연결구조는 다음과 같다.

```
nn.RNN(embed_dim,hidden_size, batch_first=True) ---(***)
```

여기서 옵션 batch_first=True가 필요한 이유는 아래 2-1-2 출력구조의 (2) 데이터 형태에서 설명한다.

[신경망 4층(출력층) 노드는 1개]

Time 0와 time 1에서의 RNN 벡터(RNN노드 값)을 한 개의 값으로 변환하여 리뷰 수열의 부정 또는 긍정을 판정하자. 복잡도를 줄이기 위하여, 아래 그림1과 같이 각 time에서 RNN 벡터의 마지막 성분(그림1에서 음영 처리된 각각의 원)으로 만든 벡터(그림1에서 음영 처리된 두 개의 원)를 숫자 한 개(4층 노드)로 변환한다. 즉, 각 time에서 마지막 RNN 노드를 하나의 출력노드와 선형(Linear)으로 연결한다. 이런 연결을 "부분 연결"이라고 하자. 따라서 3층과 4층(출력층)의 연결구조는 다음과 같다.

nn.Linear(hidden_size,1) ---(****)

연결구조 (*)~(****)에 의하여 4층으로 구성된 신경망 Model은 다음 그림과 같다.

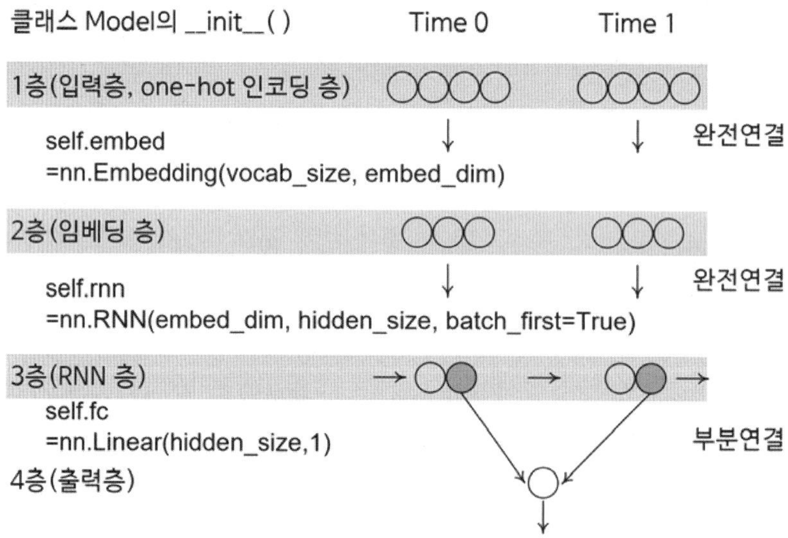

그림1

여기서 (vocab_size, embed_dim)=(4,3), (embed_dim,hidden_size)=(3,2), (hidden_size,1) =(2,1)이다. nn.Linear의 output_size가 1이 된 이유는 Model이 이진 분류 신경망이기 때문이다. 코드로 위 신경망 Model을 나타낼 때, 그림1의 3개 연결구조는 아래 코드와 같다.

```python
########## Step2: 신경망 정의와 저장
import torch.nn as nn; torch.manual_seed(1)

class Model(nn.Module):
  def __init__(self, vocab_size, embed_dim, hidden_size):
    super().__init__()
    self.embed=nn.Embedding(vocab_size, embed_dim)
    self.rnn=nn.RNN(embed_dim, hidden_size, batch_first=True)
    self.fc=nn.Linear(hidden_size, 1)
```

2-1-2. 출력구조(대수적 구조)

클래스 Model의 초기화 함수 __init__( )에 정의된 연결구조를 사용하여 데이터를 신경망 Model에 흘려보내는 Model의 forward( ) 함수에 대하여 알아보자. 특히, forward( )내에서 데이터가 흘러갈 때, 데이터의 형태가 어떻게 변하는지 알아보자.

(1) forward( )의 구조

함수 __init__( )에 정의된 연결구조 self.embed, self.rnn, self.fc를 순차적으로 연결한다(그림2의 왼쪽).

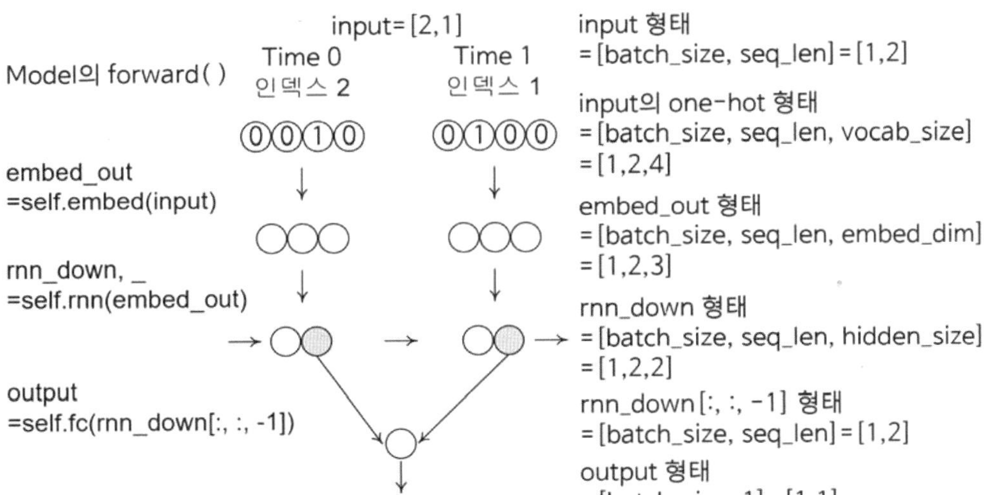

그림2

(2) 데이터 형태(shape)

(2-1) input 형태는 [batch_size, seq_len]= [1,2]

입력층(그림2)에 input=[2,1]을 대입할 때, 데이터는 1개이므로 input의 batch_size는 1이 되고, 두 개 숫자(2, 1)가 각각 time 0과 time 1에 대입되므로 sequence length(seq_len)는 2가 된다. 즉, input의 형태(shape)은 [batch_size, seq_len]= [1,2]이므로 input 형태를 반영하여 input을 적으면 input=[[2,1]]가 된다. 여기서 seq_len는 input이 가진 숫자 개수이므로 seq_len=pad_length임을 알 수 있다.

(2-2) input의 one-hot 데이터 형태는 [batch_size, seq_len, vocab_size]= [1,2,4]

입력층(그림2)에 input=[[2,1]]을 대입하면 내부적으로 input [[2,1]]은 one-hot [[[0,0,1,0], [0,1,0,0]]]으로 변환된다. 따라서 input 형태 [batch_size, seq_len]=[1,2]는 내부적으로 다음과 같은 형태를 가지는 input의 one-hot 데이터가 된다.

[batch_size, seq_len, vocab_size]= [1,2,4]

(2-3) embed_out 형태는 [batch_size, seq_len, embed_dim]= [1,2,3]

input의 one-hot 데이터 [[[0,0,1,0], [0,1,0,0]]]에 있는 두 개의 4차원 벡터는 self.embed에 의하여 각각 3차원 벡터로 변환되므로 self.embed의 출력(embed_out)은 다음과 같은 형태를 가진다.

[batch_size, seq_len, embed_dim]= [1,2,3]

(2-4) rnn_down 형태는 [batch_size, seq_len, hidden_size]= [1,2,2]

embed_out에 있는 두 개의 3차원 벡터(self.rnn의 입력)는 self.rnn에 의하여 각각 2차원 벡터로 변환되므로 self.rnn의 출력(rnn_down)은 다음과 같은 형태를 가진다.

[batch_size, seq_len, hidden_size]= [1,2,2]

이 결과에서 보듯이 RNN의 입력(embed_out) 형태(shape)에서 batch_size가 sequence length(seq_len)보다 먼저 나오기 때문에, self.rnn=nn.RNN의 정의(그림1)에 옵션

batch_firat=True이 필요하다.

(2-5) rnn_down[:, :, -1]의 형태는 [batch_size, seq_len]= [1,2]

rnn_down[:, :, -1]은 각 batch에 대하여 각 time에서 RNN 벡터의 마지막 성분으로 만든 벡터이므로 위 (2-4)에서 hidden_size는 사라지고 batch_size와 seq_len만 남는다. 즉, rnn_down[:, :, -1]의 형태는 [batch_size, seq_len]= [1,2]가 된다. 따라서 입력노드 개수가 hidden_size=2인 self.fc에 형태가 [1,2]인 rnn_down[:, :, -1]를 대입할 수 있다.

Step1에서 저장한 vocab_size=21620에 대하여 embed_dim=100(임베딩 노드 개수), hidden_size=29(RNN 노드 개수)라고 할 때, Model의 __init__( )와 forward( )도 그림1, 2와 동일한 방법으로 그린 그림이 되므로 vocab_size, embed_dim, hidden_size로 지금까지 설명한 클래스 Model을 정의하면 다음과 같다(단, batch_size>1이다).

```
1 ########## Step2: 신경망 정의와 저장
2 import torch.nn as nn; torch.manual_seed(1)
3
4 class Model(nn.Module):
5   def __init__(self, vocab_size, embed_dim, hidden_size):
6     super().__init__()
7     self.embed=nn.Embedding(vocab_size, embed_dim)
8     self.rnn=nn.RNN(embed_dim, hidden_size, batch_first=True)
9     self.fc=nn.Linear(hidden_size, 1)
10  def forward(self, input):
11    embed_out = self.embed(input)
12    rnn_down, rnn_right=self.rnn(embed_out)
13    output = self.fc(rnn_down[:, :, -1])
14    return output.squeeze()
```

코드2-1

|코드 설명|

13번째 줄: batch_size>1일 때, output.squeeze( )는 output 형태 [batch_size,1](그림2)에서 값이 1인 차원을 제거하므로 output 형태는 [batch_size]으로 변환된다. 일반적으로 batch_size>1이지만 만약 batch_size=1이면 output.squeeze( ) 대신 다른 명령어를 사용해야 한다.

아래 [참고1], [참고2], [참고3]에서 nn.Emdedding만 있는 신경망, nn.Emdedding과 nn.RNN으로 구성된 신경망, nn.Emdedding, nn.RNN과 nn.Linear로 구성된 신경망에 대하여 추가 설명을 했다.

2-2. 정의한 신경망 Model을 구글 드라이브에 파일명 defineModel.pt로 저장한다.

코드2-1을 그림과 같이 "파일->다운로드->.py 다운로드"를 클릭하여 개인 PC에 defineModel.pt로 저장한다.

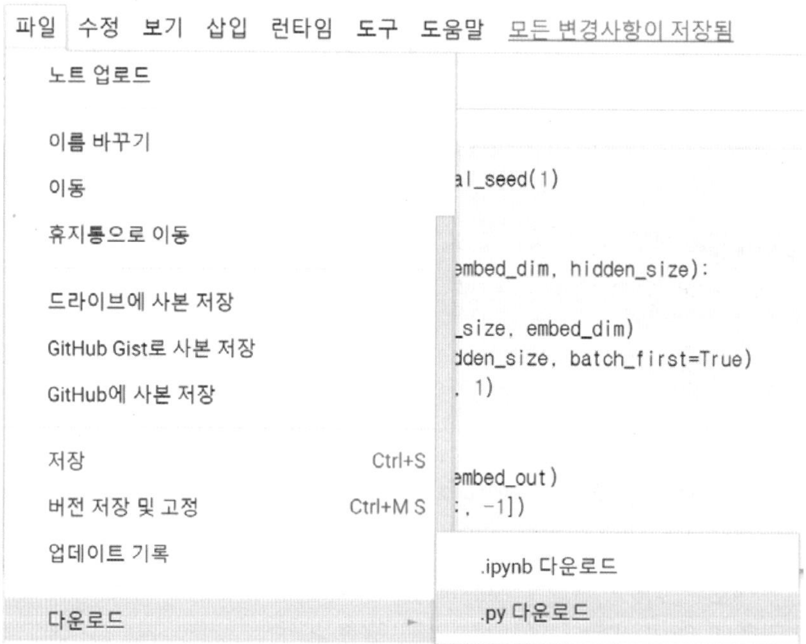

그리고 저장한 defineModel.pt를 구글 "내 드라이브"에 업로드한다. 업로드 방법은 아래와 같이 구글 "내 드라이브"에서 왼쪽에 있는 "+ 새로 만들기"를 클릭하면

아래 작은 창이 생긴다. 여기서 "파일 업로드"를 클릭하여 PC에 저장한 defineModel.pt를 선택하면 된다.

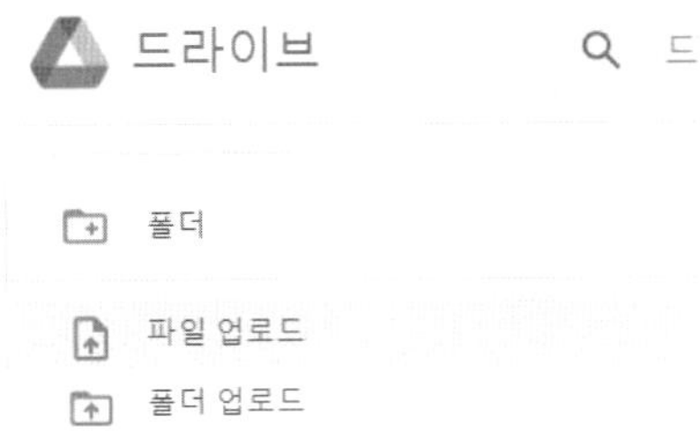

Step3. 신경망 학습

파일명이 trainModel.ipynb인 하나의 파일에 아래 코드3-1부터 코드3-5까지 다섯 개 셀을 순차적으로 코딩하고 실행한다.

3-1. 구글 드라이브에 저장한 파일(Step1-9)을 불러온다.

구글 내 드라이브(MyDrive)에 저장된 파일을 현재 작업하고 있는 Colab 파일에서 불러올 수 있도록 아래 코드3-1의 3, 4번째 줄에서 구글 내 드라이브(MyDrive)를 마운트했다. 즉, 작업하고 있는 Colab의 디렉토리 구조에 아래 경로를 추가했다.

'/content/gdrive/MyDrive'

이제 구글 내 드라이브(MyDrive)에 있는 파일을 가져오기 위해서 현재 작업 디렉토리(/content)를 위 디렉토리로 변경(change directory)해야 한다. 이때 사용하는 명령어가 5번째 줄에 있다. Step1-9에서 vocab_size와 pad_length를 저장한 파일을 7~9번째 줄과 같이 np.load( )로 불러온다. Step1-9에서 gzip.open( )으로 trainX_pad와 trainy_np를 저장한 파일을 11~15번째 줄과 같이 불러온다. 여기서 옵션 rb(read byte)는 Step1-9에서 사용한 옵션 wb와 다름을 주의하자. Step1-9에서는 파일에 데이터를 바이너리로 쓰기 때문에 wb였지만 여기서는 만들어 놓은 바이너리 파일을 read하므로 rb이다. 그리고 pickle.dump( )대신에 pickle.load( )를 사용한다.

```
########## Step3: 신경망 학습과 저장
##### 3-1. 데이터 가져오기
from google.colab import drive
drive.mount('/content/gdrive')
%cd /content/gdrive/MyDrive

import numpy as np
vocab_size = np.load('vocab_size.npy')
pad_length = np.load('pad_length.npy')

import gzip, pickle
with gzip.open('trainX_pad.pickle','rb') as rbf:
    trainX_pad = pickle.load(rbf)
with gzip.open('trainY_np.pickle','rb') as rbf:
    trainY_np = pickle.load(rbf)
```

코드3-1

3-2. 구글 GPU를 사용한다.

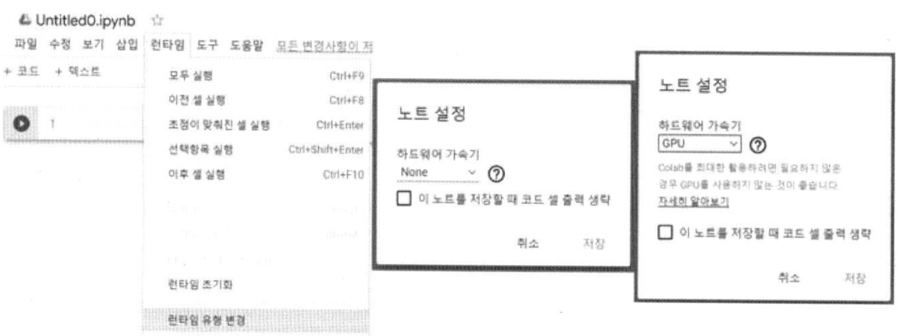

그림3

신경망을 학습할 때, 구글에서 무료로 제공하는 GPU를 사용하기 위하여 위 그림3와 같이 설정한다. 그리고 코드3-2를 실행한다. 신경망의 객체, 입력(input)과 타겟(target)를 GPU로 보낼 때, 아래 4번째 줄에서 정의한 DEVICE를 이용한다(Step3-4-3과 3-5-1에서 사용)

```
##### 3-2. 구글 GPU 사용
import torch
USE_CUDA = torch.cuda.is_available()
DEVICE = torch.device("cuda" if USE_CUDA else "cpu")
```

코드3-2

3-3. Step3-1에서 불러온 데이터 집합을 일정 크기(batch_size)를 가지는 부분 집합(train_loader)으로 분할한다. 이때, 마지막 부분 집합은 크기가 다를 수 있다.

```
##### 3-3. 학습 데이터 분할
### 3-3-1. numpy 자료형을 tensor 자료형으로 변환
import torch
trainX = torch.from_numpy(trainX_pad)
trainY = torch.from_numpy(trainY_np)

### 3-3-2. batch_size=2로 학습 데이터 분할
from torch.utils.data import TensorDataset, DataLoader
train = TensorDataset(trainX, trainY)
train_loader = DataLoader(train, batch_size=60, shuffle=False)
```

코드3-3

3-4. Step2에서 정의한 신경망 Model의 인스턴스 trainedModel을 만든다.

Model을 저장한 파일 defineModel.pt을 불러와서(코드3-4의 3번째 줄), Model의 인스턴스 trainedModel을 만든다(6, 7번째 줄).

```
1 ##### 3-4. 신경망 defineModel.pt를 호출하여 신경망 trainedModel 정의
2 ### 3-4-1. defineModel.pt에 있는 Model을 불러오기
3 from defineModel import Model
4 ### 3-4-2. Model을 이용하여 신경망 trainedModel 정의
5 import torch; import torch.nn as nn
6 trainedModel=Model(vocab_size=np.int32(vocab_size), embed_dim=100,
7                    hidden_size=np.int32(pad_length)).to(DEVICE)
```

코드3-4

3-5. 신경망 trainedModel을 Step3-3에서 만든 데이터 train_loader로 학습한다. 그리고 학습된 trainedModel의 파라미터를 구글 내 드라이브에 trainedModel.pt로 저장한다.

```
1 ##### 3-5. trainedModel 학습과 저장
2 ### 3-5-1. trainedModel 학습
3 criterion = nn.BCEWithLogitsLoss()
4
5 optimizer=torch.optim.RMSprop(trainedModel.parameters(), lr=0.01)
6
7 for epoch in range(1):
8   epoch_loss = 0
9   for miniBatch_input, miniBatch_target in train_loader:
10    miniBatch_input=miniBatch_input.to(DEVICE)
11    miniBatch_target=miniBatch_target.to(DEVICE)
12    optimizer.zero_grad()
13    miniBatch_target = miniBatch_target.type_as(
14        trainedModel(miniBatch_input))
15    loss=criterion(trainedModel(miniBatch_input) , miniBatch_target)
16    loss.backward()
17    optimizer.step()
18    epoch_loss += loss.item()
19
20 print("손실=",epoch_loss/len(train_loader))
21
22 ### 3-5-2. 학습된 trainedModel 저장
23 torch.save(trainedModel.state_dict(),'trainedModel_params.pt')
```

코드3-5

|코드 설명|

3번째 줄: 신경망 학습데이터에서 target이 label이므로 target과 RNN 출력의 차이(손실 loss)를 오차 제곱 합으로 정의할 수 없다. 이런 경우 사용하는 loss가 nn.BCEWithLogitLoss이다. 여기서 BCE는 'binary cross entropy'의 약자이고 binary는 target이 두 개의 값(0 또는 1)만 가짐을 의미한다. Cross entropy는 target를 기준으로 RNN 출력이 target과 가까운 정도를 나타낸다. 일반적으로 cross entropy의 정의는 다음과 같다. 이산확률 X에 대하여 아래와 같이 두 개의 확률분포 P, Q가 있다고 가정하자.

X	x1	x2	...	xk
P	p1	p2	...	pk
Q	q1	q2	...	qk

표1

여기서 P는 기준이 되는 분포(참인 분포라고 가정하자)이고 Q는 P에 가까워 지길 바라는 분포(추정한 분포라고 가정하자)라고 가정하자. 이때, P를 기준으로 Q의 cross entropy는 H(P,Q)로 나타내고 다음과 같이 정의한다.

$$H(P,Q) = -\sum_{i=1}^{k} p_i \ln q_i \qquad \text{---(1)}$$

위 정의를 nn.BCEWithLogitLoss에 적용하면 표1에서 x1은 각 miniBatch에 있는 첫 원소이고 k는 batch_size이다. P는 target이고 p1은 각 miniBatch의 target에 있는 첫 원소가 가지는 값(label)이다. 따라서 P가 가질 수 있는 값은 0 또는 1이다. Q는 RNN 출력을 sigmoid σ에 대입하여 확률분포로 변환한 값 q1, ..., qk를 가진다. 그리고 합으로 표현된 식(1) 대신에 (1)을 k로 나눈 값(평균)이 default 값이다.

5: SGD 대신 다른 방법을 사용할 수 있음을 보이기 위하여 RMSProp을 사용.

13, 14: 함수 type_as( )를 사용하여 miniBatch_target의 데이터 타입 torch.int64를 trainedModel(miniBatch_input)의 데이터 타입 torch.float32와 일치시켰다. 그 이유는 15번째 줄에서 nn.BCEWithLogitLoss에 대입하는 trainedModel(miniBatch_input)과 miniBatch_target의 데이터 타입(dtype)이 같아야 하기 때문이다.

지금까지 설명한 Step3 전체 코드는 다음과 같다.

```
########## Step3: 신경망 학습과 저장
##### 3-1. 데이터 가져오기
from google.colab import drive
drive.mount('/content/gdrive')
%cd /content/gdrive/MyDrive

import numpy as np
vocab_size = np.load('vocab_size.npy')
pad_length = np.load('pad_length.npy')

import gzip, pickle
with gzip.open('trainX_pad.pickle','rb') as rbf:
    trainX_pad = pickle.load(rbf)
with gzip.open('trainY_np.pickle','rb') as rbf:
    trainY_np = pickle.load(rbf)

##### 3-2. 구글 GPU 사용
import torch
USE_CUDA = torch.cuda.is_available()
DEVICE = torch.device("cuda" if USE_CUDA else "cpu")

##### 3-3. 학습 데이터 분할
### 3-3-1. numpy 자료형을 tensor 자료형으로 변환
import torch
trainX = torch.from_numpy(trainX_pad)
trainY = torch.from_numpy(trainY_np)

### 3-3-2. batch_size=2로 학습 데이터 분할
from torch.utils.data import TensorDataset, DataLoader
train = TensorDataset(trainX, trainY)
train_loader = DataLoader(train, batch_size=60, shuffle=False)

##### 3-4. 신경망 defineModel.pt를 호출하여 신경망 trainedModel 정의
### 3-4-1. defineModel.pt에 있는 Model을 불러오기
from defineModel import Model
### 3-4-2. Model을 이용하여 신경망 trainedModel 정의
import torch; import torch.nn as nn
trainedModel=Model(vocab_size=np.int32(vocab_size), embed_dim=100,
                   hidden_size=np.int32(pad_length)).to(DEVICE)

##### 3-5. trainedModel 학습과 저장
```

```
42 ### 3-5-1. trainedModel 학습
43 criterion = nn.BCEWithLogitsLoss()
44
45 optimizer=torch.optim.RMSprop(trainedModel.parameters(), lr=0.01)
46
47 for epoch in range(1):
48   epoch_loss = 0
49   for miniBatch_input, miniBatch_target in train_loader:
50     miniBatch_input=miniBatch_input.to(DEVICE)
51     miniBatch_target=miniBatch_target.to(DEVICE)
52     optimizer.zero_grad()
53     miniBatch_target = miniBatch_target.type_as(
54         trainedModel(miniBatch_input))
55     loss=criterion(trainedModel(miniBatch_input) , miniBatch_target)
56     loss.backward()
57     optimizer.step()
58     epoch_loss += loss.item()
59
60 print("손실=",epoch_loss/len(train_loader))
61
62 ### 3-5-2. 학습된 trainedModel 저장
63 torch.save(trainedModel.state_dict(),'trainedModel_params.pt')
```

Step4. 학습한 신경망으로 예측하기

파일명이 prediction.ipynb인 하나의 파일에 아래 코드4-1부터 코드4-3까지 세 개 셀을 순차적으로 코딩하고 실행한다.

4-1. 학습한 신경망 trainedModel을 만든다.

코드3-5의 23번째 줄에서 구글 내 드라이브(MyDrive)에 저장한 trainedModel의 파라미터 값 trainedModel_params.pt를 불러오기 위하여 현재 작업하고 있는 Colab 파일에서 MyDrive를 접근할 수 있도록 경로를 만들어야 한다. 그래서 아래 코드4-1의 5, 6번째 줄에서 MyDrive를 경로 /content/gdrive/MyDrive로 접근할 수 있도록 마운트했다. 이제 8번째 줄에서 현재 작업 디렉토리 /content를 /content/gdrive/MyDrive으로 변경함으로써 10번째 줄에서 defineModel.py에서 정의된 클래스 Model을 호출할 수 있다. 나머지 코드 설명은 Step3에 있는 설명으로 대신한다.

```python
########## Step4. 학습한 신경망으로 새로운 영화리뷰의 부정/긍정 예측
##### 4-1. 학습한 신경망의 파라미터 trainedModel.pt를 호출하여
##### trainedModel을 정의
import torch;import numpy as np
from google.colab import drive
drive.mount('/content/gdrive')

%cd /content/gdrive/MyDrive

from defineModel import Model

vocab_size = np.load('vocab_size.npy')
pad_length = np.load('pad_length.npy')

trainedModel=Model(vocab_size=np.int32(vocab_size), embed_dim=100,
                   hidden_size=np.int32(pad_length))
trainedModel.load_state_dict(torch.load('trainedModel_params.pt'))
trainedModel.eval()
trainedModel.training = False
```

코드4-1

4-2. 영화 리뷰의 부정 또는 긍정을 예측하는 함수 sentiment_predict( )를 정의한다.

한국어 문장으로된 영화 리뷰를 처리하기 위해서는 Step1과 같이 한글어 정보처리를 위한 파이썬 패키지인 KoNLPy와 KoNLPy에 포함된 형태소(morpheme, 의미를 가지는 가장 작은 단위) 분석기인 Mecab를 다시 설치해야 한다(코드4-2의 3~10번째 줄). 그리고 Step1에서 tokenizer를 저장한 파일 tokenizer.pickle을 열어서 tokenizer를 가져온다(12, 13번째 줄). Step1에서 trainX_pad를 만드는 과정을 따라 예측함수를 정의한다(19~32번째 줄). 이때, 시그모이드 함수를 이용하여 신경망의 출력값을 0과 1사이의 실수가 되도록 만든 후(27번째 줄), RNN 출력이 0.5보다 크면 입력한 영화 리뷰를 긍정으로 예측한다. 그렇지 않으면 부정이다(29~32번째 줄).

```
##### 4-2. 예측함수 정의
### 4-2-1. KoNLPy 설치
!pip install konlpy
!bash <(curl -s https://raw.githubusercontent.com/konlpy/konlpy/master/scripts/mecab.sh)

### 4-2-2. 형태소 분석기, 학습된 토크나이저
from konlpy.tag import Mecab
import gzip, pickle
from tensorflow.keras.preprocessing.sequence import pad_sequences
mecab = Mecab()

with gzip.open('tokenizer.pickle', 'rb') as rbf:
    tokenizer = pickle.load(rbf)

### 4-2-3. 영화리뷰의 단어수열에서 제거할 단어
stopwords =['가', '강', '과', '는', '도', '들', '를', '에', '와','으로',
            '은','을', '의', '이', '자', '잘', '좀', '하다', '한', '한다']

### 4-2-4. 예측함수 정의
def sentiment_predict(document):

  document = mecab.morphs(document) # 토큰화
  document = [word for word in document if not word in stopwords]
  document_int = tokenizer.texts_to_sequences([document])
  document_pad = pad_sequences(document_int, maxlen = np.int32(pad_length))
  document_torch=torch.from_numpy(document_pad)
  score = float(torch.sigmoid(trainedModel(document_torch)))

  if(score > 0.5):
    print("긍정 리뷰입니다")
  else:
    print("부정 리뷰입니다")
```

코드4-2

4-3. 예측 함수로 새로운 영화 리뷰가 부정인지 긍정인지를 예측한다.

코드4-3의 결과를 보면, 영화 리뷰 "이 영화 왕 노잼"에 대한 평가는 부정으로 예측되었고 영화 리뷰 "이 영화 왕 재미있다"는 긍정이다.

```
##### 4-3. 영화리뷰 평가 예측
sentiment_predict('이 영화 왕 노잼')
sentiment_predict('이 영화 왕 재미있다')
```

```
부정 리뷰입니다
긍정 리뷰입니다
```

코드4-3

지금까지 설명한 Step4 전체 코드는 다음과 같다.

```
########## Step4. 학습한 신경망으로 새로운 영화리뷰의 부정/긍정 예측
##### 4-1. 학습한 신경망의 파라미터 trainedModel.pt를 호출하여
##### trainedModel을 정의
import torch;import numpy as np
from google.colab import drive
drive.mount('/content/gdrive')
%cd /content/gdrive/MyDrive
from defineModel import Model

vocab_size = np.load('vocab_size.npy')
pad_length = np.load('pad_length.npy')

trainedModel=Model(vocab_size=np.int32(vocab_size), embed_dim=100,
                   hidden_size=np.int32(pad_length))
trainedModel.load_state_dict(torch.load('trainedModel_params.pt'))
trainedModel.eval()
trainedModel.training = False

##### 4-2. 예측함수 정의
### 4-2-1. KoNLPy 설치
!pip install konlpy
!bash <(curl -s https://raw.githubusercontent.com/konlpy/konlpy/master/scripts/mecab.sh)

### 4-2-2. 형태소 분석기, 학습된 토크나이저
from konlpy.tag import Mecab
import gzip, pickle
from tensorflow.keras.preprocessing.sequence import pad_sequences

mecab = Mecab()
with gzip.open('tokenizer.pickle', 'rb') as rbf:
    tokenizer = pickle.load(rbf)

### 4-2-3. 영화리뷰의 단어수열에서 제거할 단어
stopwords =['가', '강', '과', '는', '도', '들', '를', '에', '와','으로',
            '은','을', '의', '이', '자', '잘', '좀', '하다', '한', '한다']

### 4-2-4. 예측함수 정의
def sentiment_predict(document):
  document = mecab.morphs(document) # 토큰화
  document = [word for word in document if not word in stopwords]
  document_int = tokenizer.texts_to_sequences([document])
  document_pad = pad_sequences(document_int, maxlen = np.int32(pad_length))
  document_torch=torch.from_numpy(document_pad)
  score = float(torch.sigmoid(trainedModel(document_torch)))
  if(score > 0.5):
    print("긍정 리뷰입니다")
  else:
    print("부정 리뷰입니다")

##### 4-3. 영화리뷰 평가 예측
sentiment_predict('이 영화 왕 노잼')
sentiment_predict('이 영화 왕 재미있다')
```

₩[참고1] nn.Emdedding만으로 구성된 신경망

3개 단어 I, am, good만 처리하는 신경망이 있다고 가정하자. 신경망에 단어를 입력하기 위하여 각 단어를 아래와 같이 정수로 바꾸자.

I는 0, am은 1, good은 2

(1) 신경망 구조

입력층과 출력층으로만 구성되고 입력노드는 3개, 출력노드는 2개이다. 출력노드는 Linear이고 두 층을 완전연결한다. 이러한 신경망을 nn.Embedding(3,2)라고 한다.

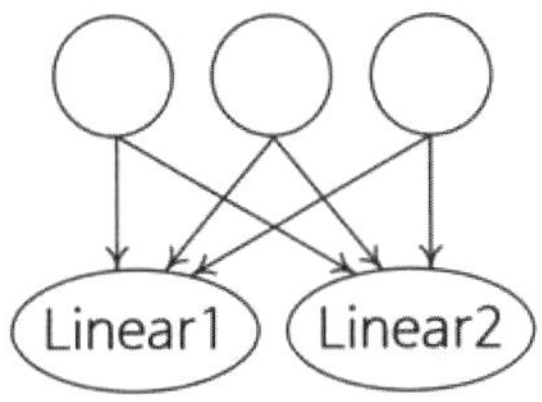

(2) 파라미터

신경망에 있는 파라미터 값을 출력하면 다음과 같다.

```
import torch; import torch.nn as nn; torch.manual_seed(1)
net = nn.Embedding(3, 2)
print(list(net.parameters()))
```

```
[Parameter containing:
tensor([[ 0.6614,  0.2669],
        [ 0.0617,  0.6213],
        [-0.4519, -0.1661]], requires_grad=True)]
```

파라미터 값을 출력할 때, 입력노드 기준으로 출력한다. 예를 들면, 1번째 입력노드에서 출발하는 화살표는 두 개이고 값은 0.6614, 0.2669이다.

(3) 출력

(3-1) 출력의 차원

-nn.Embedding의 입력과 출력에 대한 설명은 다음과 같다.

- Input: $(*)$, IntTensor or LongTensor of arbitrary shape containing the indices to extract
- Output: $(*, H)$, where * is the input shape and $H = \mathrm{embedding\_dim}$

  (출처: https://pytorch.org/docs/stable/generated/torch.nn.Embedding.html).

Input 설명을 보면 입력노드가 가지는 값은 정수(IntTensor 또는 LongTensor)이여야 함을 알 수 있다. 그 이유는 신경망 학습에 사용할 각 단어를 음이 아닌 정수(index)로 변환하여 nn.Embedding에 대입하기 때문이다. 다음과 같이 실수 1.0를 대입하면 error가 발생한다.

```
net = nn.Embedding(3, 2)
input=torch.tensor(1.0)
net(input)
```

```
---------------------------------------------------------------------------
RuntimeError: Expected tensor for argument #1 'indices' to have one of the following
scalar types: Long, Int; but got torch.FloatTensor instead (while checking arguments
embedding)
```

Output 설명을 보면 출력 형태가 입력 형태보다 한 차원 증가함을 알 수 있다. 아래 코드와 그림에서 input=[[1]]의 형태는 [1,1]이지만 input을 nn.Embedding( )에 입력하면 내부적으로 input은 one-hot 벡터[[[0,1,0]]]로 변환되어 형태가 [1,1,3]이 된다. 즉, input의 2차원 형태[1,1]는 내부적으로 1차원 증가하여 3차원[1,1,3]이 된다. 그리고 nn.Embedding( )의 출력 노드가 2개이므로 net(input)=[[[0.0617, 0.6213]]]의 형태는 [1,1,2]가 되어 한 차원 증가(embedding_dim=2)하게 된다.

```
import torch; import torch.nn as nn; torch.manual_seed(1)
net = nn.Embedding(3, 2)
input=torch.tensor([[1]])
net(input)
```

```
tensor([[[0.0617, 0.6213]]], grad_fn=<EmbeddingBackward>)
```

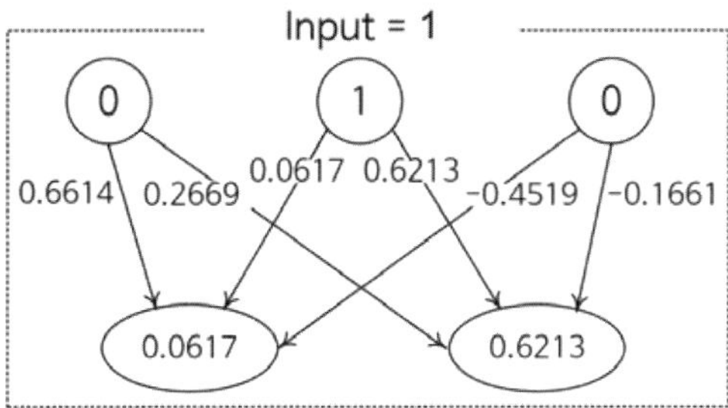

(3-2) 출력

input이 [[0]], [[1]], [[2]]일 때, 출력은 다음과 같다.

```
import torch; import torch.nn as nn; torch.manual_seed(1)
net = nn.Embedding(3, 2)
print(list(net.parameters()),'₩n')
input0=torch.tensor([[0]]); print(net(input0))
input1=torch.tensor([[1]]); print(net(input1))
input2=torch.tensor([[2]]); print(net(input2))
```

```
[Parameter containing:
tensor([[ 0.6614,  0.2669],
        [ 0.0617,  0.6213],
        [-0.4519, -0.1661]], requires_grad=True)]

tensor([[[0.6614, 0.2669]]], grad_fn=<EmbeddingBackward>)
tensor([[[0.0617, 0.6213]]], grad_fn=<EmbeddingBackward>)
tensor([[[-0.4519, -0.1661]]], grad_fn=<EmbeddingBackward>)
```

출력 결과를 그림으로 나타내면 다음과 같다.

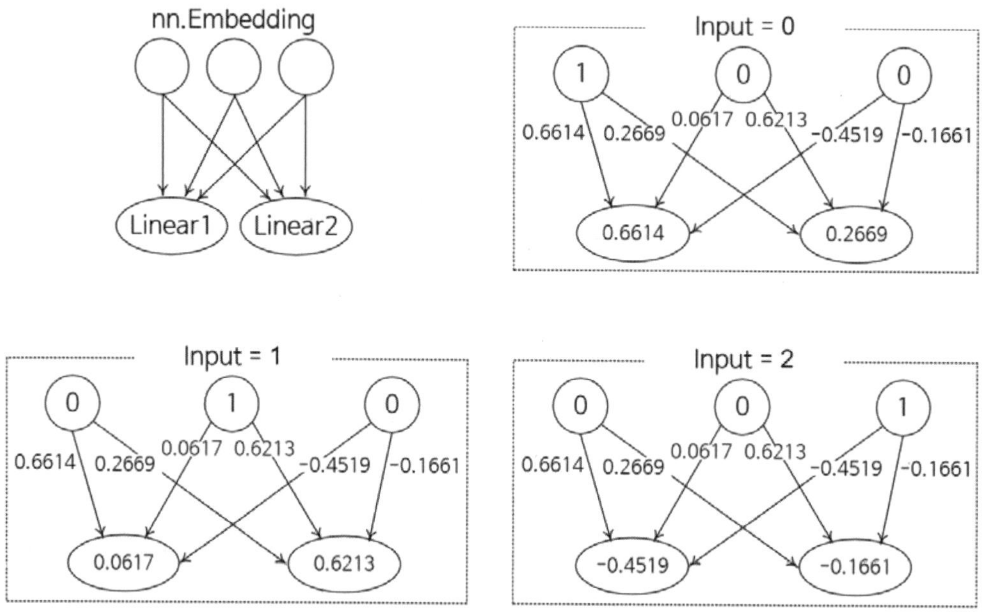

(3-3) 문장 입력과 출력

문장 I am을 신경망에 입력하는 것은 아래 그림과 같이 정수 0과 1을 time 0과 time 1에 입력하는 것이다.

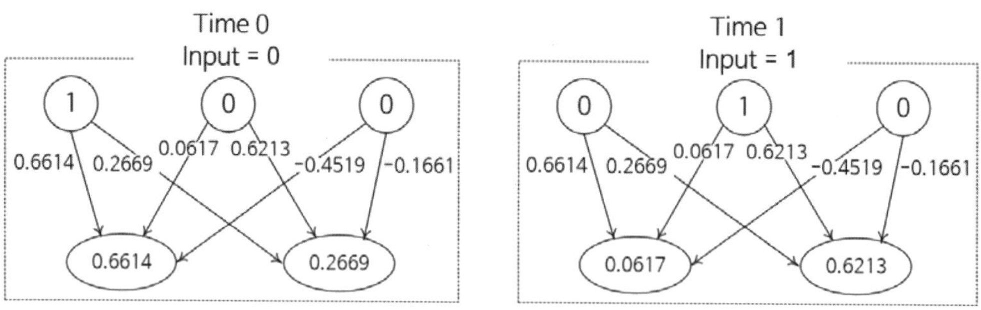

코드로는 input=[[0,1]]과 같이 나타내고 다음과 같은 결과를 얻는다.

```
import torch; import torch.nn as nn; torch.manual_seed(1)
net = nn.Embedding(3, 2)
print(list(net.parameters()),'\n')

input = torch.tensor([[0,1]])
print(net(input))
print(net(input).size())
```

```
[Parameter containing:
tensor([[ 0.6614,  0.2669],
        [ 0.0617,  0.6213],
        [-0.4519, -0.1661]], requires_grad=True)]

tensor([[[0.6614, 0.2669],
         [0.0617, 0.6213]]], grad_fn=<EmbeddingBackward>)
torch.Size([1, 2, 2])
```

[참고2] nn.Emdedding, nn.RNN인 신경망

3개 단어 I, am, good만 고려하는 신경망이 있다고 가정하자. 신경망에 단어를 입력하기 위하여 각 단어를 아래와 같이 정수로 바꾸자.

I는 0, am은 1, good은 2

패딩 길이가 2일 때, 문장 I am을 신경망(nn.Emdedding + nn.RNN)에 입력하는 것은 정수 0과 1을 연속해서 입력하는 것이다. 즉, 패딩 길이 2는 nn.RNN에서 sequence length가 된다.

(1) 신경망 구조와 입력 흐름

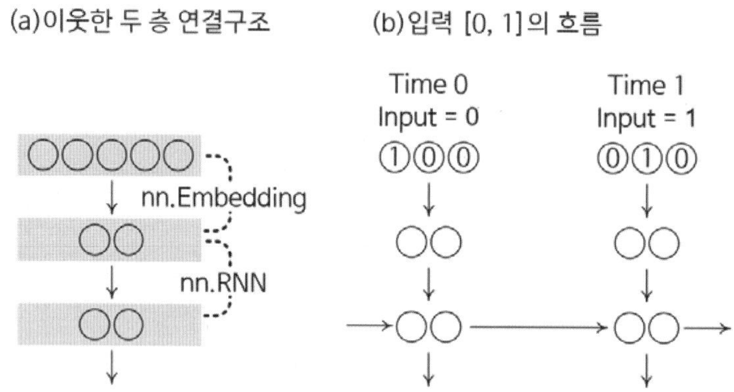

(2) nn.Embedding과 nn.RNN 출력

nn.RNN 입력 형태는 3차원이어야 하므로 nn.RNN의 입력인 nn.Embedding 출력은 3차원이 되어야 한다. 그리고 nn.Embedding 출력 형태는 nn.Embedding 입력 형태에 한 차원 증가하므로 nn.Embedding 입력 형태는 2차원이 되어야 한다. 이때, 2차원인 nn.Embedding 입력 형태는 [batch_size, vocab_size]가 되고 그 결과 출력 형태는 3차원 [batch_size, vocab_size, embedding_dim]이 된다. 그러므로 nn.RNN 입력 형태는 [batch_size, vocab_size, embedding_dim]가 되므로 nn.RNN에 옵션 batch _first=True이 포함되어야 한다. nn.Embedding과 nn.RNN으로 구성된 예제 코드는 아래와 같다.

```
import torch; import torch.nn as nn;torch.manual_seed(1)
class Model(nn.Module):
  def __init__(self, vocab_size, embed_dim, hidden_size):
    super().__init__()
    self.embed=nn.Embedding(vocab_size, embed_dim)
    self.rnn=nn.RNN(embed_dim, hidden_size, batch_first=True, bias=False)
  def forward(self, input):
    embed_out = self.embed(input)
    rnn_down, rnn_right=self.rnn(embed_out)
    return embed_out, rnn_down, rnn_right

input = torch.tensor([[0,1]])
net=Model(vocab_size=3, embed_dim=2, hidden_size=2)
embed_out, rnn_down, rnn_right=net(input)
print('embed_out size =[batch_size, sequence length, input_size] =',
```

```
        embed_out.size())
print('rnn_down =',rnn_down.data)
print('rnn_right =',rnn_right.data)
```

```
embed_out size =[batch_size, sequence length, input_size] = torch.Size([1, 2, 2])
rnn_down = tensor([[[ 0.0969, -0.0510],
        [-0.1442,  0.0060]]])
rnn_right = tensor([[[-0.1442,  0.0060]]])
```

코드에서 nn.RNN 입력 형태는 다음과 같다.

[batch_size, vocab_size, embedding_dim]=[1,2,2]

그리고 nn.RNN 출력 rnn_down의 형태는 [1,2,2]이고 rnn_right 형태는 [1,1,2]이다.

[참고3] nn.Emdedding, nn.RNN, nn.Linear인 신경망

위 [참고2]의 코드 실행에 얻은 숫자 중, -0.0510과 0.00600이 아래 그림과 같이 마지막 노드로 전달되어 RNN 출력을 얻게 된다.

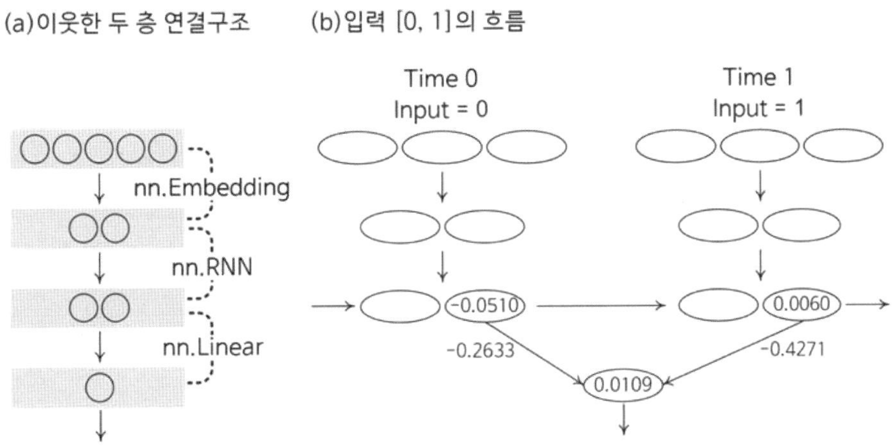

연습문제

1. 아래와 같이 가정하자.

[가정1] 백만 개의 문장을 전처리하여 각 문장이 30개 단어를 가지고(pad_length =30=sequence length), 모든 문장의 단어를 모으면 1000개의 단어가 되었다고 가정하자(vocab_size=1000).

[가정2] 각 문장의 단어를 숫자로 변환(리뷰수열)하여, 리뷰수열을 nn.Embedding의 input으로 사용하면 input의 각 숫자는 1000차원의 one-hot 벡터로 변환되어 nn.Embedding에 입력된다. 한 개의 성분만 1이고 나머지는 모두 0인 1000차원의 벡터를 nn.Embedding에 입력하면 (일반적으로) 모든 성분이 0이 아닌 100차원의 벡터로 출력된다고 가정하자. 즉, 1000차원의 one-hot 벡터가 nn.Embedding을 거치면서 100차원의 벡터로 변환된다(embed_dim=100).

[가정3] nn.Embedding의 출력은 시계열 데이터(sequence length=pad_length=30)이므로 nn.Embedding의 출력을 nn.RNN에 입력한다. 이때, RNN 층은 1개이고 각 time에서 RNN 노드도 1개이다(hidden_size=1).

위 nn.Embedding과 nn.RNN으로 구성된 신경망을 net이라고 할 때, 다음 물음에 답하시오.

1-1. 한 개 문장을 net에 대입하는 그림을 그리시오.

1-2. 1부터 30으로 구성된 문장을 net에 대입할 때, RNN 층의 출력을 구하는 코드를 작성하시오.

연습문제 풀이

1-1.

[net의 1층]

vocab_size=1000이므로 각 time에서 nn.Embedding의 입력 노드는 1000개이다.

[2층]

embed_dim=100이므로 각 time에서 nn.Embedding 출력 노드는 100개.

[3층]

hidden_size=1이므로 각 time에서 RNN노드는 1개이다.

따라서 net은 아래와 같은 구조를 가진다.

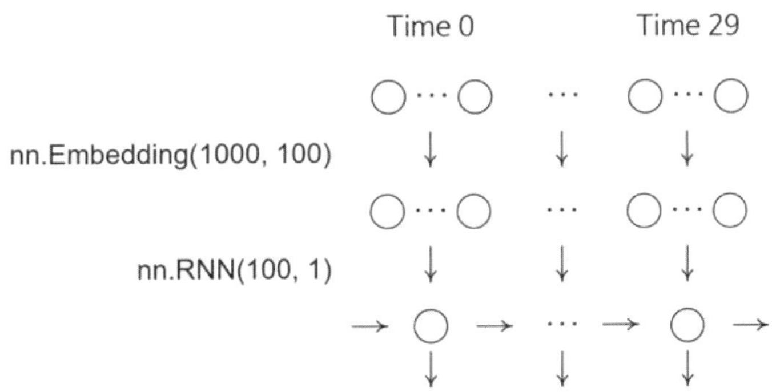

1-2. input에 사용할 숫자는 정수 1부터 30까지이고 데이터 타입이 torch.long(64 비트 부호가 있는 정수)이어야 한다.

```
input = torch.range(1, 30, dtype= torch.long)
```

그런데 nn.RNN의 입력 차원은 3차원이어야 하고 입력은 nn.Embedding 출력이고 nn.Embedding 출력 차원 = nn.Embedding 입력 차원 +1 이므로 nn.Embedding 입력 차원은 2차원이어야 한다. 따라서 1차원인 위 input을 다음과 같이 2차원으로 확장한다.

```
input = torch.range(1, 30, dtype= torch.long).view(1,-1) ---(*)
```

함수 view( )는 형태(shape)가 다르게 보이도록(view)할 때 사용하는 함수이다. 즉, view([1,-1])은 torch.range(1, 30, dtype= torch.long)의 형태(type)을 2차원 [1, -1]로 보이도록(view)한다. 여기서 첫 번째에 있는 숫자 1은 첫 번째 차원이고 두 번째 숫자 -1은 두 번째 차원은 torch.range(1, 30, dtype= torch.long)의 숫자 개수를 의미한다. 즉, 위 명령어 (*)를 실행하면 input은 2차원 [1,30]이 된다. 아래 코드(1~15번째 줄)와 같이 vocab_size=1000이고 embed_dim=100인 nn.Emdedding과 input_size=embed_dim이고 hidden_size=1인 nn.RNN으로 구성된 신경망 net을 만들어 input을 대입하면 RNN층 출력(rnn_down, rnn_right)을 얻게 된다.

```
1 import torch; import torch.nn as nn; torch.manual_seed(1)
2
3 class Model(nn.Module):
4   def __init__(self, vocab_size, embed_dim, hidden_size):
5     super().__init__()
6     self.embed=nn.Embedding(vocab_size, embed_dim)
7     self.rnn=nn.RNN(embed_dim, hidden_size, batch_first=True)
8   def forward(self, input):
9     embed_out = self.embed(input)
10    rnn_down, rnn_right=self.rnn(embed_out)
11    return rnn_down, rnn_right
12
13 input = torch.range(1, 30, dtype= torch.long).view(1,-1)
14 net=Model(vocab_size=1000, embed_dim=100, hidden_size=1)
15 rnn_down, rnn_right=net(input)
16
17 print('rnn_down =',rnn_down.data)
18 print('rnn_right =',rnn_right.data)
```

제10장 RNN의 일반화 LSTM

시계열 데이터를 RNN에 입력하면, time 0에서 입력한 데이터를 받아들여 RNN 노드 값을 만들어 기억(memory)한다. 그리고 time 0에서 기억한 노드 값을 time 1에서 입력한 데이터와 함께 사용하여 노드 값을 만들어 time 1에서의 노드 값으로 기억한다. 이런 과정이 순차적으로 진행되므로, sequence length(time 개수)가 길어지면, RNN노드 값이 멀리 전달되기 어려운 문제가 발생한다. 이를 장기 의존성(long-term dependencies) 문제라고 한다. PART I에서 이 문제를 알아보고, 이를 해결하기 위하여 개발된 신경망인 LSTM(long short term memory)를 PART II에서 알아보자. 그리고 제9장에서 사용한 RNN 대신에 LSTM으로 영화 리뷰를 이진 분류를 해보자(PART III).

PART I. RNN의 장기 의존성

아래 그림1-1과 같이 간단한 신경망으로 RNN의 장기 의존성 문제를 알아보자. 먼저 설명의 편의를 위하여 그림1-1-(a)를 그림1-1-(b)와 같이 나타내자. x_0는 time 0에서 RNN에 입력되는 값이다. h_{-1}=0이고 h_0는 time 0에서 RNN노드 값이다. 그리고 파라미터를 모두 소문자로 했고 밑 첨자를 간단히 했다. Time 0만 있는 그림1-(b)를 time k(sequence length는 k+1)까지 확장한 그림이 그림1-(c)이다. RNN의 장기 의존성을 설명하기 위하여 batch_size=1이고 input_size도 1인 데이터 (x_0, …, x_k)를 그림1-(c)의 RNN에 입력할 때, time 0에서 입력한 x_0를 제외한 나머지 x_1, …, x_k는 모두 0이라고 가정하자. 그리고 편의상 모든 편향치도 0이라고 가정하자. 이제 두 가지 관점에서 RNN의 장기 의존성 문제를 알아보자. 첫 번째 관점은 RNN 노드가 가지는 값이고 두 번째는 파라미터를 업데이트할 사용하는 손실(loss)이다.

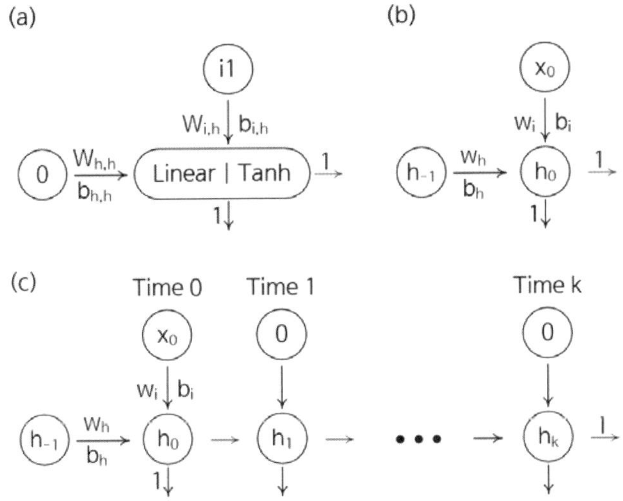

그림1-1

1. RNN노드 값(h_k)의 장기 의존성 문제

Time k에서 RNN노드 값(h_k) 정의와 $x_1, \cdots, x_k$는 모두 0이라는 가정에 의하여 다음 부등식이 성립한다.

$$\begin{aligned} |h_k| &= |\tanh(w_h h_{k-1} + w_i x_k)| \\ &= |\tanh(w_h h_{k-1})| \langle \because \text{모든 } k \geq 1\text{에 대하여 } x_k = 0 \\ &\leq |w_h h_{k-1}| = |w_h||h_{k-1}| \langle \because \text{모든 실수 } x\text{에 대하여 } |\tanh x| \leq |x| \end{aligned}$$

즉, 다음이 성립한다.

$$|h_k| \leq |w_h||h_{k-1}| (\text{모든 } k \geq 1)$$

위 부등식을 반복해서 적용하면 다음 부등식을 얻는다.

$$|h_k| \leq |w_h|^k |h_0| = |w_h|^k |\tanh(w_h h_{-1} + w_i x_0)| = |w_h|^k |\tanh(w_i x_0)|$$

위 부등식을 정리하면 다음과 같다.

$$|h_k| \le |w_h|^k \left|\tanh\left(w_i x_0\right)\right|$$

다음 두 가지 조건을 만족시키면 time k에서 RNN노드 값(h_k)은 time 0에서 입력한 x_0와 무관하게 0에 가까워 짐을 알 수 있다.

조건1 : sequence length가 크다
조건2 : $|w_h| < 1$

이러한 결과를 코드로 확인하면 다음과 같다.

```
import torch; import torch.nn as nn; torch.manual_seed(1)

input_size=1; hidden_size=1
net=nn.RNN(input_size,hidden_size,bias=False,batch_first=True)
params=list(net.parameters())
print('wh=',params[1].item(),'\n')

seq_len=100
input=torch.zeros(1,seq_len,1)

for iter in range(10):
  input[0,0,0]=torch.randn(1)
  rnn_down, rnn_right=net(input)
  print(rnn_down.view(-1)[-1].item())
```

```
wh= -0.44137823581695557

-4.104832335649104e-37
-2.413579076431332e-36
-1.925265528921829e-36
-3.5500219968082645e-36
-2.8131065326074177e-36
-2.366355183658933e-36
1.1885467397630472e-36
3.844347587346489e-36
3.671218305538705e-36
-8.843452796949331e-38
```

코드1-1

|코드 설명|

3번째 줄: 각 time에서 입력 노드가 1개(input_size=1)이고 RNN노드도 1개(hidden_size=1)인 RNN을 만들 때 사용한다.

4: 조건 bias=False는 편향치(bias)를 파라미터에서 제외한다는 의미이다. bias=False가 없으면 bias=True가 되어 편향치는 파라미터에 포함된다. batch_first=True는 net에 입력할 데이터 형태 [a,b,c]에 관한 조건으로, 첫 번째 숫자인 a는 batch_size가 된다는 의미이다. batch_first=True가 없으면 a는 sequence length가 된다.

5, 6: 그림1-1과 수식에 있는 파라미터 w_h의 값은 −0.441이다. 위 코드1-1에서는 파라미터를 업데이트하지 않으므로 코드가 실행되는 동안 크기가 1보다 작은 w_h의 값(w_h= −0.441)은 고정된다. 따라서 RNN의 장기 의존성 문제를 설명할 때 사용한 조건2 ($|w_h| < 1$)가 성립한다.

8: RNN에 사용할 sequence length가 100이다(그림1-1-(c)에서 k=100-1). 따라서 위에서 RNN의 장기 의존성 문제를 설명할 때 사용한 조건1 (sequence length가 큰 경우)가 성립한다.

9: input이 가진 숫자는 모두 0이고 형태는 [1,100,1]이다. input를 net에 대입할 때, 4번째 줄에 의하여 [1,100,1]은 [batch_size, sequence length, input_size]이 된다.

11~14: Time 0에서 input의 값은 표준 정규분포에서 숫자 한 개를 무작위로 추출한 값이다(12번째 줄). RNN(3, 4번째 줄)으로 만든 net에 input을 대입한다(13번째 줄). 그 결과 time 99에서 RNN노드 값(h_{99})는 $-4.10*10^{-37}$으로 0에 매우 가까운 숫자가 된다(13, 14번째 줄). 이런 과정을 10회 반복해도 RNN노드 값(h_{99})는 x_0와 무관하게 0에 가까워 짐을 확인할 수 있다.

2. 손실(loss)의 장기 의존성 문제

이번에는 장기 의존성 문제를 파라미터를 업데이트 관점에서 알아보자. 그림 1-1-(c)의 파라미터 중에서 w_i가 x_0의 가중치이므로 w_i를 다음 공식으로 업데이트 해보자.

$$w_{i,new} = w_{i,old} - \alpha \frac{\partial \text{loss}}{\partial w_i} = w_{i,old} - \alpha \frac{\partial}{\partial w_i} \sum_{\ell=0}^{k} \text{loss}_\ell$$
$$= w_{i,old} - \alpha \sum_{\ell=0}^{k} \frac{\partial \text{loss}_\ell}{\partial w_i}$$

여기서 $w_{i,old}$는 업데이트할 값이고 $w_{i,new}$는 $w_{i,old}$를 1회 업데이트한 값이다. loss는 그림1-1-(c)에서 time ℓ $(0 \le \ell \le k)$에서 RNN노드 값과 목푯값(target_ℓ)의 차이의 제곱 loss_ℓ의 합이다. 따라서 x_0에 대한 loss의 장기 의존성은 w_i에 대한 $\text{loss}_k = (h_k - \text{target}_k)^2$의 편미분을 수식으로 표현하면 알 수 있다. loss_k와 h_k의 정의, 그리고 합성함수 미분법을 이용하면 다음 등식을 얻는다.

$$\frac{\partial \text{loss}_k}{\partial w_i} = 2\left(h_k - \text{target}_k\right)\frac{\partial h_k}{\partial w_i} \left\langle \begin{array}{l} \because \text{loss}_k = \left(h_k - \text{target}_k\right)^2, \\ h_k = \tanh\left(w_h h_{k-1} + b_h + w_i x_k + b_i\right)\text{는 } w_i\text{의 함수}, \\ \quad \text{합성함수 미분법 적용} \end{array} \right.$$

$$\frac{\partial h_k}{\partial w_i} = \tanh'_k \times \frac{\partial}{\partial w_i}\left(w_h h_{k-1} + b_h + w_i x_k + b_i\right) \left\langle \begin{array}{l} \because \tanh'_k = \tanh'\left(w_h h_{k-1} + b_h + w_i x_k + b_i\right) \\ \qquad = 1 - \tanh^2\left(w_h h_{k-1} + b_h + w_i x_k + b_i\right) \end{array} \right.$$

$$= \tanh'_k \times \left(w_h \frac{\partial h_{k-1}}{\partial w_i} + x_k \right) \left\langle \because h_{k-1} = \tanh\left(w_h h_{k-2} + b_h + w_i x_{k-1} + b_i\right)\text{는 } w_i\text{의 함수} \right.$$

$$= \tanh'_k \times \left[w_h \tanh'_{k-1} \times \left(w_h \frac{\partial h_{k-2}}{\partial w_i} + x_{k-1} \right) + x_k \right]$$

$$= \tanh'_k \times \left[w_h \tanh'_{k-1} \times \left(w_h \left\{ \tanh'_{k-2} \times \left(w_h \frac{\partial h_{k-3}}{\partial w_i} + x_{k-2} \right) \right\} + x_{k-1} \right) + x_k \right]$$

위 과정을 x_0의 계수가 나올 때까지 반복하면 다음이 성립한다.

$$\frac{\partial h_k}{\partial w_i} = \left(w_h{}^k \prod_{\ell=k}^{1} \tanh'_\ell \right) \frac{\partial h_0}{\partial w_i}$$
$$+ \left(w_h{}^{k-1} \prod_{\ell=k}^{1} \tanh'_\ell \right) x_1 + \cdots + \left(w_h{}^{k-(k-1)} \prod_{\ell=k}^{k-1} \tanh'_\ell \right) x_{k-1} + \left(w_h{}^{k-k} \prod_{\ell=k}^{k} \tanh'_\ell \right) x_k$$
$$= \left(w_h{}^k \prod_{\ell=k}^{0} \tanh'_\ell \right) x_0$$
$$+ \left(w_h{}^{k-1} \prod_{\ell=k}^{1} \tanh'_\ell \right) x_1 + \cdots + \left(w_h{}^{k-(k-1)} \prod_{\ell=k}^{k-1} \tanh'_\ell \right) x_{k-1} + \left(w_h{}^{k-k} \prod_{\ell=k}^{k} \tanh'_\ell \right) x_k$$
$$= w_h{}^k \left(\prod_{\ell=k}^{0} \tanh'_\ell \right) x_0 + \cdots + \left(\tanh'_k \, w_h \tanh'_{k-1} \right) x_{k-1} + \tanh'_k \, x_k$$

위 x_0 항은 다음을 만족한다.

$$\left| \tanh'_k \right| = \left| \tanh'\left(w_h h_{k-1} + b_h + w_i x_k + b_i \right) \right|$$
$$= \left| 1 - \tanh^2\left(w_h h_{k-1} + b_h + w_i x_k + b_i \right) \right| < 1 \text{ 이므로}$$
$$\text{만약 } \left| w_h \right| < 1\text{이면 } \lim_{k \to \infty} w_h{}^k \left(\prod_{\ell=k}^{0} \tanh'_\ell \right) x_0 = 0$$

따라서 다음과 같이, x_0가 w_i에 대한 $loss_k=(h_k-target_k)^2$ 의 편미분값에 미치는 영향은 매우 작다.

$$\text{만약 } \left| w_h \right| < 1\text{이면, 충분히 큰 } k\text{에 대하여}$$
$$\frac{\partial \text{loss}_k}{\partial w_i} = 2\left(h_k - \text{target}_k \right) \frac{\partial h_k}{\partial w_i}$$
$$= 2\left(h_k - \text{target}_k \right) \left\{ \begin{aligned} &\left(w_h{}^k \prod_{\ell=k}^{0} \tanh'_\ell \right) x_0 + \left(w_h{}^{k-1} \prod_{\ell=k}^{1} \tanh'_\ell \right) x_1 \\ &+ \cdots + \left(w_h{}^{k-(k-1)} \prod_{\ell=k}^{k-1} \tanh'_\ell \right) x_{k-1} + \left(w_h{}^{k-k} \prod_{\ell=k}^{k} \tanh'_\ell \right) x_k \end{aligned} \right\}$$

$$\approx 2\left(h_k - \text{target}_k\right)\left\{\begin{aligned} &0+\left(w_h^{\,k-1}\prod_{\ell=k}^{1}\tanh'_\ell\right)x_1 \\ &+\cdots+\left(w_h^{\,k-(k-1)}\prod_{\ell=k}^{k-1}\tanh'_\ell\right)x_{k-1}+\left(w_h^{\,k-k}\prod_{\ell=k}^{k}\tanh'_\ell\right)x_k \end{aligned}\right\}$$

이러한 결과를 코드로 확인하기 위하여 x_0를 제외한 $x_1, \cdots, x_k$는 0으로 만들자. 그리고 $\text{loss}_k=(h_k-\text{target}_k)^2$이 0과 가깝지 않지만 위 편미분값 $\frac{\partial \text{loss}_k}{\partial w_i}$이 0과 매우 가까움을 보이면 된다. 아래 출력을 보면 sequence length인 k-1이 커질 때, loss_k는 0에 가까지 않지만 $\frac{\partial \text{loss}_k}{\partial w_i}$는 0에 매우 가까워 짐을 확인할 수 있다.

```
import torch; import torch.nn as nn; torch.manual_seed(1)
input_size=1; hidden_size=1
net=nn.RNN(input_size,hidden_size,bias=False,batch_first=True)
params=list(net.parameters())
print('wh=',params[1].item(),'\n')

print('RNN 깊이 k; lossk, wi에 대한 lossk 편미분값')
for seq_len in [1, 20, 50, 100]:
  net.zero_grad()
  input=torch.zeros(1,seq_len,1)
  input[0,0,0]=torch.randn(1)
  target=torch.randn(1)

  rnn_down, rnn_right=net(input)
  lossk=(rnn_down[0,-1,0].view(-1)-target)**2
  lossk.backward()
  print(seq_len-1,';',lossk.item(),',',params[0].grad.item())
```

```
wh= -0.44137823581695557

RNN 깊이 k; lossk, wi에 대한 lossk 편미분값
0 ; 0.4375050961971283 , -0.15331798791885376
19 ; 1.3065781593322754 , 2.074786067396417e-07
49 ; 0.49786046147346497 , 3.792040359814088e-18
99 ; 1.617958426475525 , 5.721523602198149e-36
```

코드1-2

|코드 설명|

1~5번째 줄: 위 코드1-1과 동일하다.

8: seq_len은 신경망 입력의 sequence length이다. seq_len가 for문(8~17)에서 가지는 값은 1, 20, 50, 100으로 for문을 반복할수록 sequence length가 커진다.

9: net이 가지고 있는 모든 편미분 값을 0으로 만든다. PyTorch는 loss.backward()로 구한 loss의 편미분 값을 누적하기 때문에 과거의 편미분 값을 0으로 만든 후에 현재 구한 편미분 값을 출력(17번째 줄)해야 한다. 코드1-2에서는 파리미터를 업데이트하지 않으므로 optimizer를 정의하지 않았고 그래서 optimizer.zero_grad( ) 대신 사용한 명령어이다. 참고로, 모델이 한 개(net)이고 optimizer도 한 개이면 optimizer가 net의 파라미터를 가지고 있기 때문에 optimizer.zero_grad( )와 net.zero_grad( )는 동일하다. 그러나 다수의 모델 또는 다수의 optimizer를 사용하는 경우는 optimizer. zero_grad( )와 net.zero_grad( )를 구별해서 사용해야 한다.

10: for문(8~17)을 처음 실행할 때, seq_len=2이므로 0 값만 가지는 input 형태(shape)은 [1,2,1]이다. input을 net(3번째 줄)에 대입하므로 [1,2,1]은 [batch_size, sequence length, input_size]이 된다.

11, 12: Time 0에서 input 값을 표준 정규분포에 숫자 한 개를 무작위로 추출한 값으로 만든다. Target은 표준 정규분포에 숫자 한 개를 무작위로 추출한 값으로 형태는 1차원이다.

14~17: Time이 증가해도(k가 커져도) lossk는 0에 가까워지지 않지만, 위에서 계산한 결과와 마찬가지로 wi(=params[0])에 대한 lossk의 편미분 값은 0에 가까워 짐을 알 수 있다. 특히, time 99에서 편미분 값은 $5.72*10^{-36}$으로 0에 매우 가까운 숫자가 된다. 참고로 rnn_down[0,-1,0]과 rnn_right의 값은 같다.

PART II. LSTM의 장기 의존성

RNN에 입력한 값이 멀리 잘 전달되지 않는 문제(장기 의존성 문제)를 해결하기 위하여 도입된 신경망 중에서 LSTM(long short term memory)를 알아보자. RNN 그림과 LSTM 그림을 비교 설명하기 위하여 RNN 그림2-1-(a)를 그림2-1-(b)와 같이 전기(전류)가 흐르는 통로인 회로(circuit)를 가진 Cell로 표현하자. 즉, time 0에서 h_{-1}과 x_0가 Cell(RNN노드)로 들어오고 Cell에서 $\tanh(w_i \cdot x_0 + b_i + w_h \cdot h_{-1} + b_h)$가 나가는 과정을 회로로 표현한 것이 그림2-1-(b)이다. Time 0의 Cell에서 나가는 값을 "time 0에서 Cell의 output(또는 hidden state)"라 하고 기호로 "h_0"로 나타내자.

$$h_0 = \tanh(w_i \cdot x_0 + b_i + w_h \cdot h_{-1} + b_h)$$

그림2-1-(c)와 같이 time 0의 Cell에서 나가는 값 h_0는 두 방향으로 향한다. 한 방향은 다른 층이고 다른 한 방향은 같은 층에 있는 time 1의 Cell이다.

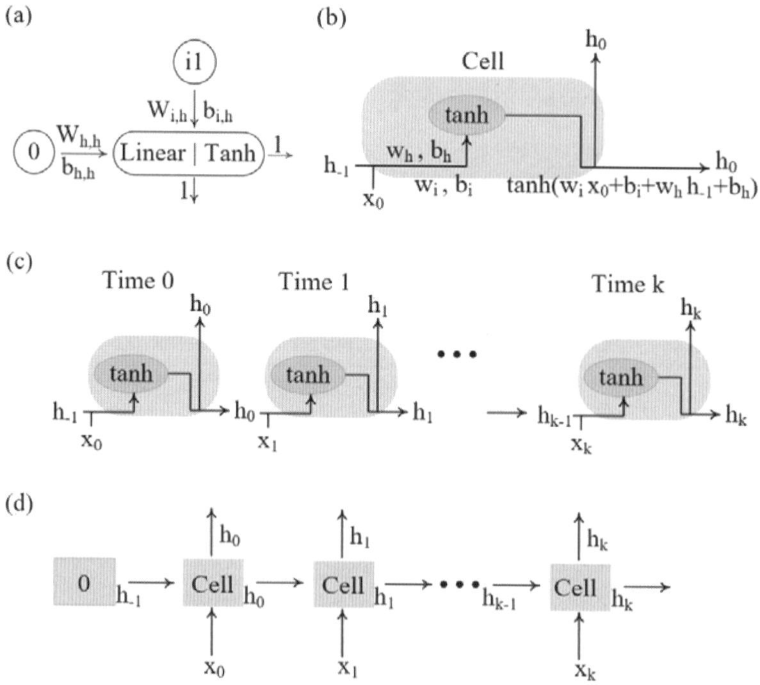

그림2-1

이 과정을 time 1, …, k까지 반복하면 그림2-1-(c)에 있는 hidden state h_1, …, h_k가 만들어진다. 일반적으로 h를 Cell의 output보다는 hidden state라고 하지만, hidden state는 "Cell의 output"이고 "두 방향으로(그림2-1-(c)에서 오른쪽과 위 방향) 나아감"을 기억하자. 그림2-1-(d)는 그림2-1-(c)를 간단히 나타낸 그림이다. 여기서 $h_{-1}=0$이고 h_0, …, h_k는 hidden state이고 화살표가 가지는 값이 아님을 기억하자. 그림 2-1-(c)와 (d)에서 화살표가 가지는 가중치와 편향치는 생략되었다.

1. LSTM 정의

그림2-2-(a)와 같이 Cell이 RNN인 경우, 시간이 길어질수록(k가 커질수록) 초기 시간에 입력한 x가 h_k에 잘 전달되지 않는다. 이런 문제를 해결하기 위하여 그림 2-2-(b)와 같이 Cell이 LSTM인 경우에는 각 시간에 입력한 x를 누적해서 잘 전달하는 "Cell 상태(cell state c_{-1}, …, c_k)"를 도입한다. 그리고 먼 과거에 입력한 x를 잘 전달하는 cell state를 Cell의 출력으로 변환하여 hidden state(h_{-1}, …, h_k)를 정의한다. 즉, 2개의 state(cell state c_{-1}와 hidden state h_{-1})가 time 0의 LSTM으로 입력된다. 이어 time 0의 LSTM에서 나가는 2개의 state(c_0와 h_0)가 time 1의 LSTM으로 입력된다. 이런 과정이 순차적으로 진행되다가 time k에서 멈춘다. 여기서 $c_{-1}=0$, $h_{-1}=0$ 이다.

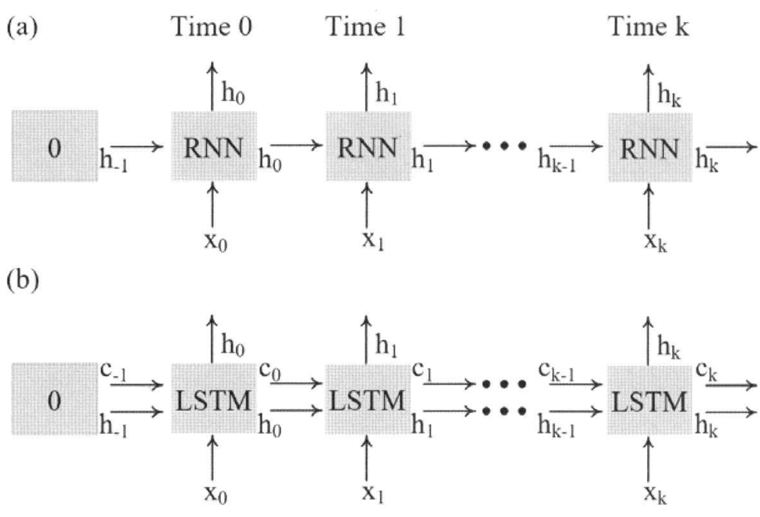

그림2-2

이제 LSTM에서 cell state와 hidden state의 정의를 수식과 회로 그림으로 자세히 알아보자. 먼저 아래 그림과 같이 time 0에서 LSTM으로 c_{-1}, h_{-1}, x_0가 들어오고 c_0가 나가는 상황에서 h_0의 정의를 알아보자.

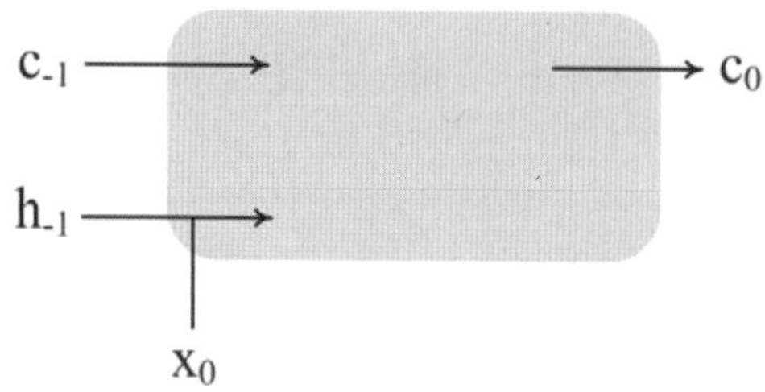

1-1. 현재 hidden state h_0와 출력 게이트 O_0 정의

h_0는 c_0을 활성함수 tanh에 대입한 값 $\tanh(c_0)$의 일부분으로 정의한다.

$$h_0 = O_0 \times \tanh(c_0) \quad ---(1)$$

여기서 O_0는 time 0에서 LSTM으로 들어오는 x_0와 h_{-1}에 가중치(w_{iO}, w_{hO})를 곱하고 편향치(b_{iO}, b_{hO})를 더하여 비선형 함수 sigmoid 함수(σ)로 활성화한 값이다.

$$O_0 = \sigma(w_{iO} \cdot x_0 + b_{iO} + w_{hO} \cdot h_{-1} + b_{hO}) \quad ---(2)$$

Sigmoid 함수(σ)가 $\sigma(x)=1/(1+\exp(-x))$이므로 $0 \leq O_0 \leq 1$이다. 식(1), (2)를 그림2-3과 같이 회로(circuit)으로 나타낼 수 있다. 그림2-3는 c_0로부터 h_0를 설명하는 것이 목적이므로 c_0가 만들어지는 과정을 생략했다(아래에서 설명한다). 그림2-3을 이해하기 위해서는 회로 관점에서 이해해야 한다. Cell의 윗부분 있는 점(●)은 값 c_0를 가진다. 회로에 있는 모든 값은 화살표 방향으로 흐르기 때문에 점(●)에 있는 c_0는 오른쪽과 아래쪽 방향의 화살표를 따라 흐른다. 오른쪽으로 흐른 c_0는 time 1의 LSTM으로 들어가고 아래쪽으로 흐른 c_0는 tanh로 들어가서 $\tanh(c_0)$가 된다. $\tanh(c_0)$는 O_0와 곱해져서 화살표의 방향을 따라 아래쪽으로 흐르기 때문에 Cell의 아랫부분 있는 점(●)은 값 $O_0 \times \tanh(c_0)$를 가진다. 점(●)에 있는 $O_0 \times \tanh(c_0)$는 위쪽과 오른쪽으로 흐르고 각각에 끝에 h_0가 있으므로 $h_0=O_0\times tanh(c_0)$가 된다. 따라서 O_0는 output h_0를 통제하는 "출력 게이트(output gate)"로 해석할 수 있다. 그래서 기호 O_0에 대문자 O는 output gate를 의미한다. Time 0에서 게이트 O_0가 열리면 $tanh(c_0)$이 흐리지 않기 때문에, O_0가 0값이 되는 것은 게이트 O_0가 열린 상태이고 $O_0=1$은 게이트 O_0가 닫힌 상태라고 생각하자.

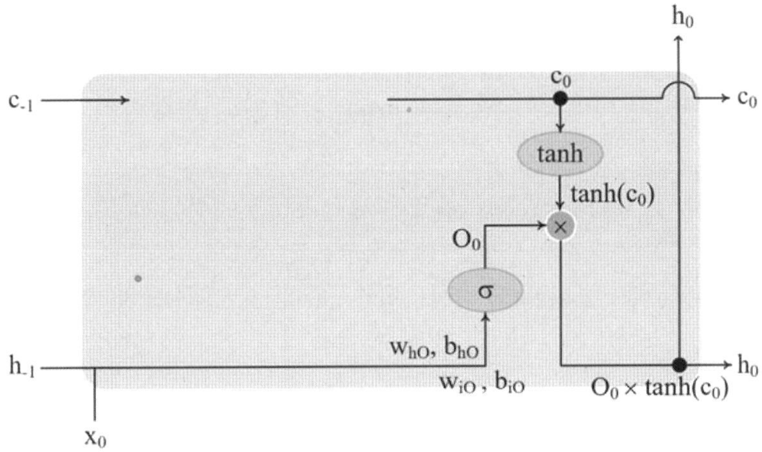

그림2-3

이제 c_0를 정의하기 위하여 그림2-3에서 c_{-1}이 들어오는 화살표를 다른 선과 연결하여 회로를 완성해 보자.

1-2. 현재 cell state c_0와 망각 게이트 F_0 정의

각 시간에 입력한 x를 누적해서 잘 전달하는 cell state를 도입하기 위하여, 과거의 값에 현재 새롭게 생성되는 값을 덧셈으로 추가하면 된다. 곱셈이 아닌 덧셈이다. 따라서 현재(time 0)의 c_0는 과거(time -1)의 c_{-1}에 현재 LSTM에 대입하는 h_{-1}, x_0으로 생성된 값("컨텐트 content"라고 하자)를 덧셈으로 추가한다. 즉, 컨텐트를 $< h_{-1}, x_0 >$로 나타내면 다음과 같다.

$$c_0 = c_{-1} + < h_{-1}, x_0 > \quad ---(3)$$

식(3)은 과거 c_{-1}을 전부 잊지 않고 가져오는 경우이지만, 필요없는 부분은 잊을 수 있도록 c_{-1}에 가중치(0과 1사이의 값)를 곱한다. 그래서 가중치는 “망각 게이트(forget gate)”라 하고 “F_0”로 나타내자. 즉, forget gate를 반영한 식(3)은 다음과 같이 된다.

$$c_0 = F_0 \times c_{-1} + < h_{-1}, x_0 > \text{---(4)}$$

여기서 F_0는 time 0의 LSTM으로 들어오는 x_0와 h_{-1}에 가중치(w_{iF}, w_{hF})를 곱하고 편향치(b_{iF}, b_{hF})를 더하여 비선형 함수 sigmoid 함수(σ)로 활성화한 값이다.

$$F_0 = \sigma(w_{iF} \cdot x_0 + b_{iF} + w_{hF} \cdot h_{-1} + b_{hF}) \text{---(5)}$$

식(4), (5)에서 $F_0 \times c_{-1}$를 그림2-4와 같이 회로(circuit)으로 나타낼 수 있다.

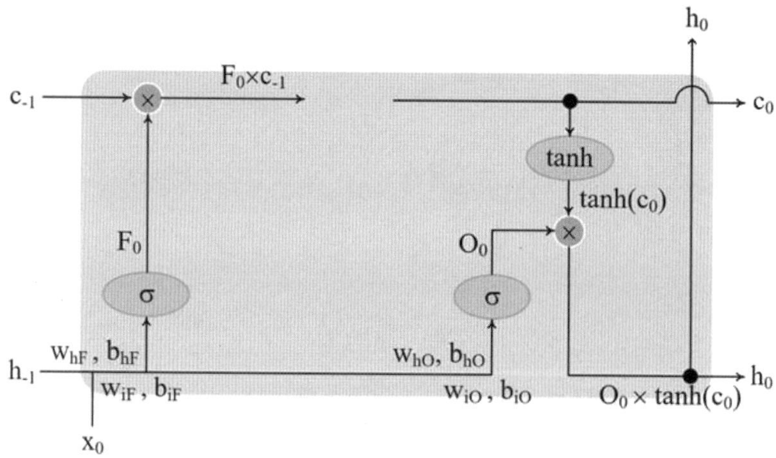

그림2-4

1-3. 현재 생성되는 컨텐트 〈 h_{-1}, x_0 〉와 입력 게이트 I_0 정의

식(4)에서 c_0에 덧셈으로 추가할 컨텐트 < h_{-1}, x_0 >를 알아보자. $F_0 \times c_{-1}$는 과거의 값이고 컨텐트는 현재 생성되는 값이므로 RNN에서 생성되는 값(x_0와 h_{-1}에 파라미터를 곱하여 tanh에 대입)과 동일한 형태를 따른다. 단, 다음과 같이 0과 1사이의 값을 가지는 가중치(I_0)를 추가한다.

$$\langle h_{-1}, x_0 \rangle = I_0 \times \tanh(w_{i\hat{c}} \cdot x_0 + b_{i\hat{c}} + w_{h\hat{c}} \cdot h_{-1} + b_{h\hat{c}})$$
$$= I_0 \times \hat{c}_0 \quad ---(6)$$

여기서 I_0는 현재 새롭게 생성되기 때문에 새로 입력된다고 볼 수 있으므로 “입력 게이트(input gate)”라고 하고 대문자 “I”로 나태낸 것이다. I_0의 값은 time 0에서 LSTM으로 들어오는 x_0와 h_{-1}에 가중치(w_{iI}, w_{hI})를 곱하고 편향치(b_{iI}, b_{hI})를 더하여 비선형 함수 sigmoid 함수(σ)로 활성화한 값이다.

$$I_0 = \sigma(w_{iI} \cdot x_0 + b_{iI} + w_{hI} \cdot h_{-1} + b_{hI}) \quad ---(7)$$

식(6)과 (7)을 (4)에 대입하면 다음이 성립한다.

$$c_0 = F_0 \times c_{-1} + I_0 \times \hat{c}_0 \quad ---(8)$$

식(4)~(8)를 그림2-5와 같이 회로(circuit)으로 나타낼 수 있다.

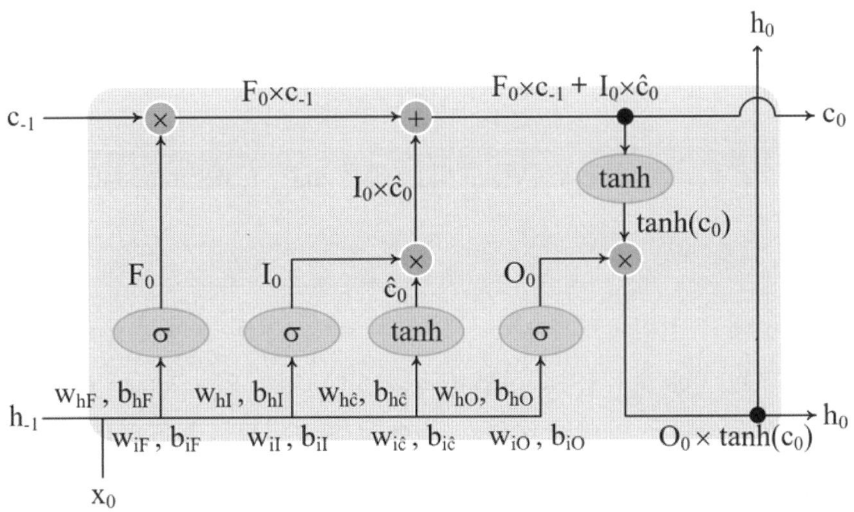

그림2-5

지금까지 얻은 식을 정리하면 time 0에서의 cell state와 hidden state는 다음과 같다.

$$
\begin{array}{ll}
 & I_0 = \sigma\left(w_{iI} \cdot x_0 + b_{iI} + w_{hI} \cdot h_{-1} + b_{hI}\right) \\
c_0 = F_0 \times c_{-1} + I_0 \times \hat{c}_0 & F_0 = \sigma\left(w_{iF} \cdot x_0 + b_{iF} + w_{hF} \cdot h_{-1} + b_{hF}\right) \\
h_0 = O_0 \tanh\left(c_0\right) \quad , & \hat{c}_0 = \tanh\left(w_{i\hat{c}} \cdot x_0 + b_{i\hat{c}} + w_{h\hat{c}} \cdot h_{-1} + b_{h\hat{c}}\right) \\
 & O_0 = \sigma\left(w_{iO} \cdot x_0 + b_{iO} + w_{hO} \cdot h_{-1} + b_{hO}\right)
\end{array}
$$

여기서 밑첨자 -1과 0은 time -1, 0를 의미하고 대문자 F, I, O는 forget, input, output gate를 의미한다. 위 그림2-2-(b)에서 time t(0≤t≤k)의 cell state c_t와 hidden state h_t는 위 식에서 time -1, 0를 time t-1, t로 변경하면 다음과 같은 점화식이 된다.

$$
\begin{aligned}
& c_{-1} = 0, \quad c_t = F_t \times c_{t-1} + I_t \times \hat{c}_t \\
& h_{-1} = 0, \quad h_t = O_t \tanh\left(c_t\right) \\
& I_t = \sigma\left(w_{iI} \cdot x_t + b_{iI} + w_{hI} \cdot h_{t-1} + b_{hI}\right) \\
& F_t = \sigma\left(w_{iF} \cdot x_t + b_{iF} + w_{hF} \cdot h_{t-1} + b_{hF}\right) \\
& \hat{c}_t = \tanh\left(w_{i\hat{c}} \cdot x_t + b_{i\hat{c}} + w_{h\hat{c}} \cdot h_{t-1} + b_{h\hat{c}}\right) \\
& O_t = \sigma\left(w_{iO} \cdot x_t + b_{iO} + w_{hO} \cdot h_{t-1} + b_{hO}\right)
\end{aligned}
\qquad \text{---(9)}
$$

식(9)를 회로 그림으로 나타내려면, 그림2-5에서 time -1, 0를 time t-1, t(0≤t≤k)로 변경하면 된다.

예제1. 각 time에서 입력노드가 1개이고(아래 코드 2번째 줄에서 input_size=1), 각 time에서 LSTM인 Cell이 1개이고(hidden_size=1), LSTM 층이 1개(num_layers=1)인 신경망 net의 회로 그림은 아래와 같다. 그림에서 파라미터는 I, F, ĉ, O 순서로 가중치를 출력하고 이어 편향치를 출력한다.

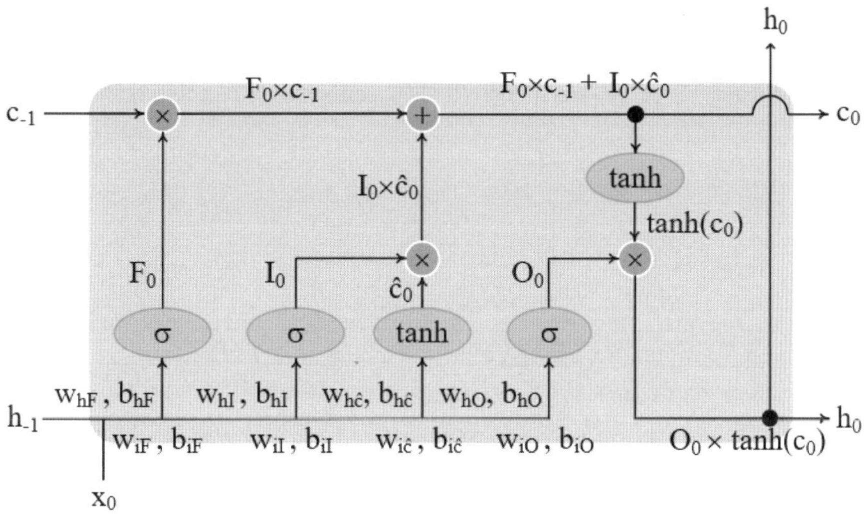


```
import torch; import torch.nn as nn; torch.manual_seed(1)
net=nn.LSTM(input_size=1,hidden_size=1,num_layers=1)
print(list(net.parameters()))
```

tensor([[0.5153], w_{iI}
[-0.4414], w_{iF}
[-0.1939], $w_{i\hat{c}}$
[0.4694]]), w_{iO}

tensor([[-0.9414], w_{hI}
[0.5997], w_{hF}
[-0.2057], $w_{h\hat{c}}$
[0.5087]]), w_{hO}

tensor([0.1390, -0.1224, 0.2774, 0.0493]),
b_{iI} b_{iF} $b_{i\hat{c}}$ b_{iO}

tensor([0.3652, -0.3897, -0.0729, -0.0900])
b_{hI} b_{hF} $b_{h\hat{c}}$ b_{hO}

가중치 w_{iI}, w_{iF}, $w_{i\hat{c}}$, w_{iO}의 값은 net.weight_ih_l0으로, w_{hI}, w_{hF}, $w_{h\hat{c}}$, w_{hO}는 net.weight_hh_l0으로, b_{iI}, b_{iF}, $b_{i\hat{c}}$, b_{iO}는 net.bias_ih_l0으로, b_{hI}, b_{hF}, $b_{h\hat{c}}$, b_{hO}는 net.bias_hh_l0으로 접근할 수 있다. "l0"는 "layer 0"의 약자로 "0 층"을 의미한다.

2. Cell state와 hidden state의 장기 의존성

위 그림2-2-(b)에 대한 점화식 (9)에 의하여 cell state $c_t(0 \le t \le k)$에 대하여 다음이 성립한다.

$$
\begin{aligned}
c_0 &= F_0 \times c_{-1} + I_0 \times \hat{c}_0 = I_0 \times \hat{c}_0 \\
c_1 &= F_1 \times c_0 + I_1 \times \hat{c}_1 = F_1 I_0 \hat{c}_0 + I_1 \hat{c}_1 \\
c_2 &= F_2 \times c_1 + I_2 \times \hat{c}_2 = F_2 \times \left(F_1 I_0 \hat{c}_0 + I_1 \hat{c}_1\right) + I_2 \times \hat{c}_2 \\
&= F_2 F_1 I_0 \hat{c}_0 + F_2 I_1 \hat{c}_1 + I_2 \hat{c}_2 \\
\therefore c_t &= \left(\prod\nolimits_{i=t}^{1} F_i\right) I_0 \hat{c}_0 + \left(\prod\nolimits_{i=t}^{2} F_i\right) I_1 \hat{c}_1 + \cdots + F_t I_{t-1} \hat{c}_{t-1} + I_t \hat{c}_t
\end{aligned}
$$

모든 forget gate가 닫히면($F_t = 1$), cell state c_t는 컨텐트(content) $I_t \times \hat{c}_t$로 입력 $x_i(0 \le i \le t)$를 덧셈으로 누적하기 때문에 시간 t의 길이와 무관하게 입력 x_i는 cell state c_t에 잘 전달된다. 그리고 hidden state h_t가 $h_t = O_t \tanh(c_t)$이므로 시간 t의 길이와 무관하게 입력 x_i는 hidden state h_t에 잘 전달된다. 즉, 모든 forget gate가 닫히면($F_t = 1$), LSTM에는 장기 의존성 문제가 없다. RNN에는 없는 forget gate로 장기 의존성 문제를 해결할 수 있는 상황이 존재함을 알 수 있다. Forget gate는 학습대상인 파라미터를 가지고 있기 때문에 학습 과정에서 닫히는 정도가 결정되므로, 모든 forget gate가 닫히기 어렵고 그 결과 LSTM도 장기 의존성 문제에서 완전히 자유롭지는 않다. 그러나 LSTM이 이 문제에서 RNN보다 더 자유롭기 때문에 시계열 분석에 LSTM이 사용되고 있다. 예를 들면, 자연어(natural language)를 처리(processing)할 때, 양방향 LSTM(BiLSTM)이 사용된다. 여기서 자연어는 우리가 일상에서 의사소통할 때 사용하는 언어로 프로그래밍 언어(인공 언어)와 구별되는 용어이다. 그림2-2-(b)에서 cell state와 hidden state는 왼쪽 LSTM에서 오른쪽 LSTM으로 전달된다. 이 방향은 문장의 왼쪽 첫 단어에서 시작해서 오른쪽 단어를 읽어 나가는 방향과 동일하다. 이런 LSTM을 forward LSTM이라 하고, cell state와 hidden state가 오른쪽에서 왼쪽으로 전달되는 LSTM을 backward LSTM이라 할 때, forward와 backward LSTM을 모두 가지고 있는 LSTM을 BiLSTM이라고 한다. 아래 [참고1]에서 BiLSTM을 구체적으로 설명한다.

예제2. Forget gate가 LSTM의 장기 의존성 문제를 어느 정도 해결하는지를 코드로 확인해보자. cell state c_t는 다음과 같다.

$$c_t = \left(\prod_{i=t}^{1} F_i\right) I_0 \hat{c}_0 + \left(\prod_{i=t}^{2} F_i\right) I_1 \hat{c}_1 + \cdots + F_t I_{t-1} \hat{c}_{t-1} + I_t \hat{c}_t$$

$$\begin{cases} I_t = \sigma\left(w_{iI} \cdot x_t + b_{iI} + w_{hI} \cdot h_{t-1} + b_{hI}\right) \\ F_t = \sigma\left(w_{iF} \cdot x_t + b_{iF} + w_{hF} \cdot h_{t-1} + b_{hF}\right) \\ \hat{c}_t = \tanh\left(w_{i\hat{c}} \cdot x_t + b_{i\hat{c}} + w_{h\hat{c}} \cdot h_{t-1} + b_{h\hat{c}}\right) \end{cases}$$

위 cell state c_t가 시간 t에 관계없이 x_0를 잘 전달함을 보이기 위하여 입력 게이트 I_0는 0이 아니고 나머지 I_1, ⋯, I_t가 0에 가깝도록 다음을 가정하자.

$$(x_0,\ x_1,\ \cdots,\ x_{99}) = (0,\ 1,\ \cdots,\ 1) \text{ ---(10)}$$
$$w_{iI} = -100000 \text{ ---(11)}$$

위 가정하에서 c_t의 근삿값은 다음과 같다.

$$c_t \approx \left(\prod_{i=t}^{1} F_i\right) I_0 \hat{c}_0 \qquad \text{---(12)}$$

이제 모든 forget gate F_i가 닫히도록(F_i=1) 다음을 가정하자.

$$b_{iF} = 1000000 \text{ ---(13)}$$

가정 (10), (11), (13)를 적용하면 c_t의 근삿값 (12)은 다음이 된다.

$$\begin{aligned} c_t &\approx \left(\prod_{i=t}^{1} F_i\right) I_0 \hat{c}_0 \\ &\approx I_0 \hat{c}_0 = \sigma\left(b_{iI} + b_{hI}\right) \tanh\left(w_{i\hat{c}} \cdot x_0 + b_{i\hat{c}} + w_{h\hat{c}} \cdot h_{t-1} + b_{h\hat{c}}\right) \end{aligned}$$

즉, 위 가정하에서 시간 t와 무관하게 cell state c_t가 x_0를 잘 전달함을 알 수 있다.

이 과정을 아래 코드2-1로 확인해 보자.

```
1 import torch; import torch.nn as nn; torch.manual_seed(1)
2 input_size=1; hidden_size=1
3 net=nn.LSTM(input_size,hidden_size, batch_first=True)
4
5 seq_len=100; input=torch.ones(1,seq_len,1); input[0,0,0]=torch.zeros(1)
6 net.weight_ih_l0[0].data.fill_(-100000)
7 net.bias_ih_l0[1].data.fill_(100000)
8
9 print('cell state',',','hidden state')
10 output,(hn, cn)=net(input)
11 print(cn.item(),',', hn.item())
```

```
cell state , hidden state
0.12572015821933746 , 0.07689576596021652
```

코드2-1

입력 가정(10)은 코드2-1의 5번째 줄, 파라미터 가정(11)과 (13)은 각각 6번째 줄과 7번째 줄로 코딩했다. 코드 실행결과 time 99에서 cell state(c_{99}=0.126)과 hidden state(h_{99}=0.077)이 모두 0과 가깝지 않음으로 이런 가정하에서 LSTM은 장기 의존성 문제가 없음을 코드로 확인했다. 만약 코드2-1에서 가정(13)를 적용하지 않으면 모든 forget gate F_i가 완전히 닫히기 어려우므로($0<F_i<1$), cell state c_{99}는 식(12)에 의하여 0에 가깝게 될 것이다.

$$\prod_{i=99}^{1} F_i \approx 0 \Rightarrow c_{99} \approx \left(\prod_{i=99}^{1} F_i\right) I_0 \hat{c}_0 \approx 0$$

이를 코드로 확인하기 위하여 코드2-1에서 가정(13)에 해당하는 명령어를 주석처리하여 다음 코드2-2를 만들었다.

```
import torch; import torch.nn as nn; torch.manual_seed(1)
input_size=1; hidden_size=1
net=nn.LSTM(input_size,hidden_size, batch_first=True)

seq_len=100; input=torch.ones(1,seq_len,1); input[0,0,0]=torch.zeros(1)
net.weight_ih_l0[0].data.fill_(-100000)
#net.bias_ih_l0[1].data.fill_(100000)

print('cell state',',','hidden state')
output,(hn, cn)=net(input)
print(cn.item(),',', hn.item())
```

```
cell state , hidden state
0.0 , 0.0
```

코드2-2

코드2-2의 실행 결과를 보면 time 99에서 cell state와 hidden state가 모두 0.0이다. 0에 매우 가깝기 때문에 0.0으로 표기되었다. 코드2-1과 코드2-2의 가정에서 사용한 파라미터 값은 forget gate 값이 LSTM의 장기 의존성과 관련있음을 보이기 위함이다. 그리고 LSTM에도 장기 의존성 문제가 있을 수 있음을 보였다.

3. LSTM 손실(loss)의 장기 의존성

RNN의 파라미터 w_i에 대한 loss의 편미분을 구하여 RNN의 장기 의존성 문제를 설명했다. 이에 대응하는 LSTM의 장기 의존성 문제를 알아보자. LSTM에서 w_i에 대응하는 파라미터가 $w_{i\hat{c}}$이므로 $w_{i\hat{c}}$에 대한 $loss_k=(h_k-target_k)^2$의 편미분을 구해보자.

$$\frac{\partial \text{loss}_k}{\partial w_{i\hat{c}}} = 2(h_k - \text{target}_k)\frac{\partial h_k}{\partial c_k}\frac{\partial c_k}{\partial w_{i\hat{c}}}$$

$$\left\langle \begin{array}{l} \because \text{loss}_k = (h_k - \text{target}_k)^2 \\ h_k = O_k \tanh(c_k)\text{에서 } c_k\text{만 } w_{i\hat{c}}\text{의 함수} \\ c_k = F_k c_{k-1} + I_k \hat{c}_k\text{에서 } c_{k-1}, \hat{c}_k\text{만 } w_{i\hat{c}}\text{의 함수} \end{array} \right.$$

$$\frac{\partial c_k}{\partial w_{i\hat{c}}} = \frac{\partial}{\partial w_{i\hat{c}}}(F_k c_{k-1} + I_k \hat{c}_k) = F_k \frac{\partial c_{k-1}}{\partial w_{i\hat{c}}} + I_k \frac{\partial \hat{c}_k}{\partial w_{i\hat{c}}}$$

$$= F_k \frac{\partial c_{k-1}}{\partial w_{i\hat{c}}} + I_k \tanh'_k x_k$$

$$\left\langle \begin{array}{l} \text{여기서 } \tanh'_k = \tanh'(w_{i\hat{c}} x_k + b_{i\hat{c}} + w_{h\hat{c}} h_{k-1} + b_{h\hat{c}}) \\ \qquad\qquad = 1 - \tanh^2(w_{i\hat{c}} x_k + b_{i\hat{c}} + w_{h\hat{c}} h_{k-1} + b_{h\hat{c}}) \end{array} \right.$$

$$= F_k \left(F_{k-1} \frac{\partial c_{k-2}}{\partial w_{i\hat{c}}} + I_{k-1} \tanh'_{k-1} x_{k-1} \right) + I_k \tanh'_k x_k$$

$$= I_k \tanh'_k x_k + \sum_{n=0}^{k-1} \left(\prod_{m=n+1}^{k} F_m \right) I_n \tanh'_n x_n$$

이므로 $w_{i\hat{c}}$에 대한 loss_k의 편미분은 다음과 같다.

$$\frac{\partial \text{loss}_k}{\partial w_{i\hat{c}}} = 2(h_k - \text{target}_k)\frac{\partial h_k}{\partial c_k}\frac{\partial c_k}{\partial w_{i\hat{c}}}$$

$$= 2(h_k - \text{target}_k) O_k \{1 - \tanh^2(c_k)\}$$

$$\times \left[\begin{array}{l} I_k \tanh'_k x_k + \sum_{n=1}^{k-1} \left(\prod_{m=n+1}^{k} F_m \right) I_n \tanh'_n x_n \\ + \left(\prod_{m=1}^{k} F_m \right) I_0 \tanh'_0 x_0 \end{array} \right] \quad \text{---(14)}$$

따라서 모든 forget gate가 닫힌다고(F_i=1) 가정하면, 시간 k의 길이와 무관하게 input x_i는 loss_k의 편미분에 잘 전달된다.

예제3. 식(14)에서 $w_{i\hat{c}}$에 대한 $loss_k$의 편미분이 입력 x_0를 잘 전달할 수 있는지를 코드로 확인하기 위하여 식(14)에서 k=99이고 입력 x_0는 0이 아니고 나머지 x_1, ⋯, x_k가 0에 가깝도록 다음을 가정하자.

$$(x_0,\ x_1,\ \cdots,\ x_{99}) = (1,\ 0,\ \cdots,\ 0) \quad ---(15)$$

위 가정하에서 $w_{i\hat{c}}$에 대한 $loss_k$ 편미분 (14)의 근삿값은 다음과 같다.

$$\frac{\partial \text{loss}_k}{\partial w_{i\hat{c}}} \approx 2\left(h_k - \text{target}_k\right) O_k \left\{1 - \tanh^2\left(c_k\right)\right\} \left(\prod_{m=1}^{k} F_m\right) I_0 \tanh_0' x_0 \qquad ---(16)$$

이제 모든 forget gate F_i가 닫히도록(F_i=1) 다음을 가정하자.

$$b_{iF} = 1000000 \quad ---(17)$$

가정 (15), (17)를 적용하면 근삿값 (16)는 다음이 된다.

$$\frac{\partial \text{loss}_k}{\partial w_{i\hat{c}}} \approx 2\left(h_k - \text{target}_k\right) O_k \left\{1 - \tanh^2\left(c_k\right)\right\} I_0 \tanh_0' x_0$$

즉, 위 가정하에서 시간 k와 무관하게 편미분 값에 x_0가 전달됨을 알 수 있다. 이 과정을 다음 코드2-3으로 확인해 보자.

```
1 import torch; import torch.nn as nn; torch.manual_seed(1)
2 input_size=1; hidden_size=1
3 net=nn.LSTM(input_size,hidden_size, batch_first=True)
4
5 net.bias_ih_l0[1].data.fill_(100000)
6
7 print('LSTM 깊이 k; wic에 대한 lossk의 편미분값')
8 for seq_len in [1, 20, 50, 100]:
9   net.zero_grad()
10   input=torch.zeros(1,seq_len,1); input[0,0,0]=torch.ones(1)
11   target=torch.randn(1)
12   output,(hn, cn)=net(input)
13   loss=(cn.view(-1)-target)**2
14   loss.backward()
15   print(seq_len-1,':',net.weight_ih_l0.grad[2].item())
```

```
LSTM 깊이 k; wic에 대한 lossk의 편미분값
0 : 1.521599292755127
19 : 1.1672340631484985
49 : 1.8329054117202759
99 : 2.4710440635681152
```

코드2-3

가정(15)을 코드2-3의 10번째 줄, 가정(17)은 5번째 줄로 나타냈다. 코드 실행 결과 sequence lengh가 증가해도 위 가정하에서 $w_{i\hat{c}}$에 대한 $loss_k$ 편미분 값이 0과 가깝지 않다. 따라서 위 가정하에서 파라미터를 업데이트할 때, LSTM은 장기 의존성 문제가 없음을 코드로 확인했다.

코드2-3에서 가정(17)을 적용하지 않으면 모든 forget gate F_i가 완전히 닫히기 어려우므로($0<F_i<1$), 식(16)에 의하여 $w_{i\hat{c}}$에 대한 $loss_k$ 편미분 값은 0과 1사이의 값을 가지는 F_i를 k개 곱하기 때문에 k가 증가할수록 0에 가깝게 될 것이다. 이런 과정을 코드로 확인하기 위하여 코드2-3에서 가정(17)에 해당하는 명령어를 주석처리하여 다음 코드2-4를 만들었다.

```
import torch; import torch.nn as nn; torch.manual_seed(1)
input_size=1; hidden_size=1
net=nn.LSTM(input_size,hidden_size, batch_first=True)

#net.bias_ih_l0[1].data.fill_(100000)

print('LSTM 깊이 k: wic에 대한 lossk의 편미분값')
for seq_len in [1, 20, 50, 100]:
  net.zero_grad()
  input=torch.zeros(1,seq_len,1); input[0,0,0]=torch.ones(1)
  target=torch.randn(1)
  output,(hn, cn)=net(input)
  loss=(cn.view(-1)-target)**2
  loss.backward()
  print(seq_len-1,':',net.weight_ih_l0.grad[2].item())
```

```
LSTM 깊이 k: wic에 대한 lossk의 편미분값
0 : 1.521599292755127
19 : 2.940862275924161e-10
49 : 4.355507147636695e-25
99 : 0.0
```

코드2-4

코드2-4의 실행 결과에 있는 $w_{i\hat{c}}$에 대한 $loss_k$ 편미분 값을 보면 k=0보다는 k=19에서 작고, k=19보다는 k=49에서 매우 작아지다가 k=99가 되면 0에 매우 가깝기 때문에 0.0이 출력된다.

PART III. LSTM으로 영화 리뷰를 이진 분류

제9장에서 RNN으로 영화 리뷰를 긍정과 부정으로 분류하는 과정을 Step1, 2, 3, 4로 나누어 코딩했다. 여기서는 RNN과 동일한 단계를 따라가면서 LSTM으로 리뷰를 이진 분류하는 과정을 알아보자.

Step1. 데이터 전처리 코드

이 단계는 네이버 영화 리뷰 데이터를 전처리하는 단계이고 RNN을 사용하지 않으므로 제9장의 Step1 전체 코드와 동일하다.

Step2. 신경망 정의

이 단계는 학습할 신경망을 정의하고 저장하는 단계이다. 제9장 Step2에서 정의한 신경망 코드는 다음과 같다.

```
1 ########## Step2: 신경망 정의와 저장
2 import torch.nn as nn; torch.manual_seed(1)
3
4 class Model(nn.Module):
5   def __init__(self, vocab_size, embed_dim, hidden_size):
6     super().__init__()
7     self.embed=nn.Embedding(vocab_size, embed_dim)
8     self.rnn=nn.RNN(embed_dim, hidden_size, batch_first=True)
9     self.fc=nn.Linear(hidden_size, 1)
10  def forward(self, input):
11    embed_out = self.embed(input)
12    rnn_down, rnn_right=self.rnn(embed_out)
13    output = self.fc(rnn_down[:, :, -1])
14    return output.squeeze()
```

코드3-1

코드3-1에서 RNN이 사용된 8, 12번째 줄만 코드3-2와 같이 LSTM으로 변경하면 된다. 코드3-1, 3-2의 8번째 줄에 있는 nn.RNN과 nn.LSTM의 입력 노드 개수(embed_dim)와 은닉노드 개수(hidden_size)는 동일하다.

```
########## Step2: 신경망 정의와 저장
import torch; import torch.nn as nn; torch.manual_seed(1)

class Model(nn.Module):
  def __init__(self, vocab_size, embed_dim, hidden_size):
    super().__init__()
    self.embed=nn.Embedding(vocab_size, embed_dim)
    self.lstm=nn.LSTM(embed_dim, hidden_size, batch_first=True)
    self.fc=nn.Linear(hidden_size, 1)
  def forward(self, input):
    embed_out = self.embed(input)
    output, _=self.lstm(embed_out)
    output = self.fc(output[:, :, -1])
    return output.squeeze()
```

코드3-2

코드3-2에서 정의한 신경망 Model을 구글 드라이브에 파일명 defineLSTM.py로 저장한다. 저장하는 과정은 제9장 Step2에서 설명한 과정과 동일하다.

Step3. 신경망 학습

이 단계는 저장한 신경망을 불러와서 학습하는 단계이다. Step2에서 정의한 LSTM을 defineLSTM.py로 저장했으므로, defineLSTM.py로부터 Model을 불러와야 한다. 따라서 제9장 Step3 전체 코드의 35번째 줄

```
from defineModel import Model
```

을 다음과 같이 변경한다.

```
from defineLSTM import Model
```

LSTM을 학습한 후에 학습한 신경망의 파라미터를 trainedLSTM_params.pt로 저장하기 위하여 제9장 Step3 전체 코드에서 63번째 줄

```
torch.save(trainedModel.state_dict( ), 'trainedModel_params.pt')
```

을 다음과 같이 변경한다.

```
torch.save(trainedModel.state_dict( ), 'trainedLSTM_params.pt')
```

Step4. 새로운 영화 리뷰의 긍정과 부정 예측

이 단계는 학습한 신경망 LSTM을 불러와서 리뷰의 긍정과 부정을 예측하는 단계이다. 학습한 LSTM을 저장하지 않고 LSTM의 파라미터를 저장했기 때문에 먼저, 정의한 LSTM을 불러온다. 그리고 불러온 LSTM의 파라미터를 학습한 LSTM의 파라미터로 교체한다. 따라서 제9장 Step4 전체 코드 8번째 줄

```
from defineModel import Model
```

을 다음과 같이 변경하여 정의한 LSTM을 불러온다.

```
from defineLSTM import Model
```

그리고 Model의 인스턴스 trainedModel을 만들고 trainedModel의 파라미터를 학습한 LSTM의 파라미터(Step3에서 trainedLSTM_params.pt로 저장)로 교체한다. 따라서 제9장 Step3 전체 코드에서 15번째 줄

```
trainedModel.load_state_dict(torch.load('trainedModel_params.pt'))
```

을 다음과 같이 변경한다.

```
trainedModel.load_state_dict(torch.load('trainedLSTMModel_params.pt'))
```

이러한 변경을 마친 후, Step4 전체 코드를 실행하면 제9장 Step4 전체 코드 실행과 동일한 결과를 얻는다.

[참고1] BiLSTM

LSTM은 문장의 가장 왼쪽에 있는 단어부터 순차적으로 처리한다(forward LSTM). 즉, 현재의 단어를 이해하기 위하여 현재 단어의 왼쪽 단어만 사용한다. 오른쪽 단어를 사용하는 효과를 얻기 위하여 문장의 가장 오른쪽에 있는 단어부터 순차적으로 처리하는 LSTM을 생각할 수 있고 이를 backward LSTM이라 한다. Forward LSTM은 문장을 왼쪽 단어부터 순차적으로 읽고, backwardd LSTM은 오른쪽 단어부터 순차적으로 읽는 것이라고 할 수 있다. Forward와 backward LSTM으로 구성된 LSTM을 양방향 LSTM(bidirectional LSTM, BiLSTM)이라고 한다. Input_size =1, hidden_size=1, num_layers=1이고 time 0인 BiLSTM은 참고그림1-1과 같다.

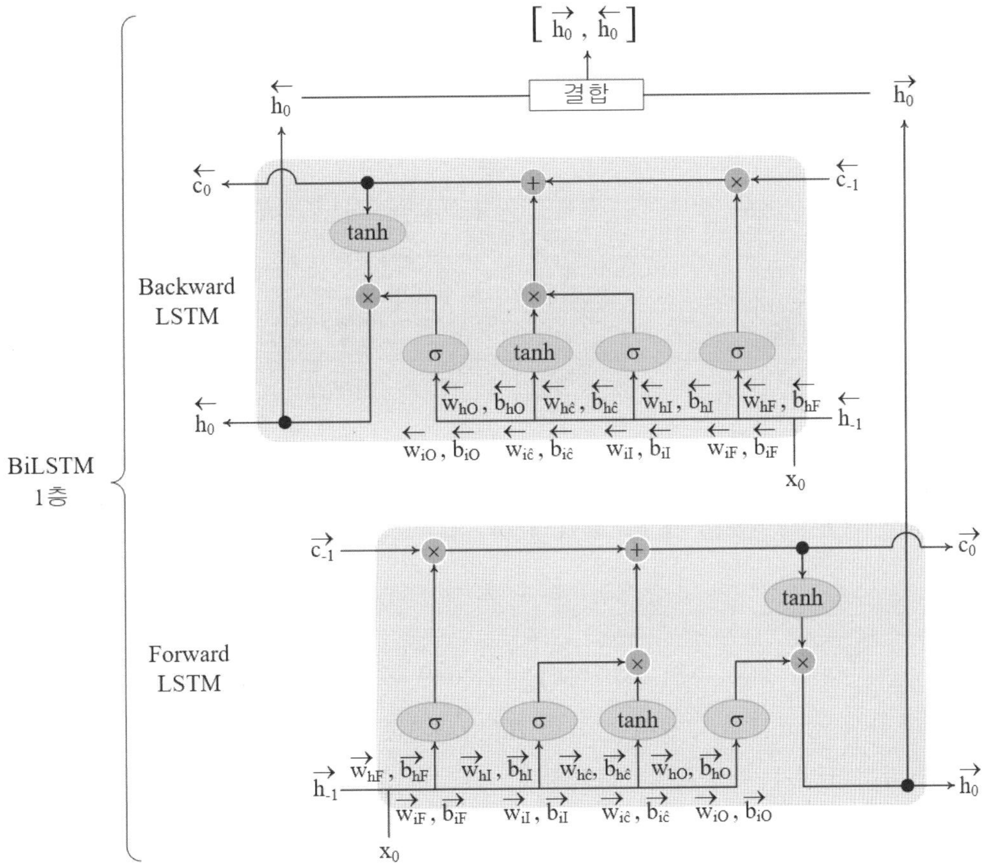

참고그림1-1

참고그림1-1에 추가로 BiLSTM 2층을 만들면 참고그림1-2와 같다. BiLSTM 1층에 있는 forward, backward LSTM의 input은 x_0으로 동일하고 hidden state는 각각 $\overrightarrow{h_0}$, $\overleftarrow{h_0}$

이다. BiLSTM 2층에 있는 forward, backward LSTM의 input은 $[\overrightarrow{h_0}, \overleftarrow{h_0}]$으로 동일하다. 즉, BiLSTM 1층에 input_size는 1이지만 BiLSTM 2층에서는 input_size=2가 된다.

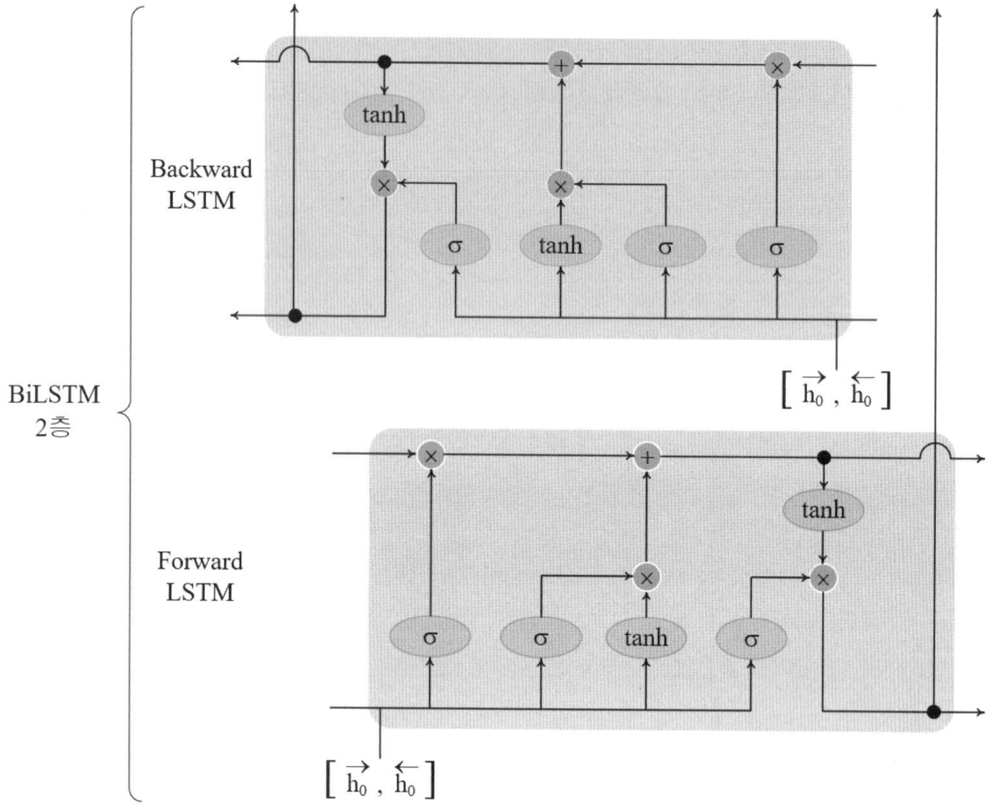

참고그림1-2

Time이 증가해도 같은 층의 파라미터는 같지만, 층이 다르면 파라미터도 다르게 된다. 따라서 참고그림1-2에서 생략한 BiLSTM 2층의 가중치와 편향치는 BiLSTM 1층의 파라미터와는 다름을 기억하자. 그리고 BiLSTM 1층과 BiLSTM 2층의 input_size가 다름도 기억하자. 예를 들면, BiLSTM 1층의 input_size가 n이고 BiLSTM의 hidden_size가 m이면 BiLSTM 2층의 input_size는 2m이다. BiLSTM 1층의 input_size와 2층의 input_size는 무관하지만 2층부터는 모두 input_size가 2m이 된다. 내부 회로를 생략하고 time 0, 1인 BiLSTM은 다음과 같이 그릴 수 있다.

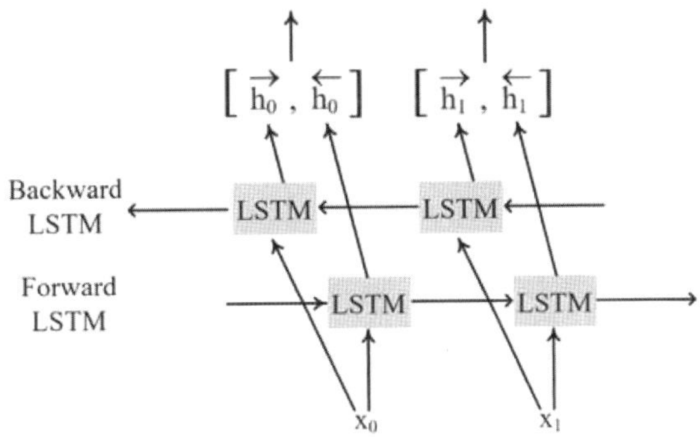

참고예제1. BiLSTM 1층의 가중치

BiLSTM 1층(참고그림1-1)의 가중치를 두 종류로 나눌 수 있다.

```
import torch; import torch.nn as nn; torch.manual_seed(1)
net=nn.LSTM(input_size=1,hidden_size=1, bias=False, bidirectional=True)
print('weight_ih_forward=',net.weight_ih_l0.data)
print('weight_hh_forward=',net.weight_hh_l0.data)
print('weight_ih_backward=',net.weight_ih_l0_reverse.data)
print('weight_hh_backward=',net.weight_hh_l0_reverse.data)
```

```
weight_ih_forward= tensor([[ 0.5153],
        [-0.4414],
        [-0.1939],
        [ 0.4694]])
weight_hh_forward= tensor([[-0.9414],
        [ 0.5997],
        [-0.2057],
        [ 0.5087]])
weight_ih_backward= tensor([[ 0.1390],
        [-0.1224],
        [ 0.2774],
        [ 0.0493]])
weight_hh_backward= tensor([[ 0.3652],
        [-0.3897],
        [-0.0729],
        [-0.0900]])
```

참고코드1-1

참고코드1-1로 BiLSTM이 두 종류의 가중치를 가짐을 확인할 수 있다. 순방향 LSTM에서의 가중치(weight_ih_l0, weight_hh_l0)와 역방향 LSTM에서의 가중치

(weight_ih_l0_ reverse, weight_hh_l0_reverse)이다. 여기서 "l0"는 "layer 0"의 약자로 "0 번째 층"을 의미한다. 가중치 weight_ih_l0는 순방향 LSTM 0층(layer)의 입력(input) 노드에서 은닉(hidden) 노드에 도착하는 화살표가 가진 가중치를 나타내므로 참고 그림1-1과 참고코드1-1로부터 다음이 성립한다.

$$\overrightarrow{w}_{iI}=0.5153,\ \overrightarrow{w}_{iF}=-0.4414,\ \overrightarrow{w}_{i\hat{c}}=-0.1939,\ \overrightarrow{w}_{iO}=0.4694$$

가중치 weight_hh_l0는 순방향 LSTM 0층(layer)의 은닉(hidden) 노드에서 은닉(hidden) 노드에 도착하는 화살표가 가진 가중치를 나타내므로 다음이 성립한다.

$$\overrightarrow{w}_{hI}=-0.9414,\ \overrightarrow{w}_{hF}=0.5997,\ \overrightarrow{w}_{h\hat{c}}=-0.2057,\ \overrightarrow{w}_{hO}=0.5087$$

가중치 weight_ih_l0_reverse는 역방향 LSTM 0층(layer)의 입력(input) 노드에서 은닉(hidden) 노드에 도착하는 화살표가 가진 가중치를 나타내므로 다음이 성립한다.

$$\overleftarrow{w}_{iI}=0.1390,\ \overleftarrow{w}_{iF}=-0.1224,\ \overleftarrow{w}_{i\hat{c}}=0.2774,\ \overleftarrow{w}_{iO}=0.0493$$

가중치 weight_hh_l0_reverse는 역방향 LSTM 0층(layer)의 은닉(hidden) 노드에서 은닉(hidden) 노드에 도착하는 화살표가 가진 가중치를 나타내므로 다음이 성립한다.

$$\overleftarrow{w}_{hI}=0.3652,\ \overleftarrow{w}_{hF}=-0.3897,\ \overleftarrow{w}_{h\hat{c}}=-0.0729,\ \overleftarrow{w}_{hO}=-0.0900$$

참고예제2. BiLSTM 2층의 가중치

BiLSTM 1층과 마찬가지로 BiLSTM 2층(참고그림1-2)에도 가중치가 두 종류 있다. 순방향 LSTM에서의 가중치(weight_ih_l1, weight_hh_l1)와 역방향 LSTM에서의 가중치(weight_ih_l1_reverse, weight_hh_l1_reverse)이다. 여기서 "l1"는 "layer 1"의 약자로 "1번째 층"을 의미한다. 코드로 확인하면 다음과 같다. 코드 실행 결과를 보면 BiLSTM 2층의 가중치가 BiLSTM 1층의 가중치(참고예제1)와 다름을 확인할 수 있다. BiLSTM 2층의 입력층에서 은닉층으로 향하는 화살표의 가중치(weight_ih_l1, weight_ih_l1_reverse) 차원은 [4,2]이지만 BiLSTM 2층의 은닉층에서 은닉층으로 향하는 화살표의 가중치(weight_hh_l1, weight_hh_l1_reverse) 차원은 [4,1]로 다름도 확인할 수 있다.

```
import torch; import torch.nn as nn; torch.manual_seed(1)

net=nn.LSTM(input_size=1,hidden_size=1,num_layers=2, bias=False,
            bidirectional=True)
print('2층 weight_ih_forward=',net.weight_ih_l1.data, '₩n')
print('2층 weight_hh_forward=',net.weight_hh_l1.data, '₩n')
print('2층 weight_ih_backward=',net.weight_ih_l1_reverse.data, '₩n')
print('2층 weight_hh_backward=',net.weight_hh_l1_reverse.data)
```

```
2층 weight_ih_forward= tensor([[ 0.1449, -0.0040],
        [ 0.8742,  0.3112],
        [-0.3724, -0.6040],
        [-0.1676, -0.4313]])

2층 weight_hh_forward= tensor([[-0.3204],
        [ 0.0479],
        [ 0.5961],
        [ 0.5435]])

2층 weight_ih_backward= tensor([[-0.9776,  0.6199],
        [ 0.2794,  0.9486],
        [ 0.6601, -0.9111],
        [-0.9508, -0.4823]])

2층 weight_hh_backward= tensor([[ 0.8781],
        [-0.1666],
        [ 0.4280],
        [-0.4647]])
```

참고예제3. BiLSTM 1층의 출력

참고그림1-1을 보면 BiLSTM 1층의 출력은 $\left[\overrightarrow{h_0}, \overleftarrow{h_0}\right]$, $\overrightarrow{h_0}$, $\overleftarrow{h_0}$, $\overrightarrow{c_0}$, $\overleftarrow{c_0}$ 이다. 코드로 확인하면 다음과 같다.

```
import torch; import torch.nn as nn; torch.manual_seed(1)
net=nn.LSTM(input_size=1,hidden_size=1, batch_first=True,
            bidirectional=True)
input=torch.tensor([[[1.]]])
output, (h_n, c_n)=net(input)
print('output=',output.data)
print('hn=',h_n.data)
print('cn=',c_n.data)
```

```
output= tensor([[[0.0047, 0.1907]]])
hn= tensor([[[0.0047]],

        [[0.1907]]])
cn= tensor([[[0.0078]],

        [[0.2259]]])
```

Sequence length=2인 경우 코드는 다음과 같다.

```
import torch; import torch.nn as nn; torch.manual_seed(1)
net=nn.LSTM(input_size=1,hidden_size=1, num_layers=1, batch_first=True,
            bidirectional=True)
input=torch.tensor([[[1.],[2.]]])
output, (h_n, c_n)=net(input)
print('output=',output.data)
print('hn=',h_n.data)
print('cn=',c_n.data)
```

```
output= tensor([[[ 0.0047,  0.3044],
         [-0.1046,  0.2307]]])
hn= tensor([[[-0.1046]],

        [[ 0.3044]]])
cn= tensor([[[-0.1482]],

        [[ 0.3766]]])
```

5번째 줄에 있는 output은 2개 time 각각에서 1개 BiLSTM(forward, backward LSTM)이 가지는 hidden state이므로 2*2=4개 숫자를 가진다. hn과 cn은 마지막 time에서 BiLSTM이 가지는 hidden state와 cell state이므로 각각 2개 숫자를 가진다.

[참고2] BiLSTM으로 영화 리뷰 이진 분류.

PART Ⅲ에서 RNN을 LSTM으로 변경하는 과정과 동일하다. 단, Step2 코드에서 8, 9, 13번째 줄만 다음과 같이 수정하면 된다.

```
 1 ########## Step2: 신경망 정의와 저장
 2 import torch; import torch.nn as nn; torch.manual_seed(1)
 3
 4 class Model(nn.Module):
 5   def __init__(self, vocab_size, embed_dim, hidden_size):
 6     super().__init__()
 7     self.embed=nn.Embedding(vocab_size, embed_dim)
 8     self.bilstm=nn.LSTM(embed_dim, hidden_size, batch_first=True,
 9                         bidirectional=True)
10     self.fc=nn.Linear(hidden_size, 1)
11   def forward(self, input):
12     embed_out = self.embed(input)
13     output, _=self.bilstm(embed_out)
14     output = self.fc(output[:, :, -1])
15     return output.squeeze()
```

이러한 변경을 마친 후, Step4 전체 코드를 실행하면 제9장 Step4 전체 코드 실행과 동일한 결과를 얻는다.

연습문제

1. 아래 LSTM 신경망과 코드에 대하여 물음에 답하시오.

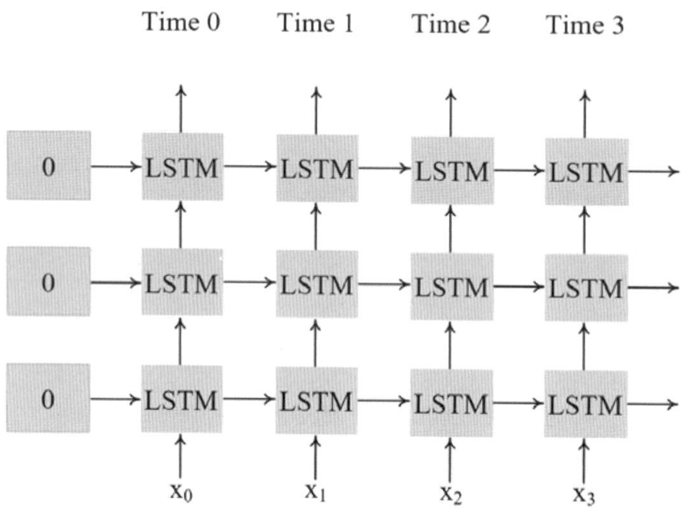


```
1 import torch; import torch.nn as nn; torch.manual_seed(1)
2
3 net=nn.LSTM(input_size=1,hidden_size=1, num_layers=3, batch_first=True)
4
5 input=torch.tensor([[[1.],[2.],[3.],[4.]]])
6 output, (h_n, c_n)=net(input)
```

(1) 코드 6번째 줄에 있는 output을 위 신경망 그림으로 설명한 후, output이 가지는 숫자 개수를 적으시오.

(2) 코드 6번째 줄에 있는 h_n을 위 신경망 그림으로 설명한 후, h_n이 가지는 숫자 개수를 적으시오.

(3) 코드 6번째 줄에 있는 c_n을 위 신경망 그림으로 설명한 후, c_n이 가지는 숫자 개수를 적으시오.

2. 아래 BiLSTM 신경망과 코드에 대하여 물음에 답하시오.

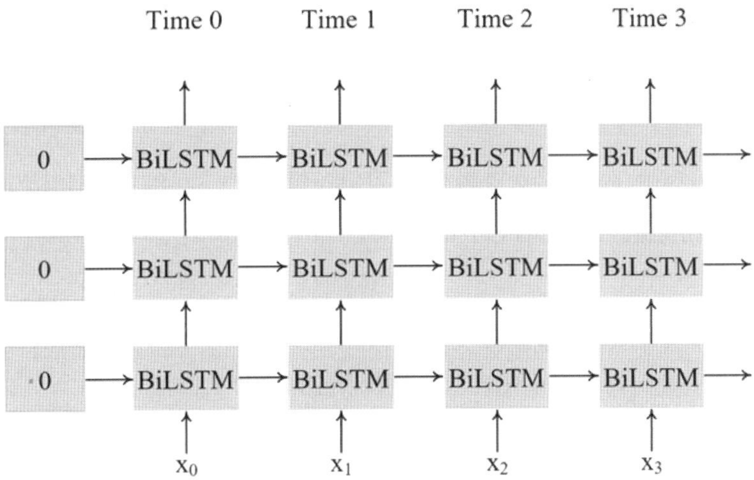


```
1 import torch; import torch.nn as nn; torch.manual_seed(1)
2
3 net=nn.LSTM(input_size=1,hidden_size=1, num_layers=3, batch_first=True,
4             bidirectional=True)
5
6 input=torch.tensor([[[1.],[2.],[3.],[4.]]])
7 output, (h_n, c_n)=net(input)
```

(1) 코드 6번째 줄에 있는 output을 위 신경망 그림으로 설명한 후, output이 가지는 숫자 개수를 적으시오.

(2) 코드 6번째 줄에 있는 h_n을 위 신경망 그림으로 설명한 후, h_n이 가지는 숫자 개수를 적으시오.

(3) 코드 6번째 줄에 있는 c_n을 위 신경망 그림으로 설명한 후, c_n이 가지는 숫자 개수를 적으시오.

연습문제 풀이

1-(1) output이 가지는 값은 신경망의 마지막 층(3층)에 있는 4개의 LSTM이 가지는 각각의 hidden state이다. 따라서 output은 4개의 숫자를 가진다.

1-(2) h_n이 가지는 값은 신경망의 마지막 time에 있는 3개의 LSTM이 가지는 각각의 hidden state이다. 따라서 h_n은 3개의 숫자를 가진다.

1-(3) c_n이 가지는 값은 신경망의 마지막 time에 있는 3개의 LSTM이 가지는 각각의 cell state이다. 따라서 c_n은 3개의 숫자를 가진다.

코드로 확인해보면 다음과 같다.

```
import torch; import torch.nn as nn; torch.manual_seed(1)

net=nn.LSTM(input_size=1,hidden_size=1, num_layers=3, batch_first=True)

input=torch.tensor([[[1.],[2.],[3.],[4.]]])
output, (h_n, c_n)=net(input)
print('output=',output.data)
print('hn=',h_n.data)
print('cn=',c_n.data)
```

```
output= tensor([[[0.0361],
         [0.0392],
         [0.0354],
         [0.0343]]])
hn= tensor([[[-0.3757]],

        [[ 0.1949]],

        [[ 0.0343]]])
cn= tensor([[[-0.4767]],

        [[ 0.2538]],

        [[ 0.0626]]])
```

2-(1) output이 가지는 값은 신경망의 마지막 층(3층)에 있는 4개의 BiLSTM이 가지는 각각의 hidden state이다. 따라서 output은 4*2=8개의 숫자를 가진다.

2-(2) h_n이 가지는 값은 신경망의 마지막 time에 있는 3개의 LSTM이 가지는 각각의 hidden state이다. 따라서 h_n은 3*2=6개의 숫자를 가진다.

2-(3) c_n이 가지는 값은 신경망의 마지막 time에 있는 3개의 LSTM이 가지는 각각의 cell state이다. 따라서 c_n은 3*2=6개의 숫자를 가진다. 아래 코드로 확인할 수 있다.

```
import torch; import torch.nn as nn; torch.manual_seed(1)
net=nn.LSTM(input_size=1,hidden_size=1, num_layers=3, batch_first=True,
            bidirectional=True)
input=torch.tensor([[[1.],[2.],[3.],[4.]]])
output, (h_n, c_n)=net(input)
print('output=',output.data)
print('hn=',h_n.data)
print('cn=',c_n.data)
```

```
output= tensor([[[-0.1573,  0.4946],
         [-0.2453,  0.4727],
         [-0.2950,  0.4156],
         [-0.3254,  0.2815]]])
hn= tensor([[[-0.3757]],

        [[ 0.3942]],

        [[-0.1546]],

        [[ 0.0408]],

        [[-0.3254]],

        [[ 0.4946]]])
cn= tensor([[[-0.4767]],

        [[ 0.5127]],

        [[-0.4300]],

        [[ 0.0791]],

        [[-0.6871]],

        [[ 0.8133]]])
```